将来社会への学び

3.11後社会教育とESDと「実践の学」

鈴木 敏正

筑波書房

はしがき
―本書の問題構成―

　本書は、学びをとおした「将来社会」づくりのあり方について提起したものである。われわれが生きている日本社会と地球そのものの持続可能性が問われ、社会における格差問題や貧困・社会的排除問題が深刻化してきている今日の状況を見るならば、将来社会は何よりも「持続可能で包容的な社会」でなければならない。それはユートピア的理念や科学的思考あるいは世界観から来るものではなく、そして将来を担う子どもへの教育に期待するだけのものでもなく、現代人すべてが、当面する課題に取り組む実践をとおして、学び合いながら創造していくものである。筆者がそのことを強く意識したのは他ならぬ、巨大津波と過酷な原発事故を伴った東日本大震災に出会ったからである。

　その日、2011年3月11日の午後2時46分、私はJR品川駅のプラットホームに立っていた。日本社会教育学会常任理事会に出席するために札幌から上京し、羽田空港発の京急線からJR山手線に乗り換えるためであった。大きな揺れが続いた後、駅構内から出るように指示され、「帰宅難民」のように、バスと徒歩で高田馬場にある予約ホテルに着いた時は日付が変わっていた。私は当時学会長をしていたので、途中で事務局と札幌経由の携帯電話で連絡をとり、予定していた常任理事会を中止とすることにした。その後、副会長や東北出身の理事などと相談し、学会として東日本大震災の問題に取り組むことを考え、4月の常任理事会で、まず学会東京6月集会で「緊急フォーラム」を開催することを決めていただき、これを出発点として特別企画「東日本大震災と社会教育」を開始した。

　多くの日本社会教育学会員は多様なかたちで大震災からの復興にかかわっていったが、私は学会活動としてこの特別企画の課題提起、初年度の取り組みのまとめ、そして3年半後の中間的な総括をした。これらを示したのが本書第Ⅰ編第1章および第2章である。続く第3章は、日本環境教育学会との連携で進めた「持続可能な発展のための教育（ESD）」の研究成果を含めて、その後の

課題について述べたものである。

　私が環境教育学との連携が必要だと考えたのは、一般に、われわれが直面する課題が複雑化・高度化し、他の分野との連携が不可欠だと考えたからだけではない。この4半世紀ほどのグローバリゼーションの展開によって、グローバルにしてローカル、ローカルにしてグローバル、つまり「グローカル」な問題が深刻化してきたが、その「双子の基本問題」は地球的環境問題と貧困・社会的排除問題であり、東日本大震災はその典型例であると考えたからである。私は、それまで続けていた「地域をつくる学び」シリーズの最終巻のタイトルを『持続可能で包容的な社会のために』(北樹出版、2012) とし、その最終章で「東日本大震災」に取り組むことの社会教育学的意味を提起した。それが上記特別企画への課題提起であり、本書のいわば通奏低音となっている。

　21世紀においては「双子の基本問題」の同時的解決が求められており、それこそESDの今後の課題である（この点、鈴木敏正・佐藤真久・田中治彦編『環境教育と開発教育』筑波書房、2014）。日本の社会教育は重要な実践領域として後者の貧困・社会的排除問題に取り組んできたが、前者の問題がまさに環境教育の主要課題であることは言うまでもない。私は日本における環境教育の理論と実践の蓄積、とくに北海道における実践展開の到達点を出発点としながら『持続可能な発展の教育学』（東洋館出版社、2013）の展開方向を考え、そこに東日本大震災からの復興に向けての実践を位置付けてみた。

　このように考えてくると、将来社会を見据えた「3.11後社会教育」の理論と実践の新たな展開が必要となる。私は、グローバリゼーション時代は同時に、臨時教育審議会最終答申（1987年）が「生涯学習体系への移行」を打ち出し、生涯学習振興法（1990年）が生まれて以降の「生涯学習時代」だと考え、生涯学習時代の社会教育＝「生涯学習の教育学」を提起してきた。しかし、いまやそれは書き換えなければならない。私は、3.11後の現局面をポスト・グローバリゼーション時代、教育学的視点からは「生涯教育計画時代」と捉え、『増補改訂版　生涯学習の教育学─学習ネットワークから地域生涯教育計画へ─』（北樹出版、2014）を上梓したが、もはや「増補改訂版」程度では済まされないであろう。本書で「3.11後社会教育」を提起する所以である。

もとより、被災地に住んでいるわけでも、被災地の大学に勤務しているわけでもなく、しかも私のような専門領域での研究をとおして復興過程に直接かかわってできることは、きわめて限定されている。しかし、東日本大震災で明らかになったのは日本社会全体の構造的脆弱性と持続不可能性である。その復興で求められていることは、日本のどの地域でも、とくに東北地方以上に中央から離れ、周辺的位置におかれてきた北海道で地域再生に取り組んでいる活動には、復興過程で求められているものと共通することがあるのではないか。そうであるならばむしろ、「地方消滅」が取りざたされている昨今、それぞれの地域に根ざして、当面する生活課題や地域課題に取り組む実践を進めつつ、被災地の復興への努力と交流・連帯していくことこそが求められていることではなかろうか。序章で述べることにも示されるように、そうした交流・連帯は日本を越えて進むし、進ませなければならないであろう。このように考えて編んだのが第Ⅱ編である。

　3.11後の社会が自然環境と共生する持続可能なものでなければならないことは、国内的にも国際的にもほぼ同意されていることである。しかし、いかに「自然と共生する持続可能な社会」であっても、貧困や社会格差を拡大し、多数の人々を制度的・実質的に排除するような「排除型社会」であってはならないし、そうした社会はそもそも持続不可能であろう。かくして、「持続可能で包容的な社会」づくりが共通課題になるのであるが、そうした方向に向けて、地域にねざして、社会教育や生涯学習の視点からどう取り組めばいいのだろうか。その答えは現場の実践の中にあるはずである。

　第Ⅱ編で紹介しているのは、主として「北海道社会教育フォーラム2014」で報告された諸実践である。同フォーラムは北海道で「持続可能で包容的な社会」づくりをめざして、すなわち、誰でもが安心して暮らし続けられる地域を再生・創造するために各地で取り組まれている実践のネットワークをつくり、相互に学び合いを進めるために立ち上げられた。ここでは、それらの実践が持っている今日的意義、それらを報告・討論し合うフォーラムで学ばれたことの意味を考えるところから出発したい。

　私は同フォーラムの実行委員長であったが、この編はもちろん、ひとりの社

会教育研究者としてかかわった筆者の視点から取りまとめたものである。第Ⅰ編を受けて、「持続可能な発展のための教育」とくに「持続可能で包容的な地域づくり教育（ESIC）」の課題について、「生涯学習の教育学」＝「社会教育としての生涯学習」の視点からアプローチした。その際、重要なテーマとして、東日本大震災以後の主要課題のひとつ、脱原発の社会＝「自然エネルギー社会（再生可能な自然エネルギーが基本エネルギーになるような社会）」づくりへの課題を取り上げて具体化する。

　第3章でも述べるが、「持続可能性」は「循環性」と「多様性」をふまえてはじめて現実的である。前著『持続可能な発展の教育学』では「（生物）多様性と持続可能性の間」について立ち入った検討をしたが（第Ⅱ編）、本書ではこれに加えて、自然・人間・社会の「循環性と持続可能性の間」について考えてみたいという意図もある。そのために第Ⅱ編には上記フォーラムだけでなく、私が会長を務める北海道環境教育研究会や会員である北海道新エネルギー普及促進協会（NEPA）の活動をとおして得られた知見も含んで考察している。ここではこれらに、各地域で貧困・社会的排除問題に取り組む諸実践を結びつけて、「持続可能で包容的な地域づくり教育」の具体的なあり方を考えてみたい。

　ところで大学教員の役割は、大学にあって研究と教育をするだけでなく、社会・地域社会貢献をすることにもある。「3.11」後にはとくに、その活動が強く求められていると言える。その新しい役割と具体的な活動のあり方が、どの大学でも模索されている。「3.11後社会」づくりのために「持続可能な発展のための教育（ESD）」を推進し、それを大学内だけでなく地域社会において展開することはとくに重要な今日的課題である。現実的・実質的には、現段階で求められている課題に比して、大学でのそうした取り組みが十分であるとは言えないであろう。研究・教育・地域社会貢献の順に大学と大学教員の位置付けが低くなるといった旧来からの国家行政的・学内的評価、とくに最近の競争主義・業績主義の圧力で、求められているプロジェクトの成果や研究業績につながらないものは後回しにされ、他方で、社会的・研究的位置づけをぬきにした「社会貢献」が求められ押し付けられるというような状況があるからであろう。

　しかしながら、一般に「人間が人間の形成・発達に働きかける実践」の学（教

育学）は人類最後の学問であり、もっとも高度かつ複雑な実践論理にかかわるものである。そして、今や「持続可能な発展のための教育（ESD）」は時代的課題となっており、とくにその中核である「持続可能で包容的な地域づくり教育（ESIC）」、とりわけ東日本大震災からの復興にかかわる理論と実践は、ひとり「3.11後教育学」だけでなく、これまでの（近現代の）諸科学を乗り越える新しい「実践の学」を必要としているし、その創造につながるであろう。ポスト・グローバリゼーション時代の「新しい学」が求められている。それはとりわけ、グローバリゼーション時代の「双子の基本問題」（地球的環境問題と貧困・社会的排除問題）の同時的解決に取り組むグローカルな実践とそれにかかわる理論の創造を通して現実のものとなる。「双子の基本問題」の典型例である東日本大震災からの復興の取り組みの中からこそ「新しい学」が生まれるであろう。

　第Ⅲ編は、このように考えて設けられた。21世紀の大学がおかれている状況と課題、ESDへの取り組みの現段階、とりわけ東日本大震災からの復興への取り組みなどを考察することをとおしてアプローチしているが、もちろん、それらは大学人生をおくってきた筆者自身のこれまでの活動についての振り返りと反省を伴っている。

　上述のような実践にかかわって考えてきたことを「将来社会論」として展開するためには、現代の将来社会論の批判的吟味、近代以降の将来社会論の再検討、「将来社会への学び」の現代社会構造における位置付けも必要となる。本書ではそれらを全面的に展開することはできないので、終章でその見通しを述べ、将来社会論を展開するためには「社会教育としての生涯学習」の視点が不可欠になることを、補論を設けてやや立ち入ることにした。

　以上が本書を考えた動機と意図であり、全体の問題構成である。

『将来社会への学び──3.11後社会教育とESDと「実践の学」──』

はしがき──本書の問題構成── ……………………………………………… *iii*

序章　3.11後社会への教育 ……………………………………………… *1*
　第1節　3.11後の教育 …………………………………………………… *1*
　第2節　脱原発・自然エネルギー社会への道 ………………………… *6*
　第3節　韓国プルム学校にて …………………………………………… *11*

第Ⅰ編　3.11後社会教育
はじめに──第Ⅰ編の課題── …………………………………………… *19*

第1章　東日本大震災と社会教育 ……………………………………… *21*
　第1節　21世紀型学習と「3.11後社会教育」 ………………………… *22*
　第2節　「リスク社会」から「持続可能で包容的な社会」へ ……… *25*
　第3節　「人間」と「絆」の復興 ……………………………………… *28*
　第4節　防災活動と社会教育 …………………………………………… *31*
　第5節　医療・臨床活動と社会教育 …………………………………… *33*
　第6節　大震災とボランティア・NPO・協同組合活動 ……………… *35*
　第7節　復興計画づくりと地域社会教育・生涯教育計画 …………… *37*
　第8節　「社会教育としての生涯学習」調査研究のあり方 ………… *39*

第2章　3.11後の経験を社会教育はどう引き受けるか──中間的総括── … *42*
　第1節　「人間の復興」から「社会的協同実践」へ ………………… *42*
　第2節　援助・伴走・協同の社会教育実践と被災者のエンパワーメント＝自己教育過程 ……………………………………………… *46*
　第3節　「持続可能で包容的な地域づくり教育（ESIC）」の展開 … *49*
　第4節　社会教育実践としての地域再建計画づくりへ ……………… *53*

第3章　3.11後社会教育と「持続可能な発展のための教育（ESD）」 …… 56
　　第1節　ESDの位置 …… 57
　　第2節　世代間・世代内公正と「生涯学習の教育学」 …… 61
　　第3節　地域ESD実践の展開 …… 64
　　第4節　飯舘村その後の取り組み …… 68
　　第5節　「持続可能な社会」づくりに向けて …… 71

第Ⅱ編　持続可能で包容的な社会への地域社会教育実践
　はじめに―第Ⅱ編の課題― …… 77

第4章　ESDと自然エネルギー社会 …… 79
　　第1節　「社会教育としての生涯学習」アプローチ …… 79
　　第2節　自然エネルギー社会づくりとESD …… 83
　　第3節　自然エネルギー社会への「地域をつくる学び」 …… 86
　　第4節　環境文化都市・飯田市の場合 …… 89

第5章　北海道における社会教育実践の現在 …… 94
　　第1節　北海道社会フォーラム2014 …… 94
　　第2節　社会教育実践の現在 …… 99
　　第3節　育ち合う関係づくり …… 103
　　第4節　つながる力を高める …… 106

第6章　暮らし続けられる地域づくり …… 110
　　第1節　森林未来都市・下川町の場合 …… 110
　　第2節　社会的排除問題に取り組む協同事業 …… 114
　　第3節　自然エネルギー社会づくりにつなぐ …… 120
　　第4節　適正技術と不定型教育＝社会教育 …… 123

第Ⅲ編　ポスト・グローバリゼーション時代の「新しい学」へ

はじめに──第Ⅲ編の課題── ……………………………………………… 127

第7章　ESDに取り組む大学の役割 ……………………………………… 129
第1節　高等教育機関のESDへの取り組み ……………………………… 129
第2節　北海道の大学ESDの課題 ………………………………………… 133
第3節　人間活動と教育とESD …………………………………………… 136
第4節　グローカルな実践的時空間 ……………………………………… 140

第8章　21世紀の大学と地域社会貢献活動の意義 ……………………… 147
第1節　グローバリゼーション下の大学とESD ………………………… 147
第2節　大学の地域社会貢献の政策と現実 ……………………………… 151
第3節　地域ESD実践の多次元性と重層性 ……………………………… 155
第4節　地域調査研究の展開とESIC ……………………………………… 159

第9章　グローカルな「実践の学」へ …………………………………… 163
第1節　ポストDESDの大学のあり方 …………………………………… 163
第2節　東日本大震災からの復興とESIC ………………………………… 168
第3節　民衆大学との連携 ………………………………………………… 173
第4節　近現代を超える「実践の学」 …………………………………… 179

終章　将来社会へ ……………………………………………………………… 185
第1節　「未来に向けた実践総括」＝地域生涯教育（ESD）計画づくり … 186
第2節　現代の社会変革と「将来社会への学び」 ……………………… 190

補論A　「教育と労働と協同」の歴史と「将来社会への学び」 ……… 196
1　ロバート・オーエンの「協同村」実験 ……………………………… 197
2　モンドラゴン協同組合複合体とアリスメンディアリエタの思想 …… 200
3　現代協同組合運動と「協同・協働・共同の響同関係」 …………… 204

補論B 現代「将来社会」論と「社会教育としての生涯学習」 ……… *208*
 1 将来社会への現代社会論 ……… *208*
 2 情報化・消費化社会の先の「交響体」 ……… *211*
 3 定常型社会への「地域づくり教育」 ……… *214*

あとがき ……… *221*
索引 ……… *225*

序章

3.11後社会への教育

第1節　3.11後の教育

　2011年3月11日の東日本大震災以降、それまでの社会のあり方を根本的に捉え直し、人々のものの考え方や行動の仕方を変え、「持続可能で包容的な社会」を創っていくような学びが必要とされてきている。東日本大震災がそれまでの日本社会の持続不可能性と構造的脆弱性を露呈させ、社会的に排除されているような地域と地域住民の問題を明確にしたからである。それは、たとえば、2013年6月14日に閣議決定され、国会に提出された「第2期教育振興基本計画」（2013〜17年度）にも反映されている。

　同計画は、2006年に改定された教育基本法にもとづいて、今後5年間の日本における教育のあり方を総合的に示すものとして、国会に報告されたものである。そこでは「我が国を取り巻く危機的状況」として、①社会全体の活力低下、②我が国の国際的な存在感の低下、③失業率、非正規雇用の増加が挙げられ、それらが東日本大震災によって一層顕在化・加速化しているという認識が示されている。すなわち、(1) 地域社会、家族の変容にともなう「個々人の孤立化、規範意識の低下」、(2) 格差の再生産・固定化による「一人一人の意欲減退、社会の不安定化」、(3) 地球的規模の課題に直面して「持続可能な社会の構築に向けて取り組んでいく」ことの必要性、である。(1) と (2) は「包容的な社会」、(3) はまさに「持続可能な社会」への取り組みを必要としていると言ってよいだろう。

　「第2期教育振興基本計画」では、これらに対する「今後の社会の方向性」として自立・協働・創造の理念の実現に向けた「生涯学習社会」を構築するこ

とが示されている。そして、そのための教育行政の4つの基本的方向として、①「社会を生き抜く力」の養成、②「未来への飛躍を実現する人材」の養成、③「学びのセーフティネット」の構築、そして④「絆づくりと活力あるコミュニティ」の形成が柱立てられている。「誰もがアクセスできる多様な学習機会」のための③と、「社会が人を育み、人が社会をつくる好循環」をつくるための④は、その必要性を誰でも首肯できることであろう。しかし、「多様で変化の激しい中で個人の自立と協働を図るための主体的・能動的な力」とされる「社会を生き抜く力」がグローバルな競争に勝ち抜く力として理解されるならば、あるいは「変化や新たな価値を主導・創造し、社会の各分野を牽引していく人材」として「未来への飛躍を実現する人材」が一部のエリート的人間を指すとしたら、それらはそのまま包容的な社会づくりに、さらには持続可能な社会づくりにつながると言えるであろうか。

　こうした疑問は、同計画の各論（第2部）をみていくとより強くなる。「社会を生き抜く力」ではまっさきに「国際的な学力調査でトップレベルに」が、そして「未来への飛躍を実現する人材」では「新たな価値を創造する人材、グローバル人材等」が挙げられているからである。これらの政策が前面にたつと、「絆づくりと活力あるコミュニティづくり」はそれらに従属するものとされ、「学びのセーフティネット」は予算の範囲内の残余的な政策となってしまう恐れがある。そして、全体としては、同計画が前提的理解とした「危機的状況」をさらに深刻にさせ、「持続可能で包容的な社会」づくりはもとより、東日本大震災からの復興すらより困難なものとなるのではないかとも危惧されるのである。その危惧は、その後の「教育再生実行会議」が中心になって進めている「アベデュケーション」と呼ばれる諸教育政策（教育委員会改革、教科書検定、道徳の教科化、6.3.3制見直し、大学改革、いじめ防止対策など）を見るにつけ深まるばかりである。

　2020年度以降に向けた文科省の新学習指導要領の骨格案（2015年8月）では、目標は「自ら問いを立て、様々な人々と対話しながら新しい価値を生み出す力」を育てることだとされている。骨格案では知識そのものよりも「知識の活用力」を重視し、自ら考え対話しながら課題解決をする「アクティブラーニング」な

どを普及させるとともに、高校では「公共」と「歴史総合」などの新しい科目をつくり、大学入試改革も進めるとしている。それらはグローバルな競争関係の中で「社会を生き抜く」ために、そして「未来への飛躍を実現する」ために求められる力と考えられているからであろう。もちろん、大きな歴史的転換期にある今日、根本的に「新しい価値」を生み出し「未来へ飛躍」するための力は「持続可能で包容的な社会」を構築するためにも必要である。こうした教育改革が、国際競争に打ち勝つ「強靭なグローバル国家」建設のためのものか、東日本大震災の教訓をふまえて国民が安全・安心に暮らせるような「持続可能な福祉社会」を構築するためのものか、問われる基本的な論点になるであろう。

　しかし、ここで問題にしたいのは「子どもの学校教育」というよりも「大人の学び」である。「第2期教育振興基本計画」では「生涯学習社会」をめざすべき社会像として掲げながら、生涯学習やそれを支える社会教育の位置付けはきわめて弱いものである。実際に、関連する予算はこの間削減され続け、公共的な社会教育施設や社会教育職員は急速に減少してきている。しかしながら、「危機的状況」に対して反省的に学ぶべきはまず、これまでの社会を作ってきた大人である。「持続可能で包容的な社会」づくりは大人がまず自分たちのために、そして次世代以降のために取り組まなければならない基本課題であるが、そのためにはそれに必要な固有の学びが求められる。

　「持続可能で包容的な社会」は一般的な理念ではない。われわれは何よりも、東日本大震災からの復興を成し遂げることを通して「持続可能で包容的な社会」を構築していかなければならない。東日本大震災は日本社会の危うさ、持続不可能性を明確に示した。それらを克服しながら持続可能な社会を創ることは、被災地だけではなく日本全体（世界全体とも言える）の課題である。大震災によって日本の危機的状況がいっそう顕在化・加速化したという現状認識に立つならば、それを克服していく「生涯学習社会」づくりが強く意識されなければならない。しかし、そのための政策的・行政的対応は心許ない。

　たとえば今世紀に入って、国連・ユネスコを中心にしながら「持続可能な発展（開発）のための教育（Education for Sustainable Development, ESD）」が進められてきた。2005年にはじまる「国連・持続可能な発展のための教育の10

年(Decade for ESD, DESD)」は、日本政府と日本のNGOによって提案され、2014年の総括会議は日本の名古屋と岡山で開催された。そして、日本のDESD関係省庁会議がこの総括会議への提案として作成した「ジャパンレポート」には「復興に生かされるESD」の章もある。しかしながら、復興へのこれまでの社会教育や生涯学習の取り組みをふまえた課題提起はみられない。ESDは「復興に生かされる」べき外来的な考え方として理解されているだけで、具体的な復興活動についても、むしろ、これまでの経済成長路線をより強力に推し進めようとする「創造的復興」(阪神・淡路大震災の復興政策として失敗したもの)の考え方に立ち、福島県の再生エネルギー政策にふれているだけである。

国際的には、DESDの経験をふまえてESDは新たな段階に発展している。それは、第69回国連総会(2014年9月)で採択され、日本でのDESD総括会議を経て、DESDの後継として新たに合意された「ESDに関するグローバル・アクション・プログラム(GAP)」(5カ年計画)に示されている。同プログラムでは目標や優先行動分野(政策的支援、機関包括型アプローチ、教育者、若者、地域コミュニティ)も提起されているのであるが、ここではそれらに先立つ「原則」に注目しておこう。

GAPの原則は、(a)「持続可能な発展」に関する知識・技能・態度の万人の獲得、(b) 批判的思考、複雑なシステム理解、未来を想像する力、参加・協働型意思決定等の向上、(c) 権利にもとづく教育アプローチ、(d) 教育・学習の中核としての変革的教育、(e) 環境・経済・社会そして文化などを含む包括的で「全体的な方法」、(f) フォーマル、ノンフォーマル、インフォーマルな教育、幼児から高齢者までの生涯学習、(g) 名称にかかわらず、上記原則に相当するものすべてを含む、という7つである[1]。これらの国際的原則は、東日本大震災を経験したわれわれが今まさに必要としているものでもある。

「持続可能な発展のための教育(ESD)」は、領域的・内容的には、(e) や (g) が示しているように、自然・人間・社会の全体にかかわるものである。教育方法的には、(b) や (d) が示すように、現在の社会システムを批判的に捉え直し、

---

(1)「持続可能な開発のための教育(ESD)に関するグローバル・アクション・プログラム」文部科学省・環境省仮訳、日本ユネスコ国内委員会、2015。

新しい社会を構想し創造していくことにかかわっている。そして、その組織化にあたっては、(a) と (c) が示すように、万人の権利として保障されるものであることを基本とし、それゆえ (f) が示すような「生涯学習」として推進されなければならないのである。「生涯学習」は幼児から高齢者までというだけでなく、学校型のフォーマル（定型的）教育、社会教育的なノンフォーマル（不定型的）教育、そして地域住民が自主的・自己組織的に進めるインフォーマル（非定型的）教育を含んでいる。現局面の「我が国を取り巻く危機的状況」を乗り越えていくために「生涯学習社会」構築を基本的方向としている「第2期教育振興基本計画」の「生涯学習」理解と対比されるべきであろう。

　もちろん、われわれは日本の現実に即し、各地域で展開されてきた実践的蓄積をふまえて、これからの「生涯学習」を考える必要がある。日本の生涯学習は戦後日本における社会教育の理論と実践をふまえて発展させなければならない。日本の社会教育は、すべての国民が「自ら実際生活に即する文化的教養を高め得るような環境を醸成する」（社会教育法第3条）ことを国および地方自治体の任務としてきた。人々の「実際生活」が危機的状況にある今こそ、社会教育の精神を生かし、発展させる生涯学習（「社会教育としての生涯学習」）が求められているのである。「自ら…高め」る学びは「国民・地域住民の自己教育・相互教育」＝自己教育活動であり、社会教育の本質とされてきた。それこそGAPの原則 (b)、すなわち「批判的思考、複雑なシステム理解、未来を想像する力、参加・協働型意思決定等の向上」の線に沿って今日的に発展させることが求められているものである。

　生涯学習社会実現にむけては東日本大震災前から多様に議論されてきたし、社会教育学の視点からのアプローチも国際比較研究もみられた[2]。しかし、

（2）たとえば、赤尾勝己編『生涯学習社会の諸層―その理論・制度・実践―』至文堂、2006、佐藤一子『現代社会教育学―生涯学習社会への道程―』東洋館出版社、2006、三輪建二『生涯学習の理論と実際』放送大学教育振興会、2010、牧野篤『人が生きる社会と生涯学習』大学教育出版、2012、など。国際比較研究としては、太田美幸『生涯学習社会のポリティックス―スウェーデン成人教育の歴史と構造―』新評論、2011、佐藤一子『イタリア学習社会の歴史像―社会連帯にねざす生涯学習の協働―』東京大学出版会、2010。

「3.11」を経験して後の現局面では、それらをより根本的に再検討しつつ、新しい課題に取り組むことが必要となってきている。「3.11後社会教育」としての生涯学習、新しい社会を創るための学びが問われているのである。

第2節　脱原発・自然エネルギー社会への道

　3.11後社会は何よりも、「リスク社会」を乗り越えて、安全・安心に暮らせる「持続可能社会」であることが期待されている。その具体化のための主要課題のひとつが、東京電力福島第1原発事故を教訓とする「脱原発」である。それは必然的に、原発に代わるエネルギー、すなわち再生可能な自然エネルギーを基本エネルギーとして利用する社会（本書ではそれを「自然エネルギー社会」と言うことにする）への転換を意味する。しかし、日本政府は原発をなお「ベースロード電源」とし、求められている方向とは真逆な政策をとっているように見える。

　2015年8月11日、川内原発が再稼動された。東日本大震災後の新基準（安倍首相によれば「世界最高水準の基準」）の下での最初の再稼動である。原子力規制委員会の田中委員長は「絶対安全とは申し上げない」と繰り返し、菅官房長官は「稼動するかどうかは事業者の判断」と公言するなど、責任体制がきわめてあいまいな中での見切り発車である。今年は原油価格低落で火力発電コストが下がり、原発ゼロでも電力各社の経常損益はすべて黒字となっており、猛暑で心配された電力ピークも、これまでの節電と、急増した太陽光発電がかえって好調になることなどによって十分補われている、といったような現実は全く考慮されていない。

　もちろん、より根本的な問題は、福島原発事故がなお「収束」されていないということである。原発事故の原因も実態も明らかでないことが多く、「核燃料サイクル」や核ゴミ最終処理の方法も場所も確立・確定していないにもかかわらず、原発をベースロード電源とする政策のもとで、世論を押し切っての再稼働がなされたのである。川内原発そのものについても、火山対策や避難計画の不備をはじめ多くの課題を残したまま、日本は再び持続不可能な「リスク社

会」に突入し、さらに政府は原発輸出政策を強化して、そのリスクを世界に広めようとすらしている。

　川内原発再稼動に先立って7月、政府は2030年目標の電力構成を決定している。それによれば、再生可能エネルギー22〜24％、原発20〜22％、他は化石燃料等となっている。再生可能エネルギー目標比率は、「可能な限り低減させた」という原発の比率とさして変わらず、なお化石燃料利用が過半を占める。脱原発を進める諸外国の動向に比すまでもなく、この構成目標と政策姿勢を前提にするならば、日本における「自然エネルギー社会」の実現はかなり困難なものとならざるをえない。しかし、地域の現実をみれば自然エネルギーの開発・利用は、多くの困難を乗り越えながら進展しており、持続可能な社会づくりへの歩みは変えることはできないであろう。最近の国連サミット（2015年9月）では、「ミレニアム開発目標（MDGs）」の後継として「持続可能な開発のための2030アジェンダ」（2016〜30年）が採択されたが、とくに先進国も当事者として取り組むべき最重要課題のひとつとして「再生可能エネルギーの利用拡大」が挙げられている。

　こうした中で、社会教育の領域でも、地域から自然エネルギー社会づくりを進めようとする学びがはじまっている。日本で最大の民間社会教育運動組織である社会教育推進全国協議会と現地実行委員会が共催する第55回社会教育研究全国集会（東北盛岡集会）が、2015年8月下旬、「いのちと希望を育む社会教育の創造を―震災や地域が抱える苦難を乗り越えて―」という共通テーマのもとで開催された。その環境分科会（第12分科会）のテーマは「エネルギーの地産地消と地域づくり学習」であった。同集会ではじめて取り上げられたテーマである。そこではESD（持続可能な発展のための教育）の理解を前提に、「木質バイオマスエネルギーによる地域の自立」に向けての東北地方における動向と課題の共通理解をした上で、「葛巻町クリーンエネルギーの取り組み」（葛巻町役場農林環境エネルギー課）と「循環型まちづくりの取り組みと紫波中央駅前地区における木質バイオエネルギーによる地域熱供給」（紫波町産業部観光課およびNPO法人紫波みらい研究所）の実践事例が報告され、質疑・討論がなされている。

葛巻町は旧馬産地で、現在は「東北一の酪農郷」となっている。1999年に「新エネルギーの町・葛巻」宣言をし、山間高冷地（牧場地帯）の風力発電をはじめ、家畜排泄物を利用したメタンガス、森林の間伐材を利用したバイオガス、チップ製造にともなう樹皮を利用したバークペレットなど、多様な自然エネルギー開発を進めてきた。この間「葛巻町バイオマスタウン構想」（2008年）などによって地域ぐるみで「クリーンエネルギー」振興をはかり、電力自給率160％を誇るようになってきている（年間総発電量5.7千万kWh、電力消費量3.5千万kWh）。こうして全国にも稀な「食糧・エネルギー自給の町」となっている。しかし、たとえばエネルギー供給が最大の風力発電は、町25％出資の第3セクターが出力1.2千kWであるのに対して、電源開発株式会社の風力発電所は21.0千kWというように外部資本による生産が圧倒的部分を占める。生産エネルギーは売電目的であるか、施設内で消費されるために、地域住民にとっては必ずしも日常的に恩恵を実感できるものとはなっていない。そこで葛巻町では地域エネルギーの利活用を進めるために、「エネルギーの地産地消による副収入と雇用機会」を拡充し、「エネルギーの自立と災害に強いまちづくり」、小規模分散型の熱電供給と個人住宅利用、都市と農村の交流・連携を柱とした新たなエネルギー政策を推進しつつある。実質的な「エネルギー自給率100％」をめざす町を追求していると言える。

紫波町は地域複合的農業の町として知られてきたが、その有機的農業を基盤にした「循環型まちづくり」（環境と福祉のまち）を進めている。「環境・循環基本計画」（前期2011～15年、後期2016～20年）にもとづいて、①資源循環（循環型農業、森林資源循環、焼却ゴミ削減）、②環境創造（里地里山保全、水環境保全、温室効果ガス削減、生活環境向上）、③環境学習（身近な環境を知り守る、伝統・文化・知識・技術の伝承）、④交流と協働（団体連携、情報共有）の4つの方針によるまちづくりを展開している。堆肥、粉炭、木酢液、木質ペレットを製造する「えこ3センター」（2011年設置）を核にして、それらを町内で利活用するシステムが特徴的である。2014年にはさらに、JR中央駅前の「オガール地区」にある諸公共施設、産直・宿泊施設、スポーツ関連施設、そして分譲住宅などに、主として町内産の木質チップ燃料によって冷暖房と給湯の地

域熱供給を行う「エネルギーステーション」の営業を開始した。補助金と外来資本を導入した開発が多いために、今後いかにして実質的に、住民主体の地域づくりに結びつけていくかが焦点となっている。これまでのNPO紫波みらい研究所[3]、環境マイスター制度、環境衛生組合、ごみ減量女性会議、間伐材運び隊などによる市民参加・学習活動の成果を生かすことが求められている。

葛巻町および紫波町の実践はともに「エネルギーの地産地消」に向けての日本の先進例であるが、分科会テーマにある（自然エネルギー社会への）「地域づくり学習」に向けてはなお多くの課題が残されている。自然エネルギー定着への技術的問題はもとより、地域の「共有資産（コモンズ）」としての自然エネルギーの協同的・ネットワーク的利用を進める「社会的協同組織」（社会的目的をもって協同活動をする組織）の発展によって、日本に特有な電力会社による地域独占を打ち破っていくような視野をもった学びの展開である。最近では、旧来のコモンズ論を越えて「地域分散ネットワーク型」システムへの転換を推進するような、法（ルール）と制度を含めた新しい「共有論」の必要性を強調する主張もある[4]。

こうしたことを考えると、日本の現状では、自然エネルギー社会づくりを先行して進めているヨーロッパの先進事例にも学ぶ必要もある。たとえば、福島第1原発事故を契機としていち早く「脱原発」の方向を明確にした国としてドイツがある。もちろん、まずは日本との政治的・政策的環境の違い、脱原発運動の歴史などをふまえておかなければならない[5]。その上で、自然エネルギー社会づくりに取り組んでいる地域の実践から学ぶ必要があるのである。本書にかかわる「地域づくり学習」にとって注目されることは「地域の資源は地域

---

(3) その活動については、佐藤由美子「岩手県紫波町における循環型まちづくり―NPO法人紫波みらい研究所の活動を中心に―」『月刊　社会教育』2015年7月号。
(4) 金子勝『資本主義の克服―「共有論」で社会を変える―』集英社、2015。
(5) 和田武『飛躍するドイツの再生可能エネルギー―地球温暖化防止と持続可能性社会構築をめざして』世界思想社、2008、青木聡子『ドイツにおける原子力施設反対運動の展開』ミネルヴァ書房、2013、千葉恒久『再生可能エネルギーが社会を変える―市民が起こしたドイツのエネルギー革命―』現代人文社、2013、など。

に、地域住民によって」という自治の思想、歴史的に蓄積されてきた協同組合活動の経験である。それは筆者が2013年4月、ドイツのバイエルン州への脱原発視察調査団に参加して強く印象に残ったことである。

　自然エネルギー利用が急速に進むドイツの中でも、バイオエネルギー利用で注目されるバイエルン州の具体的な実態については調査団長であった村田武氏の報告に譲る[6]。筆者が注目したいのは、19世紀からこの地で発展してきた農村信用組合「ライファイゼン協同組合」の思想がエネルギー自給村づくりの実践に生きているということである。それは「村のお金は村に Das Geld des Dorfes dem Dorfe！」というドイツ協同組合運動の始祖ライファイゼンに由来するスローガンに示されている。もちろん、ライファイゼン信用協同組合の理念と実践がそのままエネルギー自給村につながっているわけではない。小規模家族農業を支えてきた戦後の機械共同利用組織＝「マシーネンリンク」などによる地域農業発展の実践蓄積（「バイエルンの道」）、そしてバイエルン農業同盟の活動を背景にして生まれた中間支援組織＝有限会社「アグロクラフト」の活動などがあって、はじめて「ライファイゼン・エネルギー協同組合」は生まれ、それを核にしたエネルギー自給村が発展していったのである。そして、協同組合員だけでなく地域住民全体に利益がもたらされるような地域雇用や地域熱供給システム構築がなされることによって、自然エネルギー利用が地域づくりの活動につながっていったことが注目されるのである。

　このようなドイツ農村での実践は、都市地域における「市民エネルギー協同組合」の活動とともに、日本において脱原発の自然エネルギー社会づくりを考える際におおいに参考になるであろう。しかし、本書で立ち入って考えたいのは、こうした協同的地域づくり活動を、学習と教育を重視した「持続可能で包容的な地域づくり」としていかに発展させるかということである。そこで次節では、韓国忠清南道ホンソン郡ホンドン面にあるプルム学校を中心とする地域

（6）村田武『ドイツ農業と「エネルギー転換」―バイオガス発電と家族農業経営―』筑波書房、2013、同『日本農業の危機と再生―地域再生の希望は食とエネルギーの産直に―』かもがわ出版、2015。

づくりの実践に注目してみることにしよう。

第3節　韓国プルム学校にて

　2015年8月、3年9ヶ月ぶりにプルム学校を訪問した。「プルム（ふいご）学校」は韓国の代表的代案学校（オルターナティブ・スクール）のひとつであり、無教会派のキリスト系学校として高等科と専攻科（日本の短期大学に相当）をもっている。ホンドン面（村）は、この学校の卒業生が中心になって有機農業（親環境農業・生態農業）を推進している代表的な地域として韓国では知られている。本書の課題から見るならば、「持続可能で包容的な地域づくり教育（Education for Sustainable and Inclusive Communities, ESIC）」[7]に取り組んでいる典型例であると言える。

　私たちがプルム学校とホンドン地域に注目したのは、プルム学校が「教育と労働と協同」による教育実践を展開するとともに、農業だけでなく生活・福祉・文化にかかわる協同組合的活動を地域に拡張し、それらによって零細なこの農業地域にあって「持続可能で包容的な地域づくり」を推進しているからであった。それは、2008年、北海道大学で開催した生涯学習に関するシンポジウムで、プルム学校の発展と地域づくりに中心的役割を果たしてきた元専攻科校長の洪淳明（ホン・スンミョン）氏の講演をお聴きしてから決定的なものとなった。その多面的な実践展開に驚かされると同時に、彼の誠実にして高貴な人柄に強く惹かれたのである[8]。

　ホン・スンミョン先生によれば、プルム学校づくりがめざしてきたものは、

（7）ESICについてくわしくは、拙著『持続可能な発展の教育学』東洋館出版社、2013、第7章を参照されたい。
（8）2011年12月の訪問までのプルム学校とホンドン地域の実践の理解については、拙著『持続可能で包容的な社会のために―3.11後社会の「地域をつくる学び」―』北樹出版、2012、とくに第三章第4節、実態分析については、「地域と教育」再生研究会『韓国農村教育共同体運動と代案学校・協同組合の展開』北海道大学教育学研究院社会教育研究室、2011、を参照されたい。

次の10の点である⁽⁹⁾。

　すなわち、①聖書と自然に学ぶ、②農業・農村文化の創造的継承、③三無（試験なし、教師・生徒の分断なし、学校と村の境界なし）、三有（自給自足、生涯学習、下から上への実践）、④人文的教養と労働精神、⑤学校は地域社会である、⑥住民教師と現場総合学習、⑦学期段階別共同学習、⑧土の共同体の理念、⑨村（地域）大学の輪、⑩周辺の精神、である。こうした考え方が全体として、韓国および日本に支配的な競争主義的な教育に対する強い批判を含んでいることは明らかである。

　今回の訪問の主たる動機は、ホン先生の後継者のひとりとなるであろうと思われた専攻科教員のチョン・ミンチョルさんがプルム学校を辞し、みずから協同農場を設立して若い人々と地域実践活動をするようになったと聞いたので、その実践を見てみたいと思ったことにある。実はミンチョルさんには、2012年3月、若い人々と一緒に北海道・札幌を訪問していただき、都市近郊農村・長沼町における地域づくりの現場や札幌にある八紘学園・北海道農業専門学校の実践などを見ていただく機会があった。その際の研究会での講演でミンチョルさんは、これまでの「研究組合」と「生産組合」と「教育文化協同」から成る実践によって「学校を地域社会にすること」を超え、いわば「地域社会を学校にする」（地域全体で農業教育・生態教育・協同教育・人文教育を展開する）ことの重要性を強調していたのであるが（図0-1参照）、まさかみずからがその先頭にたって協同農業経営者になるとは思っていなかったのである。

　なだらかな丘陵の間に美しい水田がひろがるホンドン地域の落ち着いた美しい農村風景は相変わらずであったが、多様な協同活動の拠点となる諸施設（図0-1の「教育文化協同」に含まれる諸活動施設）はこの間の実践の発展をうかがわせるものであった。文化活動のセンターであるバルマク図書館の1階の育児室では元気な子どもたちの声が響き、2階ではシェークスピアの読書会が開催されおり、ホン先生とお話をした3階の書棚の本はより充実したものとなっ

---

(9) プルム学校の理念と歴史については、尾花清・洪淳明『共に生きる平民を育てるプルム学校―学校共同体と地域づくりへの挑戦―』キリスト教図書出版社、2001。

図0-1　プルム学校発の地域づくり協同

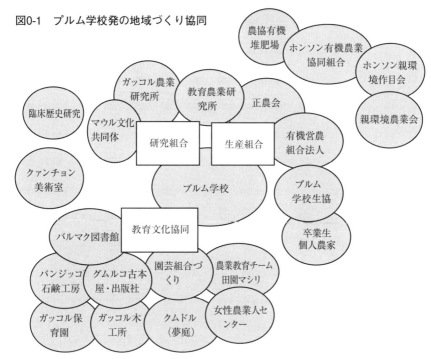

（注）2013年3月13日、北海道大学教育学研究院会議室で開催された日韓交流研究会におけるチョン・ミンチョル氏講演「持続可能な学校体系」で提示された資料を一部修正して作成。それぞれの組織・団体については、「地域と教育」再生研究院編『韓国農村教育共同体運動と代案学校・協同組合の展開』北海道大学大学院教育学研究院社会教育研究室、2011、を参照。

ていた。隣接していた有機石鹸づくり等のための加工場は、若者たちの文化的創造活動のための工房となっていた。有機物産の販売所は洒落た喫茶室として、地域住民と訪れた人々の溜まり場にもなっているようであった。保育園や障害者福祉施設に加えて、出版社兼本屋まであることを見れば、零細な農業地域であったこの地域の生活の豊かさを感ずることができるであろう。これら諸施設は小規模なものばかりであるが、すべて協同組合的に運営されているのである。「教育と労働と協同」の統一による実践が地域にひろがり、まさに「地域を学校にする」実践が着実に前進しているように思えた。

　筆者が気になっていた農場とは、「若い協同農場」である。4つの農場（野

菜栽培、有精卵養鶏、メロン栽培、花き生産）で14人が働いているが、うち7人はプルム学校専攻科卒業生だということである。このうち、障害者も働いている農場は「しあわせ農場」と呼ばれていた。「若い協同農場」では若者に働く場をつくり、定住化をはかると同時に、地域づくりにつなげていくことが重視されている。たとえば、野菜は韓国の肉料理にかかせない「包み野菜」であり、高齢化の進行で作り手がいなくなってきた作目が選ばれている。地域の里長の世話で不耕作地の借地がなされ（ビニールハウス8棟建設）、地域畜産農家からの堆肥を利用した有機栽培を行っている。地域活動にも積極的に参加すると同時に、有機農業、漢詩、哲学・人文学、聖書などの学習やグループ実践創造のための時間も保障される。それらは主に上述の諸施設でなされているが、地区の図書館と団体活動の溜まり場・拠点施設も建設中であった。

　訪問最終日はちょうど日曜で、プルム学校では宗教的集会があり、そこで私は所感を述べるように求められて、およそ以下のようなことを話した（「ミニ講演」のかたちで、恐縮この上ないことに、通訳はホン・スンミョン先生みずからが担当してくれた）。

　　　日本では「農的生活」が静かなブームになっています。当初は退職者が多かったのですが、最近では若者、とくに「農業女子」と呼ばれる女性も目立ってきています。彼・彼女たちの中には、グローバリゼーションのもとでの競争に疲れ、あるいは批判的になっている人々が多いです。私が前回お伺いしたのは原発事故を伴う東日本大震災があった年でしたが、その後とくに環境問題あるいは現代社会の持続不可能性が意識されるようになってきたことも反映しています。昨年、日本で一番よく売れた新書のタイトルは『里山資本主義』ですが、これは市場主義的競争に打ち勝つことを第一優先とする「グローバル資本主義」に対抗する里山生活の理念と実践が、共感をもって受け入れられてきていることを示しています。
　　　日本では東京一極集中が進み、昨今では「地方消滅」も喧伝され、北海道では8割近くの市町村自治体が消滅するというようなことが予測されています。しかしその一方では、こうした農村回帰の動向にあわせて、持続

可能で、誰をも排除しない包容的な地域づくりも、北海道に限らず日本各地で着実に進んでいます。私たちが今、互いに学び合って行く条件がひろがっていると言えます。

今回の訪問では、ソウルから脱サラをして専攻科に入学されて、札幌にもきていただいたシンさんがこの地域に定住されて「親環境農業」を実践し、しかも近隣に親類の家を次々に建て、大家族で、豊かで健康的な里山生活をなさっていることを拝見させていただき、私には、農村で持続可能な農業と農村生活をすることの意義と意味を考える重要な機会となりました。ホンドン地域は全体が里山と言えますが、ここで取り組まれている実践から私たちが学ぶことは多いと言えます。

4年ぶりに訪問して、まずバルマク図書館とその周辺の様子を拝見し、お話をうかがって、とてもきれいに整備されてきていると同時に、新しい段階の実践が展開されていることを知りました。4年前まではプルム学校を中心として「協同して働き学ぶ平民」の実践に学んできたのですが、今回は若い人々を中心にして「考える農民」、そして「文化創造をする農民」が生まれてきていることに感動いたしました。とくに「若い協同農場」と「しあわせ農場」の実践は、第1に、これまでの「教育と労働と協同」を統一する実践をより深く地域に根ざしたものとする活動として注目されます。第2に、地域に定着する努力がなされ、「学校は地域である」から「地域は学校である」への段階に発展してきていることです。そして第3に、障害者福祉や世代間連帯の活動が進み、「世代間人材サイクル」が築かれつつあるということです。有機農業展開のための経営類型や「農畜林地域複合経営」、あるいは「ホンドン型生活様式」の確立など、時間の関係で今回学ぶことができなかったようなテーマで具体的に解決しなければならない課題はあるでしょうが、ホンドン地域に内発的な地域づくりに向けて着実に実践が深まり広がっていることにたいへん勇気づけられました。

その上で私の方から提案したいことは、次の4つのことです。この間に多様な領域で、多様な価値観をもった人々が参加するようになってきているということをふまえて、これからの「持続可能で包容的な地域づくり」

のために、日本での経験から必要だと思われることをあげておきます。

　第1は、バルマク図書館を拠点に地域の「記録」づくりの実践が進められているということをふまえてですが、日本でいう地元学や地域学を進める「ホンドン地域学会」のようなものを作ったらどうでしょうかということです。たとえば、訪問初日にはこの地域に新しくできた食文化博物館のとなりで、地域に歴史的に蓄積されてきた会席料理を、そして2日目には忙しい農家の方々が気軽に集まれる食堂で地元素材を使用した食事を堪能させていただきました。「種子組合」ができて伝統野菜作りがはじまっていることなどとあわせて、これらを継承しつつ「ホンドン型食文化」を考え、さらに衣食住にわたって新たに持続可能な生活様式を創造していくことなどを考えてもいいのではないでしょうか。

　第2は、この地域では子どもを育てるネットワーク活動があり、その取り組みのひとつとして子どもが安全に歩いたり遊んだりする道路が建設されたという実践をお聞きし拝見させていただいて考えたことですが、領域の異なる多様な協同団体間の協同あるいはパートナーシップで、具体的な地域づくりの活動を進めるということです。たとえば、学校生活協同組合経営の喫茶店では、冷房の効いた快適な空間で私の好きな五味茶を味わせていただきましたが、図書館を中心として「教育文化協同」を進めるこの一帯の諸施設の「自然エネルギー」によるエネルギー自給を考えてもいいのではないでしょうか。それは、循環型の地域経済づくり、そして新たな雇用創出にもつながる可能性があります。また、「若い協同農場」の経験にも見られるように、地域づくりを進めるためには、既存の地域組織・団体との協同が重要だと思います。

　第3は、住民参加でホンドン地域の発展計画を創ることです。以前、研究者の協力で「21世紀ムンダン里（ホンドン面の一地区）100年計画」づくりをしたという経験に学ばせていただきましたが、10～20年先を視野においた、具体的実践計画をもつ「ホンドン面発展計画」をもつことが重要だと思います。前回地域調査をさせていただいた際には水田を基盤にしたこの地域にとって重要な地下水問題についてもお聴きしましたが、農畜林

地域複合経営をすすめるためにも地域全体の土地・水利用計画から、諸施設配置計画、そして生活・福祉活動計画など、活動領域別計画を含んだ住民参加の計画づくりが、このホンドン地域での実践蓄積をふまえるならば可能だと思います。

　第4は、学習文化活動計画であります。学校教育にかかわっては、「持続可能な発展のための教育（ESD）」という視点から、地域の保育園、小中学校とプルム学校まで、幼児教育から高等教育までの一貫教育が考えられてもいいと思います。現状では、たとえばプルム学校でも、高等科と専攻科でズレがみられます。生涯学習や地域教育においては、すでに多様な協同実践を進めるために、あるいは実践展開にともなって必要な創造的な活動が展開されておりますが、これらを反省的に取りまとめ、総合した「地域生涯教育計画」が必要な段階にきているのでないでしょうか。

　以上が筆者の今回のプルム学校訪問の所感と提案であった。チョン・ミンチョルさんは一緒に昼食を取りながらのお話の中で、私の提案のうち、第1と第4は自分も必要だと考えているし、すぐにでも取りかかりたいが、第2と第3については少し時間をかけてじっくり考えてみたいとおっしゃっていた。筆者が日本で考えてきたことがあっての押しつけのような提案であったが、集会後の意見交換をとおして、今後ともにお互いの実践と理論を学び合って行く基盤ができたような気がした。

　「筆者が日本で考えてきたこと」とは、「持続可能で包容的な地域づくり教育 Education for Sustainable and Inclusive Education, ESIC」のことである。グローバリゼーション時代を経た今日、東日本大震災の教訓をふまえ、誰もが安心・安全に暮らしていけるような「持続可能で包容的な社会」づくりを進めるためには、日本はもとより、世界各地でそうした方向での地域づくりを進め、互いに学び合っていくようなネットワークが不可欠である。ネットワークづくりには一定の共通理解が必要であるが、その際の一つの考え方として提起したいのがESICなのである。

以上で述べてきたことを念頭において本書では、将来社会への学びの方向を探りながら、「学びをとおした将来社会づくり」のあり方を考える。

　本書は、まず第1に、東日本大震災の復興に取り組んだ社会教育の経験と北海道における地域社会教育実践の現在をふまえて、3.11後社会教育としての「持続可能な発展のための教育（Education for Sustainable Development, ESD）」のあり方を検討する。次いで第2に、とくに「自然エネルギー社会」構築への取り組みを具体的テーマとしつつ、それを貧困・社会的排除問題への取り組みに繋ぎながら、「持続可能で包容的な地域づくり教育（ESIC）」の展開構造とその実際を吟味する。そして第3に、持続可能な社会に向けた大学のあり方とくに地域社会貢献活動の再検討をふまえて、求められる「将来社会」づくりにかかわる「新しい学」＝「グローカルな実践の学」の基本的性格と展開方向について提起する。最後に、「将来社会」づくりに向けて当面する実践的課題を提起しながら、旧来の将来社会論の批判的検討をふまえて「将来社会」論構築に向けた理論的課題を考える。

　各編の問題構成については「はしがき」で述べた。各章の位置付けについては、各編冒頭の「はじめに」で述べることにする。さっそく、本論に入ろう。

第 I 編

3.11後社会教育

はじめに―第Ⅰ編の課題―

　巨大津波と過酷な原発事故を伴う東日本大震災は、日本社会の構造的諸問題をあらわにしただけでなく、自然・人間・社会の総体的捉え直しを迫り、とりわけグローバリゼーション時代の「双子の基本問題」である貧困・社会的排除問題と地球的環境問題の同時的解決を通した「持続可能で包容的な社会 Sustainable and Inclusive Society」の構築が当面する基本課題であることをあらためて示した。教育に関しては「世代間および世代内の公正」を実現する「持続可能な発展（開発）のための教育（ESD）」が提起されてきたが、その新たな発展が求められている[1]。

　われわれはその方向を、何よりも、東日本大震災からの復興過程とそこにおいて展開されている学習活動、それらを推進する社会教育実践の中に探らなければならない。日本社会教育学会は、発災直後から特別企画「東日本大震災と社会教育」に取り組んできた。また、学会60周年事業の一環として出版した『希望への社会教育』では「3.11後社会教育」の課題と展望をとりまとめている[2]。本編の課題は、これらをふまえながら、「3.11後社会教育」の発展課題を明らかにすることである。

　第1章は、上記特別企画をはじめた当初に「3.11後社会教育」として提起し

（1）ESDとその発展課題に関する筆者の理解については、拙著『持続可能な発展の教育学―ともに世界をつくる学び―』東洋館出版社、2013。
（2）日本社会教育学会60周年記念出版部会編『希望への社会教育―3.11後社会のために―』東洋館出版社、2013。

たことを整理したものである。学会以外の活動を含めて、筆者が初年度に検討したことを2011年9月時点でとりまとめているが、本書の出発点でもあり、本書で提起することの全体にかかわる。

　第2章は、日本社会教育学会特別企画「東日本大震災と社会教育」の総括として2014年9月に提出した報告である。前提となった特別企画シンポジウムでの各報告（13本）の概要については、それぞれ『日本社会教育学会紀要』第48～51号（2012～15年）に紹介されているので参照していただきたい。この中間的総括は、これらに筆者が現地ヒアリング等に参加することによって得られた知見を加えてまとめたものである。

　第3章は、その後取り組んだ「持続可能な発展のための教育（ESD）」にかかわる議論を加えて、「社会教育としての生涯学習」の視点から最近の被災地の動向を再検討し、当面する課題について述べたものである。

第1章

東日本大震災と社会教育

　東日本大震災直後の被災地をみた多くの人々が、まるで「戦場」のようだと言った。そして、大空襲後の東京、とくに原爆投下後の広島・長崎を想起した。しかし、日本はその後、憲法・教育基本法・社会教育法体制をもち、「高度経済成長」を経由して成熟型社会への道を進み、「知識基盤社会」のもとで生涯学習社会を築きつつあったのではなかったのか。「3.11後社会」における教育とくに「社会教育としての生涯学習」のあり方を考えざるを得ないわれわれには、戦後日本の全体的な反省的総括が求められている。

　「戦場」のような有様をみて、これまでの社会教育・生涯学習の限界、というよりも無力を感じた関係者も多いであろう。教育や社会教育は元来、緊急対応、あるいは政治的・経済的・福祉的対応の後に、より長期的視点にたって有意義なことができる領域だからといってみずから慰める人もいるかも知れない。こうした中で教育や社会教育の役割を考えるということは、それらの本質と存在意義を問うことでもある。

　しかし、これらの議論をする以前に、「3.11」以後の応急・復旧・復興過程の大きな困難の中で、公民館をはじめ重要な役割をはたしてきた社会教育関係施設があり、獅子奮迅の自己犠牲的活動をしてきた社会教育関係職員がいることに注目すべきである。そして、被災地・避難場所・仮設住宅地で、あるいは多様なボランティア活動において、新たな「社会教育的実践」が展開されていることが報告されてきた。われわれは何よりもまず、そうした諸実践の中に、これまでの社会教育を反省的・批判的に捉え直して、「3.11後社会教育」の方向を探らなければならない。

第 1 節　21世紀型学習と「3.11後社会教育」

　「3.11後社会」は「3.11前社会」の理解を前提とするが、それは戦後社会を越えて近代社会、さらには自然―人間―社会の全体的見直しに至るであろう。しかし、ここでそれらについて議論する余裕はない。真に有益な知識としての「実際生活に即する文化的教養」を問うてきた社会教育が「3.11後社会」を考えるにあたって反省的に問い直さなければならないのは、何よりも、1987年の臨時教育審議会最終答申にはじまる「生涯学習時代」の社会教育である。この時代は東西冷戦終結後の「グローバリゼーション時代」であり、同時に「チェルノブイリ原発事故」（1986年）以後の「地球的環境問題」の時代である。

　グローバリゼーション時代とは企業や社会組織がかかえる問題を外部に転嫁できない「外部のない時代」である。この時代の双子の基本問題は、グローバルにしてローカルな「地球的環境問題」と「社会的排除問題」である。前者は自然―人間関係、後者は人間―人間関係の基本問題であり、21世紀のわれわれに問われているのは、「人間の自己関係」としての教育実践の変革をとおして、両問題を同時的に解決し、「持続可能で包容的な社会 Sustainable and Inclusive Society」を構築することである。その際、とくに「教育」と「排除」は原理的に対立するものであることをふまえ、すべての人間を「受容する accept and include」ことからはじまる教育実践の独自の役割が強調されなければならない[3]。

　ユネスコの21世紀教育国際委員会報告書（『学習：秘められた宝』、1996年）は、とくに21世紀に求められている学習として、地球的環境問題にかかわる「人間として生きることを学ぶ learning to be」と社会的排除問題に対応する「ともに生きることを学ぶ learning to live together」を提起したが、両者を「と

（3）グローバリゼーション時代の基本問題とくに社会的排除問題とそれに対する政策と実践についてくわしくは、鈴木敏正編『排除型社会と生涯学習―日英韓の基礎構造分析―』北海道大学出版会、2011、鈴木敏正・姉崎洋一編『持続可能な包摂型社会への生涯学習―政策と実践の日英韓比較研究―』大月書店、2011。

もに世界を創ることを学ぶ learning to create our world」実践の展開をとおして統一することが当面する基本課題である。現在（2011年）進行中の国連「持続可能な発展のための教育の10年（DESD、2005～14年）」で取り組まれるべきはまさにそのことである。3.11以後においては、その課題がより切迫したものとなっている。21世紀における社会教育の役割は、この脈絡において理解する必要がある。

　原発事故を含む過酷な複合的災害であった東日本大震災は、地球的環境問題と貧困・社会的排除問題の典型的な事例であると言える。もちろん、被災地はまず「生活保護特区」として位置づけることが必要なほどの「貧困」の状態にある。それを戦後日本の貧困研究の蓄積[4]をもとに分析することは大切なテーマである。また、とくに2008年末からの日本の「派遣村」にみるような、あるいは、2011年秋、アメリカのウォール街ではじまり世界に広がっていった反格差運動といった、最近の「反貧困」運動[5]からの視点で捉えることも重要な視点である。ここではしかし、問題は経済的な貧困だけでなく、今日の政治的国家・市民社会・経済的システムの全体的構造から生み出される複合的な社会問題であると考え、「社会的排除」問題として理解したい。この社会的排除問題が地球的環境問題と表裏一体で、もっとも深刻な形であらわれているのが「3.11後社会」の被災地なのである。

　「反貧困」運動のリーダーとして知られている湯浅誠は、貧困状態に陥る背景には「５重の排除」、すなわち教育課程、企業福祉、家族福祉、公的福祉、そして「自分自身からの排除」があるが、「外」からの視点にたつ前４者に対して、「自分自身からの排除」（生きる意味、働く意義を見失い、自己責任論を受け入れて、希望・願望の破棄に至るような状態）は当事者の視点にたつもの

（４）たとえば、江口英一・川上昌子『日本における貧困世帯の量的把握』法律文化社、2009、蒲田とし子『「貧困」の社会学―労働者階級の状態―』御茶の水書房、2011。貧困問題と社会的排除問題の関係については、岩田正美『社会的排除―参加の欠如・不確かな帰属―』有斐閣、2008、など。
（５）雨宮処凛『生きさせる思想―記憶の解析、生存の肯定―』新日本出版社、2008、湯浅誠・宇都宮健児『派遣村―何が問われているのか―』岩波書店、2009、など。

であり、「一番厄介で、重要なポイント」だと言う⁽⁶⁾。それゆえ、セーフティネット（雇用・社会保険・公的扶助）と社会資源の充実とともに「当事者のエンパワーメント」が、貧困・社会的排除問題克服に向けた「溜め」をつくっていくための「車の両輪」にならなければならないと主張している。われわれは、こうした理解をふまえて、とくに当事者の「エンパワーメント（主体的力量形成）過程」にかかわる社会教育実践的なアプローチを重視してきた⁽⁷⁾。

　戦後日本の社会教育は、社会的に排除されがちな人々と地域社会を対象にして新たな実践的理論を開発してきた。農家次三男や女性・青年の学習活動から生まれた「共同学習」にはじまり、都市青年運動から生まれた「生活史学習」と女性・高齢者にかかわる「自分史学習」、中小規模農家やサラリーマン主婦の学習にかかわる「学習構造化」、そして崩壊しかけた地域社会を再生・再創造しようとする「地域づくり学習」、最近では、子どもや青年あるいは高齢者・障害者の貧困・社会的排除問題に取り組む新たな実践的理論の創造に取り組んでいる。これらの蓄積を基盤に、成人教育や生涯学習の国際的動向をもふまえて、今日の「排除型社会」（J. ヤング）克服の課題に応えるような、グローカルな「社会教育としての生涯学習」の新たな発展が求められているのである。

　これに対して環境教育論は、三島・沼津や水俣市を舞台にした「公害学習」論の展開などがあったとはいえ、社会教育理論の正統に位置づくことはなかった。地球的環境問題への理解が広がりつつあった1990年に日本環境教育学会が設立されたが、そこにおける社会教育理論の展開は不十分であり、社会教育学も日本環境教育学会の蓄積から学ぶべきことが多い。2010年からはじまった日本社会教育学会・日本環境教育学会連携の「ESD（持続可能な発展のための教育）」プロジェクト研究は、こうした問題点の克服につながるであろう。

　日本学術会議は、6月10日、提言「東日本大震災地域の復興に向けて―復興の目標と7つの原則」を公表した。その「7つの原則」とは、①原発問題に対

（6）湯浅誠『反貧困―「すべり台社会」からの脱出―』岩波書店、2008、p.62、140。
（7）注3の2冊の編著ほか、拙編『社会的排除と「協同の教育」』御茶の水書房、2002、拙著『教育の公共化と社会的協同―排除か学び合いか―』北樹出版、2006、を参照。

する国民への責任および速やかな国際的対応推進、②日本国憲法が保障する生存権確立、③市町村と住民を主体とする計画策定、④いのちを守ることのできる安全な沿岸域再生、⑤産業基盤回復と再生可能エネルギー開発、⑥流域自然共生都市の形成、⑦国民の連帯と公平な負担に基づく財源調達、である。①や⑦については議論の余地があるが、全体として、阪神淡路大震災時の「創造的復興」の失敗を反省しつつ、地域住民とその絆を大切にし、生存権・労働権等の社会権の尊重をふまえて、当事者（基礎自治体と地域住民）主権・被災者主体の原則を重視していると考えられよう。ここに社会教育や教育の位置づけはないが、①や⑤や⑥は環境教育にかかわる原則であり、ESDは「７つの原則」全体にかかわる。

第２節　「リスク社会」から「持続可能で包容的な社会」へ

　東日本大震災はチェルノブイリに劣らぬ過酷な原発事故を伴っている。その実態が明らかになり、被災地福島県はもとより、全国的・全世界的問題であることが明白になるとともに[8]、なぜわれわれはそれを止められなかったのかが深刻に問われるようになってきた。たとえば多くの社会教育関係者の間では、「社会教育・生涯学習講座」などで原発問題の学習がなぜできなかったのかとの反省がある。

　しかし、福島第１原発事故以後、あれだけマスコミ等で問題にされ、学校教育カリキュラムでも「放射線」が位置づけられた状況において、社会教育の場でも「震災学習」とならんで「原発学習」が取り組まれつつある。皮肉なことであるが、「原子力学習」の大きなチャンスが広がっている。過酷な事故と被災状況が最大の学習材料である。地震も原発もその理解において専門的知識を

（８）原発事故については、佐藤栄佐久『福島原発の真実』平凡社新書、2011、小出裕章『原発のウソ』扶桑社、2011、清水修二『原発になお地域の未来を託せるか』自治体研究社、2011、広河隆一『福島　原発と人びと』岩波新書、2011、開沼博『「フクシマ」論―原子力ムラはなぜ生まれたか―』青土社、2011、長谷川公一『脱原子力社会の選択　増補版―新エネルギー革命の時代―』新曜社、2011、円居総一『原発に頼らなくても日本は成長できる』ダイヤモンド社、2011、など。

必要とするものであり、学校・高等教育・試験研究機関との連携も問い直され、学習の内容や方法を学び合うネットワークが求められる。

　こうした中で、たとえば、札幌市の社会科高校教師（当時）・川原茂雄の「原発出前授業」が注目される。彼は、学校での授業をもっと広く子どもから大人までの授業として、公共施設だけでなく喫茶店や個人宅で可能な、講師料なしの出前授業を展開している。その内容は、原発の仕組みと原発事故、放射性物質と放射線、核燃料サイクルと放射性廃棄物、原発と私たちの未来、といったものである。それらを支えているのは、「知ることでしか変わること、変えることはできない」という理解、「ウソをつく専門家」よりも「本当のことを伝える素人」になろうという精神である。主たる「受講者」は、原発についての学習会場となる中心的施設には行けない、子どもをかかえた母親や高齢者、過疎地の住民、そして子どもたちである。それは、大震災前の原発についてのみずからのかかわりへの反省にもとづく実践として、札幌市から全道に広がる「社会教育実践」となっている[9]。

　これまで生涯学習社会を支え推進する条件として「知識基盤社会」「知識循環型社会」などが語られてきたが、今次震災における災害情報、リスク情報提供にいかなる意味をもってきたか。そこではマスコミや政府報道の吟味を含む「情報リテラシー」も問われようが、災害弱者把握における個人情報問題や情報過疎的な孤立的地区、そして風評被害への対応等、実際的諸問題も浮かび上がっている。被災現場で展開された「情報の創造・伝達と交換・共有」の実践の中にこそ、社会教育の実践的蓄積を活かし発展させて行く原点がある。

　さらに問わなければならないのは、情報の内容である。いまや、近現代の科学技術を「安全神話」よろしく学習するというわけにはいかない。そこでは、技術論的視点だけではなく、より広く長い文明論的視点からの検討も必要となろう。たとえば、「エネルゴロジー（エネルギーの存在論）」の視点から、生態圏外部にある太陽圏に属する超高エネルギー現象を生態圏内部に直接持ち込んだ技術である「原発」と、贈与を否定して市場的交換の論理を徹底化してきた

（9）その思想と実践については、川原茂雄『高校教師かわはら先生の原発出前授業①、②、③』明石書店、2012。

「グローバル資本主義」が相即的に展開してきた時代を乗り越えて、「太陽と緑の経済」を現実化させるような新たな文明への大転換の必要性を提起する中沢新一のような主張[10]は、おおいに議論するに値するであろう。そうした議論を重ねつつ、より現実的な社会の転換に向けた学習がわれわれには求められている。

　その際、少なくとも、「原発」という超近代技術の背景にアメリカ依存と開発主義があったことを無視できない。とくに「3.11後社会」を見通すためには、膨大な開発予算と交付金を媒介にした中央と地方の「２つの原発村」の関係、原発を支えてきた労働者の労働と生活[11]の構造、「被爆労働で作られた電気」を利用した生活への反省など、社会科学的知見を含んだ「現代的教養」を獲得することが不可欠になってきている。

　チェルノブイリ事故以降、「リスク社会」が問われてきた[12]。その基本的性格は、グローバリゼーションと個人化に伴う「再帰性 reflexivity」（U. ベック、A. ギデンズ）の増大である。しかし、リスク社会化をもたらす再帰性は同時に、人々の「反省性 reflectivity」をかつてないほど高める。それを学習活動に結びつけるためには、「個人化」を自己責任性に水路づけるのではなく、個人を解放する「たまり場」を創造し、本音・弱音を語り合い、学び合えるような「共同学習」が必要である。被災地や避難場所で始まっているのはそうした活動であり、現代の学習が何を出発点としなければならないかを提起している。

　ここで、「人権中の人権」としての「学習権」の理解が必要である。周辺化された地域と人々が多くを占める今回の被災地・被災者の現実は、人権が保障されていない「社会的排除」（空間的・地域的排除と階級的・階層的排除）の状態にある。こうした中で、教育や学習という前に生存と生活の保障が必要だ

---

(10) 中沢新一『日本の大転換』集英社、2011。
(11) 労働問題の視点からの検討は多くないが、その重要性については、「特集〈3.11〉が揺るがした労働」『POSSE』第11号、NPO法人POSSE、2011、を参照。
(12) 言うまでもなく、チェルノブイリ原発事故の年（1986年）に出版されたU. ベック『危険社会』に始まる理解であるが、東日本大震災後に出版されたものとして、ウルリッヒ・ベック／鈴木宗徳／伊藤美登里編『リスク化する日本社会―ウルリッヒ・ベックとの対話―』岩波書店、2011、を参照。

という主張は当然であるが、ユネスコの「学習権宣言」（1985年）以来、学習権は「人権中の人権」として提起されているはずである。しかし、現代人権論はなお「学習権」を位置づけているとは言えない。「現代的人権と社会教育の価値」が問われなければならないが、人権は、諸個人の「人間的尊厳」を承認した「人格権」として考える必要があり、人権論の中心に、社会教育の本質＝「自己教育権」を位置づける努力が求められている。被災者の自主的・共同的活動、そしてボランティアや専門家の支援活動、そして復興をめぐる議論は、その必要性をあらためて示している。

　応急・復旧・復興活動をとおして震災後社会＝「持続可能な包容的社会」を構築するためには、憲法で保障された基本的人権の重要性を確認しつつ、さらに現代的社会権を現実化する社会的実践に不可欠な自己教育活動とそれを援助・組織化する社会教育実践の展開が必要である。筆者は、「現代的社会権」とは連帯権・生存権・労働権・参加権・自治権を中心とするものであり、それらにかかわる自己教育活動は、権利・教養学習、生活・環境学習、行動・協働学習、生産・分配学習、自治・政治学習であると考えてきた[13]。戦後の「社会教育権」は「自由権を基盤とする社会権」の一環であったが、いま、現代社会権全体への見通しをもった現代社会教育の理論と実践の展開が求められている。

第3節　「人間」と「絆」の復興

　東日本大震災復興構想会議の中間報告『復興への提言』（2011年6月15日）や第1節で見た日本学術会議の提言をはじめ、震災復興へのさまざまな提言がなされている[14]。

　そうした中で宮入興一は、政府の復興構想会議の提案を批判しつつ、大震災復興は「人間の復興」と「絆の復興」を基本原則とすべきだと主張している[15]。教育学・社会教育学の立場からは、被災者の人格の尊重とその主体形成、すな

---

[13] 拙著『新版　生涯学習の教育学』前出、第Ⅲ章。

表 1-1　承認関係の成立過程

	相互受容	関係形成	交互関係	承認関係	協同実践
他者関係	他者受容	共感	立場交換	相互承認	主体形成（エンパワーメント）
自己関係	自己受容	自己信頼	自己表現	自己実現	

（注）鈴木敏正『新版　教育学をひらく―自己解放から教育自治へ―』青木書店、2009、p.135、一部修正。

わち、「自己実現と相互承認の意識的編成」を基本にすべきだと受け止めることができよう。もちろん、今回の大災害における被災者の喪失経験と社会的排除状態を考えるならば、主体形成や承認関係としての自己実現と相互承認に至る過程については、充分な時間をかけた、慎重なアプローチが必要である。

ほんらい教育的実践が追求する「協同実践としての主体形成」は、相互受容、関係形成、交互関係、承認関係を前提にして成立する（表1-1）。いま求められているのは、当事者と援助者、そして当事者同士の「受容 accept and inclusion」からはじまる、まさに社会教育実践的アプローチである[16]。とくに当事者にとって、ここで示したような「自己関係」と「他者関係（とくに援助者との関係）」が成立しなければ、求められている援助活動は成立しないであろう。

宮入は「21世紀型復旧復興制度」の基本方向を①救急応急型救助から「生活・生業回復型救助」へ、②公共施設原型復旧から「改良復旧」へ、③個人財産自己責任から「地域共同社会再生」へ、④「創造的復興」から「人間基盤復興」へ、

(14)『世界』2011年7月号（岩波書店）の東日本大震災・原発災害特集「破局はなぜ防げなかったのか」をはじめとする各種雑誌での諸主張のほか、伊藤滋ほか編『東日本大震災復興への提言』東京大学出版会、2011、内橋克人編『大震災のなかで―私たちは何をすべきか―』岩波新書、2011、室橋益輝ほか『震災復興の論点』新日本出版社、2011、池上洋通・中村八郎・NPO法人多摩住民自治研究所『大震災復興へのみちすじ』自治体研究社、2011、など。
(15)宮入興一「東日本大震災と復興のかたち」『世界』2011年8月号、岩波書店。
(16)包摂的な生涯学習政策とは異なり、社会教育実践が「受容」からはじまるということについては、鈴木・姉崎編『持続可能な包摂型社会への生涯学習』前出、序章を参照。

⑤中央集権型復興から「分権自治型復興」へ、と提起している。前述の日本学術会議の提言とあわせて、全体として、21世紀型学習や「現代的社会権」にもとづく自己教育活動の基本領域と重なると言えるが、財政学者の宮入が主張する「人間の復興」と「絆の復興」に対しては、教育学・社会教育学的アプローチからの独自の展開が必要である。

　3.11以後、「絆」はもっとも一般化したキーワードとなった。それはマスコミ等で一種の流行語となり、公的責任をぬきにした自助・共助論のマスコミ的・政策的用語として使用されることもある。とはいえ、被災地で、避難場所で、あるいは県外避難先で、「絆」の実践的重要性が強調されてきたことも事実であり、われわれはその学習的意義に注目しなければならない。信頼関係で結ばれた「絆」づくりは「共同学習」の基盤である。今回は、それまで日常的に形成されてきた絆が突然断ち切られ、絆の再生と創造が課題となっている状況がふまえられなければならない。そこで問われるのは、表1-1で示したような「承認関係」の形成である。「絆」は、この表でいう「相互承認」関係の形成を意味する。

　ここで指摘すべきは、ひとつに、たとえば大船渡市の地区（自治）公民館のように、旧来の地域コミュニティの活性化が災害に対応する上で大きな役割を果たしているということである。もうひとつは、郡山市の大避難所「ビッグパレット」に典型的にみられたように、ボランタリーな協同活動やネットワーク活動を含んで、新たな自治的コミュニティが形成されているということである。いずれも、公民館長や社会教育主事が大きな役割をはたしているが、新旧のコミュニティを支えたのは、質の異なる多様な協同活動とネットワークの組織化（「協同・協働・共同の響同関係」の形成）であることは、他地域における今後のコミュニティ再生のあり方にとって示唆的である。

　災害学では初動期・応急期・復旧期・復興期と時間軸区分をするのが一般的であるが、「絆」が自然発生的に形成されるのはこのうちの応急期で、避難所生活での「ユートピア」期とも言われている。しかし、この時期を越えると諸個人間の差異や格差・対立がめだつようになり、ストレスの重なりも加わって、「絆」を維持させるためにはさらに特別な努力が必要である。より一人ひとり

の被災者によりそいつつ、絆を創造的に発展させることが求められてくる。社会教育学的には、まず1950年代後半の「共同学習の行き詰まり」とそれを乗り越えようとして、一方では生活史・自分史学習、他方では学習構造化論が生まれてきたという歴史的経験をふまえての今日的発展が求められるであろう。

　復旧・復興過程では、「鎮魂」とPTSD的状況克服の過程に配慮しつつ、個人的・集団的なアイデンティティを尊重し、新たに形成して行くことが必要となってくる。それは「生活世界」（E. フッサール、J. ハーバマス）を取り戻すために不可欠の過程であり、北海道南西沖地震（1993年）の経験では、いまだに被災経験を語ることができないという被災者もいるが、最近になってようやく語りはじめたという事例もみられる。それは、個人的・集団的な経験を記憶とし、記録に変え、さらにシンボルづくりとイベント・祭りといったいわば「非日常の日常」の実践的蓄積の中で可能となったことである。個人と家族・地域社会の記憶と記録の意味、それは今回の大震災でも生活経験を表現する多様な「もの」、写真や映像、綴り方などで表現され、伝統芸能や祭りの復活・再生の実践も取り組まれている。生活記録学習や生活史学習・自分史学習、さらには地域づくりとイベント活動等の20世紀的経験の反省をふまえた新展開が求められている。

第4節　防災活動と社会教育

　今回の大震災に関しては、自治体や消防組織はもとより、自衛隊や米軍「トモダチ作戦」まで、災害支援・防災の体制と活動のあり方が問われた。大きな打撃を受けながら、文字通りの奮闘をした地方公務員が再評価される一方、「上から目線」の行政対応の問題点も指摘され、地域にねざし、一人ひとりへの視点を大切にする社会教育的実践の重要性が浮き彫りになった。しかし、この間の深刻な過疎化・高齢化による地域防災力の脆弱化に加え、「平成の大合併」・地方行政改革などによって地方自治体の「現場力」が衰退させられ、そのことが対応の遅れや不適切さをもたらす大きな要因となったことを無視できない。職員とその専門性が量的・質的に弱化させられてきた社会教育の領域において

も、新自由主義的改革の問題点があらためて明らかになった。ボランティア職員の派遣や、自治体職員の新雇用、自治体間連携などを含めた特別な対応が必要となってきている。

　阪神淡路大震災以来、過剰なまでに地域コミュニティ・自主防衛組織や災害ボランティアが重視される中で、防災訓練、防災講座や防災セミナーが各地で行われ、「防災コミュニティ」[17]のあり方が問われてきた。3.11以降、防災訓練や緊急時の防災情報提供、子ども・高齢者・障害者等への対応などの手段と方法などに加えて、あらためて防災教育のあり方が問われている。たとえば、学校管理下にあった児童・生徒の全員が無事であった釜石市の場合、「大いなる自然の営みに畏敬の念を持ち、行政に委ねることなく、自らの命を守ることに主体的たれ」という基本的考え方のもと、①想定にとらわれるな、②最善を尽くせ、③率先避難者たれ、という「避難3原則」の防災教育が大きな力を発揮したと言われ、安全神話や経験則、あるいは「オオカミ少年」意識に毒された大人と対比され、社会教育のあり方が問われている。同時に、ESDを推進してきた気仙沼市の経験を含めて、子どもを介して親・大人の意識改革ができること、中高生が実際の避難活動のリーダー的役割を果たしたことなどを、今後の社会教育実践の中に活かして行く可能性もみえてきている。

　地域での「災害対応の経験の共有」が重用視される中で[18]、歴史的な防災経験知を集め、伝えて行くことも社会教育の課題となっている。今回の大震災の記憶から記録への作業、さらに「大震災記念館」「防災博物館」設立などもこれからの課題となるであろう。そこでは、経験や記憶を（地震学・地質学・海洋学などの）科学的知見の学習と統一していくこと、「津波てんでんこ」のように、ほんらい家族・地域住民との信頼関係と避難活動における協働があってはじめて意味のある対応を「個人主義的自己責任論」などに吸収してしまわないような配慮も必要であろう。そうしてはじめて、災害を生むこともある自然と共生的な「減災文化」が形成されていくことになろう。

---

(17) 吉原直樹編『防災コミュニティの基層―東北6都市の町内会分析―』御茶の水書房、2011。
(18) たとえば、「総特集　災害と地域研究」『地域研究』第11巻2号、昭和堂、2011。

しかし、さらに指摘しておくべきことは、これまでの防災計画は地域計画・土地利用の現状を前提とした上での応急対応を中心としたものであり、安全・安心を軽視した開発主義的土地・水域利用そのものを変革するという課題があるということである。「持続可能で包容的な社会」に向けて、これまでの地域防災計画を批判的に捉え直し、地域環境計画・地域教育計画づくりと結びつけて総合的に考えて行く必要がある。そうした方向を見通して、たとえば、住民参画の地域調査をふまえた個性的なハザードマップづくりをするといった実践からはじめていくことが考えられる。そこでは、これまでの住民主体の「社会教育・生涯学習計画づくり」の理論的・実践的蓄積を活かすことができるであろう。

第5節　医療・臨床活動と社会教育

　阪神・淡路大震災の教訓をふまえて、東日本大震災では医療・臨床的支援が重視され、関係する多くの専門家の派遣があった。もちろん、被害地の広がりと被害の深刻さに比して医療・臨床的支援は絶対的に不足しているが、質的な課題も明らかになってきている。
　災害時のストレスには、①災害時の恐怖、②喪失体験、③災害後生活ストレスがあるとされるが、基本的に「日常」が奪われたことによる。とくに大震災の場合には、カウンセリングやストレスマネジメント一般だけでなく、トラウマ・ケアやグリーフ・ケアの活動が必要となる。実際には被災者だけでなく、ボランティア救援者の「こころのケア」も重要であった。学校支援カウンセリングでは、子どもや親だけでなく、（多くの場合、被災者でもある）教師を支えることも重要な課題となった。社会教育職員に関しても同様であろう。
　被災者は、とくに震災直後には、医師・臨床心理士などの問いに答えることもできない場合が多い。そうした状況では、語り表現することよりも、まず安心感と緊張緩和をもたらすことが重視されなければならない。第3者としての専門家だから言えることがある一方、不必要な問題を掘り起こしたり、被災地・被災者をかき乱したりすることもある。支援の「押しつけがましさ」（一方的

性格) も問題となる。被災者と非対称的な「専門家」のパラドックスである。トラウマ的経験では「時間の風化作用」が働きにくく、被災者の「忘れ去られる」ことへの恐れなどもあり、周囲のサポートの重要性を理解した、継続的・組織的支援が必要となっている。

2011年9月以降、避難所から仮設住宅・在宅での支援への全体的移行がなされつつある。阪神淡路大震災後の教訓をふまえて、孤独死はもちろん孤立化や不安定な被災生活に伴う第2次・第3次災害（「復興災害」）を防ぐことが重要な課題となっている。とくに高齢者・障害者、そして子ども・女性など災害弱者への長期的視野にたった支援が必要となる。当事者が主体となりながら、当事者のエンパワーメント過程によりそって丁寧に支援して行くことが求められる。それは、社会教育が蓄積してきた「たまり場」づくりの理論と実践をふまえ、困難をかかえた子どもや若者への臨床教育的実践の中から必要とされてきた「居場所」づくり、そして、教育人間学的視点から提起されている「自己形成空間」論をふまえつつ[19]、社会的排除問題の克服に向けて、表1-1で示した承認関係が成立するような「包容的な空間」づくり、それを援助・組織化する「社会的協同の実践的時空間」[20]を創造することが求められていると言える。原発事故を含めて復旧・復興過程が長期化し、被災者・被災地間、そして被災地と近隣地域とその他の地域の間の格差が目立ってきている中で、これらはますます重要な課題となっている。

以上のことは同時に、一時的・短期的な、医療的・心理学的対応の限界をも示しており、その先に、地域にねざす社会教育実践的な対応が求められている。医療・保健・福祉と社会教育の連携が問われる理由でもある。厳しい条件下ではあるが、社会教育関連労働との関係の中で、これまでの健康学習論など、当事者・地域住民の「学習の主体化」を援助・組織化してきた社会教育実践の固

---

(19) 日本社会教育学会編『子ども・若者と社会教育―自己形成の場と関係性の変容―』東洋館出版社、2002、子ども参画情報センター編『居場所づくりと社会つながり』萌文社、2004、高橋勝編『子ども・若者の自己形成空間』東信堂、2011、など。
(20) 「地域再生教育」の課題である。鈴木敏正編『排除型社会と生涯学習』前出、序章第4節参照。

有の役割を明らかにしていかなければならない⁽²¹⁾。

第6節　大震災とボランティア・NPO・協同組合活動

　阪神淡路大震災は日本の「ボランティア元年」、その発展は「NPO法」（1998年）を生み出した。ボランティアやNPOは各方面から注目され、社会教育・生涯学習の新しい担い手として考えられてきた⁽²²⁾。そして、東日本大震災にあたって、多くのボランティア・NPO活動が展開されている。被災地・避難所での生活援助だけでなく、県外避難者に対する「伴走型」支援・地域的支援なども行われ、ブックシェアリングや記録づくりなどの「社会教育的」支援もなされてきている。

　たとえば、自主避難者・二次避難者を受け入れている北海道の札幌市では、個人・ボランティア・NPO参加の支援ネットワーク組織（「東日本大震災市民支援ネットワーク・札幌むすびば」）の活動がある。とくに「にわか母子世帯」の状態で避難してきて雇用促進住宅に居住し、現在の居住地域からも、福島の地域からも国家からも差別・排除されがちな避難民にたいして、家具・家電の確保・配達から、支援・激励コンサートやバザー、そして被災者アンケートにもとづく、お茶会、子どもの学習支援、教育相談、就学・就労・医療・福祉などの「伴走的」支援が展開されている。原発事故損害賠償をはじめ、こうした

---

(21) 上野千鶴子は、当事者主権の立場にたった「ケアの社会学」を提起している。それは、メアリー・デイリーのケアの定義（依存的な存在である成人または子どもの身体的かつ情緒的な要求を、それが担われ、遂行される規範的・経済的・社会的枠組のもとにおいて、満たすことに関わる行為と関係）を採用しつつ、ケアを①複数の行為者が関わる相互行為、相互関係、②「依存的な存在」を第1義的なニーズの源泉とすること、③「他者に移転可能な行為」としての労働として捉えること、に基づくものである（上野『ケアの社会学―当事者主権の福祉社会―』太田出版、2011）。本書では、こうした視点の意義をふまえつつも、ケアを必要とする当事者への社会教育実践論的かかわりの重要性を強調したい。
(22) 日本社会教育学会編『ボランティア・ネットワーキング―生涯学習と市民社会―』東洋館出版社、1997、田中雅文『ボランティア活動とおとなの学び―自己と社会の循環的発展―』学文社、2011、など。

自主避難民を「包容」できるかどうかは、復興支援の試金石となっている。

　災害ボランティアの特徴として、被災地の必要とのミスマッチや調整不足、社会福祉協議会を中心とした現地ボランティアセンターの運営体制などの問題があり、とくに今回は被災地が広大で、ボランティアの絶対的不足と同時に地域間の不均等も問題にされている。長期的な、より被災者の現実に即した支援が必要であることが指摘されている。

　ボランティア活動は「なすことを学ぶ」「なすことをとおして学ぶ」ところに独自の社会教育的意義があるが、活動の目的と実際の乖離、組織的目的と個人的目的のずれなどから生まれる矛盾を内包する。それゆえ、学校教育での奉仕活動義務化等の動向の一方で、贈与論や互酬性論・再帰性論等による理解を経て、「ボランティアの終焉」[23]が指摘されてきた。しかし、支援者間や支援者・被支援者間の「学び合いの弁証法」は今回の災害ボランティア活動でも一般的にみられることである。ボランティア活動参加者がPTSDになりかねないような過酷災害の中で、どのような実践が切り開かれてきたのか、その過程においてボランティア活動の社会教育的再生の方向を探らなければならない。

　注目すべきは、阪神淡路大震災でもみられた被災地市民中心のボランティア活動、さらには地域住民・当事者自身によるNPO的活動がはじまっていることである。既述の「むすびば」でも、札幌市厚別区の雇用促進住宅では被災者の自治組織（「桜会」）が結成され、被災者同士や地域とのつながりをめざす活動がなされている。そして、被災者みずからがボランティア支援者と協同して支援活動をする「くらし隊」が設立された。当事者が支援者にもなること（立場交換）によって活動の深まりと広がりが生まれることは一般に確認できることである[24]。こうした動向は、冬期の生活支援、遅れてきた父親の仕事さがし、とくに分散的・個別的に避難してきた人々への支援など、新たに直面する活動

---

(23) 仁平典宏『「ボランティア」の誕生と終焉―〈贈与のパラドックス〉の知識社会学―』名古屋大学出版会、2011。
(24) ネットワーク活動から事業型NPOへ発展して行った、釧路市のNPO「ネットワークサロン」の実践が典型例である。日置真世「第11章　釧路市の地域再生とNPOの役割」拙編『排除型社会と生涯学習』前出。

の課題に取り組む上で大きな意味をもつようになってきている。

　NPO活動には「なすことを学ぶ」行動・協働学習だけでなく、「ともに生きることを学ぶ」生産・分配学習と自治・政治学習が含まれる。とくに事業型NPO、さらには協同で仕事おこしをする労働者協同組合的活動が展開される場合はそうである。一方でNPOを「新しい公共」のガバナンス論に取り込む動きもある中、NPOの社会教育的意義と役割を創造的に発展させる必要がある[25]。

第7節　復興計画づくりと地域社会教育・生涯教育計画

　地域防災計画づくりに社会教育が蓄積してきた地域社会教育・生涯学習計画づくりの経験を活かすべきだということはすでに指摘した。しかし、より重要なのは「復興計画」においてであり、地域復興計画に社会教育・生涯教育を位置づけられるかどうかが社会教育、というよりも復興そのものの成否をはかる試金石である。

　復興の主体は、基礎自治体であり地域住民である。国家的支援が重要であることは言うまでもないが、復興の基本的中身づくりは、地域住民と自治体職員の協同による内発的なものでなければならず、阪神淡路大震災の際にみられたような開発主義的な「創造的復興」の失敗を繰り返してはならない。その際、原発は典型的な「外来型開発」であったことを忘れてはならない。とくに今回の被災地のような地域の復興過程においては、生存権保障を前提として、生業と雇用の確保、地域産業の再生、そして再生可能な自然エネルギーを含めた地域循環的社会経済への内発的発展の方向が基本とされなければならないであろう。こうした視点からすれば、震災復興を口実に、農地や漁港の集中・大規模化、特区制度による外部企業の導入、さらにはTPP（環太平洋経済連携協定）

---

[25] 前提となるのは、日本社会教育学会編『NPOと社会教育』東洋館出版社、2007、であるが、研究動向を整理した「序」に言うように、「NPOにおける学習過程、NPOのもつ教育力」については、まだ充分な解明がなされていない（同上書、p.20）。

参加、自治体合併のさらなる促進と道州制の推進などの、市場主義的＝新自由主義的政策の促進をしようとする政府・財界等の動向には大きな問題が含まれていると言える。

われわれにとって重要なことは、内発的地域づくりには地域住民の自己教育活動が不可欠だということである。復興計画づくりを進める社会教育は、まず、第1節で述べたような「人間として生きることを学ぶ」と「ともに生きることを学ぶ」を進める「地域再生教育」でなければならないが、さらに「持続可能で包容的な地域社会」を創造する「地域創造教育」として展開される必要がある。ここで、社会教育が蓄積してきた「地域づくり教育」の成果が活かされ、さらに発展させられなければならない。

まず、地域住民が地域の将来像について語り合える「公論の場」が設けられなければならない。社会教育においては「集会の開催」（社会教育法第3条）が代表的教育方法のひとつであり、長野県松川町の「地域集会」活動などの実践的蓄積もある。計画的避難地域となった飯舘村では、住民・村民集会が重要な「公論の場」となった。その背景には「小さくても輝く自治体」として「までいな生活（スローライフ）と地域」づくりを進めてきた諸実践があり、それらは「持続可能な包容的社会」をめざす復興計画づくりの重要なモデルを提供している[26]。

飯舘村では、基盤となる「地域づくり基礎集団」＝「夢創塾」が形成され、「若妻の翼」活動による地域生活の相対化と地域学習、女性起業や「愚真会」などの多様な地域行動、「までい」がキーワードとなる地域づくり協同実践、そしてそれらの精神を集めた地域社会発展計画＝「第4次総合計画」（地区別10年計画を含む）づくりの実践があった。「地域づくり（地域創造）教育」について筆者はこれまでいくつかの提起をしてきたが[27]、これらの実践はいずれも「内発的な地域づくり教育」に不可欠なものであり、復興計画づくりにおいて

---

(26) 飯舘村の実践については、松野光伸・千葉悦子・境野健児『飯舘村における地域づくり』八朔社、2011。

(27) 鈴木敏正『「地域をつくる学び」への道―転換期に聴くポリフォニー―』北樹出版、2011、など。

創造的に発展させる必要があろう。

　これまで述べてきたように、震災復興計画は「持続可能で包容的な社会」をめざすものとして、地域防災計画、地域環境計画、人間的活動計画（社会的排除問題克服計画）と密接な関連をもったものである必要がある。しかし、われわれが主張しなければならないのは、それらの計画に「人権中の人権」としての学習権＝自己教育権を現実化させる「社会教育としての生涯学習」を位置づけることであり、それを推進するための「地域生涯教育計画」を含めることである。そこでは、子どもの教育と大人の教育、学校教育と旧来の社会教育を統一し止揚する「新しい社会教育学」が求められる。計画づくりそのものを社会教育実践過程と理解し、いわばメタ・メタレベルで捉える復興計画づくりに理論的・実践的にかかわるためには、新たな「実践の学」としての教育学を必要とする。

第8節　「社会教育としての生涯学習」調査研究のあり方

　東日本大震災は、社会教育研究のあり方も問うている。この過酷災害の被災地・被災者に、支援活動とは別の「調査研究」活動が入り込む余地はなく、本格的な調査研究はこれからの課題となる。

　調査研究のあり方はその目的と対象によって異なるものであることは言うまでもないが、とくに「実践の学」としての社会教育の調査は、その実践を行う組織と地域における実践の発展段階に規定されると言える。一般に、社会教育調査は「アクションリサーチ」（行動的調査）を原点とすると考えられてきたが[28]、筆者は、参加型調査論や自己調査論もふまえて、それらを現段階的に発展させる「多元的・協同的・組織的調査研究」を提起してきた。それは社会的排除問題を克服しようとする「地域づくり学習」とそれに必要な調査研究の特徴を明らかにするためであったが、地域社会教育にかかわる調査活動の全体については、**表1-2**のように示してみた。

---

(28) 佐藤一子『現代社会教育学—生涯学習社会への道程—』東洋館出版社、2006。

表1-2　地域社会教育実践と調査活動モデル

	地域住民にむけた教育	地域住民のための教育	地域住民による教育	地域住民とともにある教育	
定型教育 Formal Education	開放講座	アウトリーチ教育	学習・文化活動条件整備	地域リーダー養成教育	
	要求調査	条件調査	学習情報提供	実践の反省的分析	
不定型教育 Non-Formal Education	地域開発	教育的改良	学習援助	地域社会発展教育	地域社会発展計画づくり
	必要調査	行動的調査	状況調査	協同的調査	組織的調査
非定型教育 Informal Education	一般教養、趣味、スポーツ	生活課題、地域課題学習	自己形成 参画型調査	文化行動 自己調査	地域づくり学習（「地域をつくる学び」）
自己教育過程	意識化		自己意識化		「現代の理性」形成

（注）鈴木敏正編著『社会的排除と「協同の教育」』御茶の水書房、2002、p.67、に一部加筆・修正。

　この表は調査活動を形式的に分類するためのものではない。むしろ、とくに「実践の学」としての社会教育学にかかわる調査研究は、実践課題と実践展開に即して柔軟に、多様な組み合わせによってなされるべきだということを主張するためのものである。この表の各調査モデルは、それぞれの実践で求められる代表的なものを示している。もちろん、大震災の復興過程においては、これらすべてが問われる。

　「多元的・協同的・組織的調査研究」は、これらのうち、表頭最終列の「地域住民とともにある教育」にかかわる諸実践をふまえ、地域社会教育実践の全体を「未来に向けて総括」する地域生涯教育計画づくりを推進するためにあらためて提示したものである[29]。地域生涯教育計画は、これらの「総括」であるがゆえに、計画づくりとその具体化過程においては、これらの調査研究全体のより組織的な展開、つまり「多元的・協同的・組織的調査研究」が求められるのである。

　3.11以後においては、社会教育調査方法論の新たな展開が必要である。被災者諸個人の内面的な思いによりそいながら、いま・ここの状態をともに理解し合おうとする「被災地・被災者状態調査」や、復興計画づくりのための「地域

---

[29] 拙著『現代教育計画論への道程—城戸構想から「新しい教育学」へ—』大月書店、2008、終章第3節を参照されたい。

住民と学生・研究者による協働調査」もはじまっている。表で言えば、参画型調査・自己調査のあらたな段階での展開をふまえた「多元的・協同的・組織的調査研究」が必要となってきているということであろう。

　これらは、支援活動と不可分の「反省的支援活動型調査」、学生・青年・子どもに媒介された「世代間連帯調査」などを加えて多元的に、そして、各グループ・団体から地区レベル、基礎自治体レベルに重層的に展開することが必要である。それらは、住民主体の復興計画づくりにつながるというだけでなく、当事者・社会教育実践者・各種専門家との協働による新しい社会教育調査研究の方法を創造して行くことになるであろう。

　もとより、これまでの調査活動で「多元的・協同的・組織的調査研究」が思ったようにできたわけではなく、より精緻な展開を求め、試行錯誤をすることが必要な状態にある。それにもかかわらず、東日本大震災を経験した後では、理論的にも実践的にも質的飛躍が求められている。この局面では、尺取り虫が前進するためにまず後退するように、一歩下がって考えてみる必要がある。

　被災地・被災者は「後退」どころか大きな「喪失」を余儀なくされている。津波と原発事故による直接的な被害にあわなかったとしても、同じ社会に生きるものとして、課題は基本的には同じであろう。われわれはこのような状況下で前進の方向を見いださなければならない。

第2章

3.11後の経験を社会教育はどう引き受けるか
―中間的総括―

第1節 「人間の復興」から「社会的協同実践」へ

　東日本大震災から3年半が経過した。われわれは、この間に経験したことをどのように理解したらいいのだろうか。
　社会教育学の視点から復興過程を考えるということは、まず、政府や宮城県知事が推進してきた外来的な「創造的復興」や「強靭な国家」戦略としての復興に対して、内発的な「人間の復興」の視点を重視するということである。「創造的復興」の反省的理解に関しては、阪神・淡路大震災や中越大地震、あるいは戦前の関東大震災など、これまでの経験を全体的に振り返ってみることも必要である。その上で、多様な被災地の現実に対応した、内発的な地域再生を復興の基本において対応していくことが求められている[1]。しかし、われわれはその前に、社会教育学の視点から「人間の復興」の意味についてもう少しこだわってみなければならない。
　東日本大震災は突然、被災地の日常生活を奪った。まず被災者の生命を守ること、「健康で文化的な最低限度の生活」(憲法25条)とされている生存権を保障することが課題となった。そこでは、基本的人権をふまえた現代的人権の視点が必要となり、国際人権規約を含めた憲法の再解釈も求められるであろう。問われてきたことはしかし、生活条件保障だけでなく、自己喪失と他者喪失を含む「過酷な喪失経験」からの「人間の復興」である。

---

(1) 岡田知弘『震災からの地域再生―人間の復興か惨事便乗型「構造改革」か―』新日本出版社、2012。

たとえば、最大の避難所となった「ビッグパレットふくしま」（郡山市、避難者は主に富岡町民と川内村民）である。発災1ヶ月後に赴任した福島県社会教育主事の天野和彦氏は、その活動をふりかえって次のように言う。すなわち、「初めて赴任した日には、人間ってほんとに脆いものなんだなと思いました。でも、だんだん、人間って強いんだなと思い直していくようになりました。」、と。この変化をもたらしたのは、社会教育的視点からの避難所運営である。まず「生命を守る」ことを最優先しつつ、中越地震の経験にもとづく「足湯とサロン」の実践から、女性専用コーナー・喫茶コーナーの設置や地域FMの開設とそれらの自治的運営、避難所の清掃・美化、そして手芸などのサークル活動、避難者主体の夏祭り等のイベント活動などが生まれて行ったのである。それらの基本にあるのは、ビッグパレットから生まれた「おだがいさま（お互い様）センター」の名称が示しているように、「おだがいさま精神」で生活支援拠点を運営しながら、「自治と交流とたまり場」を創造することによって「人間らしい生活を取り戻す」ことにあった。

　ここで重要なことは、第1に、人間諸個人の尊厳と幸福追求権をふまえた「人格権」[2]が尊重されていることである。避難所で、仮設住宅で、県内外避難先で、たとえば子ども、女性、高齢者、そして「被災者」の人格、人間的尊厳を否定するような差別と偏見の状況がしばしば見られた。社会教育的視点に立つということは、それらの克服に最大限留意しながら[3]、何よりもまず、被災者を主体的な「人格」として処遇するということである。社会教育学として

---

[2] ここでいう「人格権」とは、もちろん、通俗的に言われている「肖像権」のようなものではない。人間の尊厳・生命権・幸福追求権といった人間学的法学の理解を前提とする（小林直樹『法の人間学的考察』岩波書店、2003）。東日本大震災にかかわっては、2014年5月、福井地裁による「大飯原発差し止め訴訟判決」が示した、生存を基礎とする「人格権」の理解が重要である。この上で教育学的な人格理解が問われるが、筆者の人格理解については、拙著『新版　教育学をひらく―自己解放から教育自治へ―』青木書店、2009、第2章を参照されたい。

[3] たとえば、子どものいじめにかかわって、日本環境教育学会編『東日本大震災後の環境教育』東洋館出版社、2013、女性差別にかかわって、村田晶子ほか『復興に向けた地域コーディネーターのコミュニティづくり』平成25年度福島県男女共生センター公募型研究事業報告書、2014。

は、あらためて人格の総体的構造をふまえつつ、存在論・関係論・過程論を統一した「人格論の復興」が求められるであろう。排除型社会化が進む中、人間存在の根本が問われ、現代の精神病として分裂的・乖離的・多重的人格などが問題にされている今日、人格の全体性と総体性を取り戻すという課題は現代人全体の課題につながっている。

第2に、「人権としての教育」の視点であり、「人権中の人権」としての学習権、社会教育学の立場からからすれば「自己教育権」の具体化である。もちろん、前提は「知る権利」を保障する、情報の公開・提供・創造・共有である。それらの活動を前提としてビッグパレットで展開されたのは、自己教育活動を援助・組織化する社会教育実践そのものである。そうした実践が大震災からの復旧・復興において有効であることは、他県の公民館等の社会教育施設における実践においても見られることである。

第3に、人間存在＝人格の相互承認過程の重要性である。日本人や東北人の性格としての「絆」の重要性がマスコミでも政策的にも喧伝された。しかしながら、われわれはその「絆」が形成されてきた過程、とくに被災地・被災住民の内外に広がる格差と分断が進行する中、被災者と支援者、そして被災者どうしの承認関係がどのような活動をとおして形成されてきたかに注目しなければならない。承認関係の展開は一般に（第1章の）表1-1で示したような過程として理解することができるが、手段的・操作主義的な相互承認や「承認をめぐる病」（斎藤環）が広がってきている今日、具体的実践をとおしたリアルな理解が求められている。

足湯を通した傾聴活動や諸イベント活動など、みずからの現状を受容したり体験を話したりすることもできなくなった被災者と支援者の相互受容の関係づくりへの努力が多様に展開された。それは被災者と研究者の関係においても同様である。広大な激甚災害で、しかも、被害はかなり長期にわたるが明確に規定しがたい放射能汚染を伴う場合、支援者（研究者）の多くは同時に被災者である。一般にボランティアや支援専門職の活動においても「支援者の支援」が必要とされる中で、被災者と支援者の立場交換過程がしばしば見られた。その複雑で多様な関係の展開が、豊かな支援活動を生み出してきたのである。

表2-1　現代的人権（社会権）の展開と社会的協同、学習領域

生涯学習政策	条件整備 市民教育	生活技術 職業能力開発	民間活力利用 参加型学習	公民道徳教育 ボランティア	教育振興 基本計画
公民形成	主権者	受益者	職業人	国家公民	地球市民
現代的人権 （社会的協同）	連帯権 （意思連帯）	生存＝環境権 （生活共同・共生）	労働＝協業権 （生産共働）	分配＝参加権 （参加協同）	参画＝自治権 （地域響同）
学習領域	教養・文化	生活・環境	行動・協働	生産・分配	自治・政治
市民形成	消費者	生活者	労働者	社会参画者	社会形成者

（注）拙編『排除型社会と生涯学習―日英韓の基礎構造分析―』北海道大学出版会、2011、所収表0-1を一部抽出・修正。

　第4に、「人間の復興」から現代的人権を現実化する社会的協同活動への展開である。「おだがいさまセンター」の活動は交流活動やイベントだけでなく、被災者が取り組む「おだがいさまファーム」や「おだがいさま工房」のように、施設の外へ協同活動を発展させていった。それらは、被災者それぞれの生きがいとしての活動から、社会的な意味をもつ協同活動、すなわち「社会的協同実践」へと発展していった。

　近代以降の人権は、自由権と社会権の展開の後、連帯権をはじめとする現代的人権として提起されている。それはさらに、生存＝環境権、労働＝協業権、分配＝参加権、参画＝自治権と展開する「現代的人権（社会権）」に拡充する必要がある。重要なことは、その具体化のためには社会的協同実践が不可欠であり、その展開のためにはそれらに固有な学習実践が求められるということである[4]。その全体構造を示すならば、**表2-1**のようになるであろう。これらこそが、東日本大震災からの復興過程で求められている学習実践である。

　たとえば、生存＝環境権（居住と移動・避難の権利を含む）の次に重視すべきは、労働＝協業権である。大震災は生業・地域産業としての仕事の場を奪った。復興の過程で明らかになっているのは、それまでの職業間格差、ジェンダ

（4）それは、社会的排除問題への取り組みにおいて重要な意味をもつ。拙編著『社会的排除と生涯学習―日英韓の基礎構造分析―』北海道大学出版会、2011、拙著『教育の公共化と社会的協同―排除か学び合いか―』北樹出版、2006、などを参照されたい。

一格差、年齢格差がそのまま就労困難の格差に反映されていることである。復興事業として職業訓練活動も展開されているが、ジェンダー格差・年齢格差は明らかである。こうした状況下では、旧来の賃労働の視点だけでは捉えられない領域に労働の場を創造しようとする労働者協同組合的活動が重要な意義をもつ。しかし、それらを助成金や指定管理者団体の目的の範囲内にとどめようとすると限界にぶつからざるを得ない。

　労働者協同組合ではほんらい、組合員は狭い意味での労働だけでなく生産・分配過程に参画し、さらに地域と協働することが期待されている。人間の復興にとっての労働・生産・分配活動の意味は、教育学的に言えば、自己実現と相互承認の実践を展開するところにある。したがって、社会教育実践の重要な課題は、そこに生まれる自己教育活動（自己教育と相互教育）の諸契機を取り出し、位置づけ、関連づけて、表2-1の学習領域全体を繋げて行くことにある。そうした方向は、すでに復興過程の実践にみることができる。

第2節　援助・伴走・協同の社会教育実践と被災者のエンパワーメント＝自己教育過程

　被災した地域と自治体の大きな困難の中で、社会教育・生涯学習の施設と職員は大きな役割を果たしている。この特別企画では、岩手県公民館の役割調査、個別事例としては大船渡市の事例[5]が報告されてきた。上田幸夫の継続的調査が紹介した石巻市などでの実践が示しているように、公民館としての日常的な活動そのものが復興過程で重要な役割を果たしているが、それは分館・自治公民館を含めた活動全体の中で明らかにする必要がある[6]。

　また、全国的なネットワークであるSave MLAKの活動に見られるように、

（5）野元弘幸「東日本大震災と社会教育研究の課題」首都大学東京『人文学報』第471号、2013。
（6）上田幸夫『ソーシャルキャピタルとしての社会教育施設の基盤整備に関する研究―東日本大震災におけるまちづくり機能を手がかりに』平成25年度日本体育大学学術研究補助費研究成果報告書、2014。

博物館・美術館、図書館、文書館そして公民館の全体に視野を広げて検討する必要もある。さらに、東北だけが注目される傾向がある中、長澤成次が継続的に調査している千葉県の公民館をはじめ(7)、北関東の被災地、さらには北海道八雲町や長野県栄村（余震被災地）などの動向にも注目する必要がある。もちろん、自主避難者を含め、全国に散らばっている被災者への支援活動も忘れてはならないであろう。

　社会教育関係団体の横のつながりも重要である。この特別企画では、当事者としての青年と青年組織の役割について報告いただいたが、そうした活動が青年活動の歴史資料収集・体験記録づくりへと展開していること(8)は後述の視点からも注目される。

　もちろん、「人間の復興」にかかわるのは社会教育職員や社会教育関係団体だけではない。生存権にかかわる領域だけでも保健・医療・福祉・臨床心理などの専門領域があり、相互の独自性をふまえた上での協働関係をどう構築していくかも問われている。**表2-1**の学習領域を考えれば、さらに多くの領域との関係づくりが求められるが、それらをつなぐ学習領域を開拓することが新しい社会教育実践の可能性を示している(9)。

　あらためて、課題解決に取り組む地域住民の主体的な学習（自己教育活動）とそれを推進する実践の「価値」を再確認する必要がある。社会教育の実践は援助・伴走・協同の活動として展開されたが、そこでは専門職員やNGO／NPO職員だけでなく、ボランティア活動をする地域住民の位置づけが不可欠である。その際、高橋満が提起したように、ボランティア活動の「社会的価値」の量的試算をしてみることも意義ある作業である(10)。そうした作業をしてい

（7）長澤成次ほか『千葉県内の公民館は東日本大震災にどう対応したか』千葉大学教育学部社会教育研究室、2012、など。
（8）日本青年団協議会・「生きる～東日本大震災と地域青年の記録～」編集委員会『生きる～東日本大震災と地域青年の記録～』第1～3号、同会、2012～14、など。
（9）日本社会教育学会60周年記念出版部会編『希望への社会教育―3.11後社会のために―』東洋館出版社、2013、終章。
（10）高橋満『コミュニティワークの教育的実践―教育と福祉を結ぶ―』東信堂、2013、終章。

くならば、「活動の中での学び」、「活動を生産する活動」（エンゲストローム）としての学びを位置づけることが不可欠となってくる。

　福島大学の協働的子ども支援ボランティアの活動は、地域課題把握とその解決に協働的に取り組む「アクティブラーニング」を進める「創造的な復興教育」（中田スウラ）の必要性を示している。そこで焦点となるのは、被災者のエンパワーメントに不可欠な自己教育過程である。大船渡市における実践はエンパワーメントを支援するフィールドワークの重要性を指摘し、かかわる支援者（松岡広路）はP. フレイレの言う「共同探求者」たるべきことを提起した。同地域では、復旧支援の段階から、復興計画づくりや「持続可能なまちづくり」へと展開しつつある。そこで基本におかれるべきは、支援者の学習過程というよりも、被災者の自己教育過程としてのエンパワーメント過程の理解である。

　その理解を進めるためには、P. フレイレの「意識化 conscientization」論、あるいは学習者と教育者（支援者）の「対話的学習」論を超えて、重層的に展開する被災者の自己教育過程の全体を捉えた上で、復興過程の実践の展開構造を明らかにすることが必要となる。意識化の実践を超えていくためには、まず（自分の力を見直し信頼できるような）「自己意識化」の実践が不可欠であり、そのためには**表1-1**で示した承認関係の展開が求められる。社会教育学的視点からは、戦後社会教育に蓄積がある生活記録学習や自分史・生活史学習、その具体化としての被災体験の記録集づくりや「語り部」活動などの実践が注目されるであろう。より広くはイベント、伝統芸能、アート活動などを含めた、身体的・表現的活動の複合的・総合的な理解の中での自己意識化の契機もふまえておく必要がある。

　「対話的学習」がとくに必要となるのは、被災者どうしの対話であり、現段階における「共同学習」の発展である。石井山竜平が提起した「状態調査」[11]は、研究者のアクションリサーチから被災者の参画型調査へ、そして被災者たちが聴き取りをし合う自己調査、「互いの存在から学ぶ」実践となり、そのことによって被災地を去る者と残る者の対立、世代間分裂、さらに被災と補償の

---

(11) 石井山竜平編『東日本大震災と社会教育—3.11後の世界にむきあう学習を拓く—』国土支社、2012。

差異による対立を乗り越える復興を模索するようになった。ここで「自己調査」というのは当事者たちがみずからの状態と悩みや課題、取り組みの状況を考え、理解し合うという意味では「当事者研究」である。

さらに、全村避難の飯舘村の事例[12]のうち、仮設住宅への避難者Aさんがひきこもり状態から回復したのは、技能を持っていた繕い作業によってであり、その活動を同じ被災者と交換・承認し合って「までい着」づくりに発展させていく中からであった。また、借り上げ住宅への避難者Wさんは厳しい「喪失体験」の中から、みずからの存在確認としての特産「いいたてベーク」（種子馬鈴薯）と「いいたて雪っ娘」（カボチャ）に思い至り、その復活にかけるネットワーク的・協働的活動をとおして自己を取り戻していった。これらの事例は、「意味への意思」（V. E. フランクル）に支えられた自己実現と相互承認の活動の重要性を提起している。こうした活動は、「おだがいさまセンター」から生まれた「ファーム」や「工房」と同様、いずれも社会的協同実践としての復興活動につながっていった。

それでは、自己意識化の先の復興活動、とくに「持続可能で包容的な地域づくり」につながるような実践の性格や構造はどのようなものとして理解すればいいのであろうか。

第3節 「持続可能で包容的な地域づくり教育（ESIC）」の展開

当面する基本課題は、「人間の復興」への内発的な諸活動を基盤として、「村を捨てない力」を育てつつ、「持続可能で包容的な地域づくり教育（Education for Sustainable and Inclusive Communities, ESIC）」を進める諸実践の展開である。それらは被災地によってきわめて多様であるが、ここでは、原発事故に

---

(12) 千葉悦子・松野光伸『飯舘村は負けない―土と人の未来のために―』岩波書店、2012。
(13) その枠組みについては、拙著『持続可能な発展の教育学―世界をつくるまなび―』東洋館出版社、2013、第7章。福島県の農村における復興への動向については、守友裕一・大谷尚之・神代英昭編『福島 農からの日本再生―内発的地域づくりの展開―』農山漁村文化協会、2014、も参照。

図2-1　東日本大震災からの復興とESIC

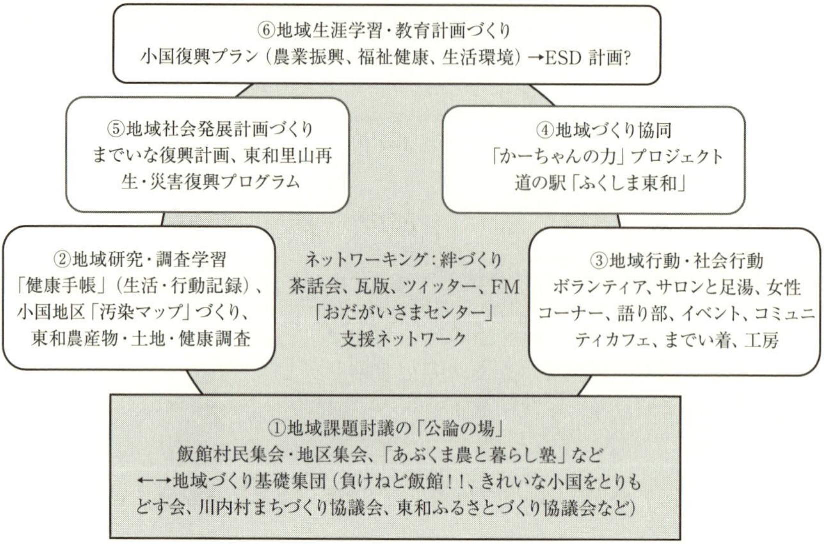

```
⑥地域生涯学習・教育計画づくり
小国復興プラン（農業振興、福祉健康、生活環境）→ESD計画?

⑤地域社会発展計画づくり                    ④地域づくり協同
まていな復興計画、東和里山再              「かーちゃんの力」プロジェクト
生・災害復興プログラム                      道の駅「ふくしま東和」

②地域研究・調査学習        ネットワーキング：絆づくり      ③地域行動・社会行動
「健康手帳」(生活・行動記録)、 茶話会、瓦版、ツイッター、FM    ボランティア、サロンと足湯、女性
小国地区「汚染マップ」づくり、「おだがいさまセンター」       コーナー、語り部、イベント、コミュニ
東和農産物・土地・健康調査    支援ネットワーク             ティカフェ、までい着、工房

①地域課題討議の「公論の場」
飯舘村民集会・地区集会、「あぶくま農と暮らし塾」など
←→地域づくり基礎集団（負けねど飯舘！！、きれいな小国をとりも
どす会、川内村まちづくり協議会、東和ふるさとづくり協議会など）
```

　よって特別な困難をかかえている福島県の事例について、**図2-1**に示す[13]。

　前提は歴史的に形成されてきた地域文化を基盤とする「絆づくり」にはじまり、図の背景にあるように多様に展開したネットワーキングの活動である。そうした活動は、飯舘村の村民集会や地区集会など、図の①の地域課題討議のための多様な「公論の場」を生み出して行った。それらの実践の中から各地域で、「地域づくり基礎集団」が生まれてきている。たとえば「負けねど飯舘！！」、「きれいな小国を取り戻す会」、「東和ふるさとづくり協議会」、「川内村まちづくり協議会」などである。これらの集団が中心となって、「持続可能で包容的な地域づくり」に向けての諸実践を創造しつつあるのである。「地域づくり基礎集団」は多くの場合、実践共同体＝学習共同体（自己教育組織）であり、その点で、たとえば「東和ふるさとづくり協議会」の活動を背景に、「あぶくま農と暮らし塾」（農学コース、地域文化コース、コミュニケーションコースの３コースをもつ）といった地域住民大学的な学習組織が生まれてきていることが注目される。

次いで、被災とくに放射能汚染にかかわる②の地域研究・調査学習である。政府や行政の被災調査は省庁縦割り的であり、大まかで限定的あるいは杜撰で、体系的・総合的検査が必要である。それらすら、政策的意図から十分に公開されていない（たとえば「県民健康管理調査」）。そうした中で、「負けねど飯舘！！」が当初取り組んだ、地域住民それぞれの健康調査と行動記録でもある「健康手帳」づくりや、「特定避難勧奨地点」伊達市霊山町小国地区の「きれいな小国を取り戻す会」が取り組んだ100メートル・メッシュの「汚染マップづくり」などは注目される。それらは戦前における公害反対運動や自然保護運動で展開された地域住民主体の調査活動、たとえば田中正造が先頭にたった「谷中学」や南方熊楠が主導した「鎮守の森植生調査」、そして戦後の三島・沼津コンビナート反対運動における「鯉のぼり調査」や「牛乳瓶調査」などにもつながる自己教育運動だと言える。

小国地区の実践は「おぐに市民放射能測定所」開設、水稲試験栽培、除染、損害賠償、営農再開、そして復興プランづくり（⑤から⑥への実践）などの活動に発展しており、市民自身がみずからの地域の調査活動をとおして学びつつ実践し、実践しつつ学ぶこと、そこから生まれる「知」と大学・研究者が形成する「知」との協働が新しい未来を切り開くという可能性を示している。基盤となるのは、地域住民の自己教育活動である。2013年末に設立された「復興プラン推進委員会」には、「取り戻す会」のほか、PTAや農協女性部も参画し、農業振興・福祉健康・生活環境の3部会で活動している。そこには汚染の協働的自己調査に始まり、農業者の現状と今後の意向についてのアンケート調査とその分析、さらに調査活動の中から生まれた女性サロンや被災記録集づくりの実践で学び、話し合われたことが反映されている。自己意識化の実践が、計画内容を豊かにしているのである。

③の地域行動については、既述の「おだがいさまセンター」の活動の中から生まれてきた実践がある。それは、手芸などのサークル活動から染め物・織物をつくる「おだがいさま工房」へ、避難所の草むしりからガーデニングを経て休耕農地利用の「おだがいさまファーム」へというように、地域へと展開していった。そうした方向は飯舘村住民の仮設住宅で生まれた「までい着」や、借

り上げ住宅利用者が再生した特産物の栽培にも共通に見られることである。前者は全国的支援に支えられて「半商品化」していったが、後者はやがて、他の農産物やその加工品あるいは手工芸品等に、そして阿武隈高地全体に活動の場を広げ、④の地域づくり協同実践である「かーちゃんの力プロジェクト」（女性農業者の知恵と技術を活かして「食と農を通じた自立と再生」をめざすネットワーク）へと発展していった。福島市郊外の「あぶくま茶屋」を拠点とし、さらに市街地に産直カフェ「かーちゃんふるさと農園わいわい」や脱原発のライフスタイル発信拠点「ふくしまキッチンガーデンビル」の活動を展開している。その実践は、被災当事者の「小さな自治」による「協同的な再生」、「等身大の復興」と評価されている[14]。

　もちろん、福島県におけるこうした活動においては放射線量検査が不可欠である。道の駅「ふくしま東和」を地域づくり協同の拠点として創設し、その指定管理者団体となった「東和ふるさとづくり協議会」は、汚染の問題を知り、徹底して調べて、その情報を地域内外に公開・共有することをとおして信頼を得ることを基本にした復興活動をしている。そして、地域の課題を捉え直し、「ゆうきの里東和里山再生・災害復興計画」を策定し、そのもとで復興の道、というよりも新たな「持続可能で包容的な地域づくり」の道を歩みつつある。そうした中に、農業と農的生活の価値を重視する若者の参加がみられることも注目される。それは、震災前から追求してきた内発的で持続可能な地域づくりをめざす⑤の地域社会発展計画づくりを根拠とした諸実践である。より困難な条件下で「村民一人ひとりの復興」をかかげ、現在第５次の「までいな復興計画」づくりを進めている飯舘村においてもその方向性が見られる。

　現状では以上のような実践を推進する「地域生涯学習・教育計画づくり」は今後の課題であるが、小国地区「復興プラン」づくりが３部会（農業振興・福祉健康・生活環境）の構成で進められていることなどにその方向性を見ることができる。

---

(14) 塩谷弘康・岩崎由美子『食と農でつなぐ―福島から―』岩波書店、2014、エピローグ。

第4節　社会教育実践としての地域再建計画づくりへ

　東日本大震災の被災地と被災住民の状況には大きな格差と差異と多様性があるが、復興政策は「仮設（「みなし」を含む）から復興住宅」へという局面に入り、「復興まちづくり」[15]が焦点となってきている。なお問われているのは「原発事故子ども・被災者支援法」（2012年）の理念の具体化であり、帰還や移住や「待避」（二地域居住）[16]、そして自主避難の被災者にも対応し、一時疎開・保養の機会をも位置づけた「居住福祉」[17]である。これに照応する「持続可能で包容的な復興計画」には、健康・福祉・子育て計画、生業・地域産業復興計画、コミュニティ再生計画、奥山・里山・農地・里海＝バイオリージョンの再生計画、そして表2-1の学習領域全体に及ぶ地域生涯学習・教育計画が含まれなければならない。

　図2-1の諸実践は、そうした方向につながる。被害が大きかった漁村・漁業においても、漁業特区などによる「創造的復興」に対し、協同的再生への動向がある。また、大手ゼネコン中心の復興に対し、地域資源活用・地域内循環を重視した復興木造住宅や自然再生・再生エネルギー開発など、小規模・分散型で自治的な「適正技術」[18]を学び現実化する実践もある。遅れている森林や林業・林産業の再生もそうした中で具体化されよう。

　『平成26年度版　環境白書』は「我が国が歩むグリーン経済の道」を主要テーマとし、「グリーン復興」を提起している[19]。「福島復興再生特別措置法」（2012

---

(15) 室崎益輝「復興まちづくりの現状と課題―震災からの再生に向けて―」日本災害復興学会『復興』第4巻1号、2012。その後、同「減災・復興と都市計画・まちづくり」（似田貝香門・吉原直樹編『震災と市民　1　連帯経済とコミュニティ再生』東京大学出版会、2015）に、まとめ的見解が述べられている。
(16) 今井照『自治体再建―原発避難と「移動する村」―』筑摩書房、2014。
(17) 野口定久・外山義・武川正吾編『居住福祉学』有斐閣、2011。
(18) その内発的発展における重要性と社会教育学的意義については、拙著『持続可能な発展の教育学』前出、第5章。
(19) 環境省編『環境白書　循環型社会白書／生物多様性白書　（平成26年版）』日経印刷株式会社、2014、pp.77-85。

年）による重点推進計画にもとづく「三陸復興国立公園」、「みちのく潮風トレイル」、「復興エコツーリズム」などが重点である。しかし、具体的な実践は地域からのボトムアップの展開を必要とする。同白書では、「自然環境の保全に資する復興の取組」の事例として、陸前高田市で「ふゆみずたんぼ」づくりの活動をするNPO「田んぼ」の活動、宮古市の「アマモ場再生」による里海づくり、そして、県民参加型ファンドによってグリーン経済化を進める「福島空港ソーラーファンド」、地域通貨を取り入れたバイオマス発電（気仙沼市）、自立・分散型エネルギー社会をめざす地方公共団体支援の「グリーンニューディール基金」、微細藻類のエネルギー利用開発（筑波大学と東北大学の共同研究）、最後に福島県川俣町の「過疎型スマートコミュニティ」構築計画（「川俣モデル」）を紹介している。それまでの政府主導による外来型の「創造的復興」重視計画に対して、環境省らしくこれらの地域復興活動を取り上げていることには意義がある。

　しかし、われわれが検討すべきことは、このような「グリーン経済の道」というよりもまず「人間復興の道」であり、これらの復興計画づくりへ住民参加、その過程における学習活動、そして「持続可能で包容的な地域づくり」の内実である。同白書は「グリーン復興」の地域での事例として「川俣モデル」を紹介し、コラムでは飯舘村の「までいな復興計画」も取り上げているが、復興計画づくりへの住民参加や住民の学習活動についてはふれられていない[20]。

　「持続可能で包容的な地域づくり」は、「村民一人ひとりの復興」（「いいたてまでいな復興計画」）を基本とする。社会教育が注目すべきは、本章で取り上げた諸実践が地域内外の対立や矛盾、ともすれば被災者の分裂・分断につながるような諸問題を乗り越えようとする協同実践とそれらに不可欠な地域住民の

---

(20)「持続可能な地域づくり」を主要テーマとした『平成27年度版　環境白書』では、被災地の地域づくりとして「環境未来都市」、再生可能エネルギー導入、省エネ工業団地、「みちのく潮風トレイル」、復興に向けた地域発の取組として、福島県川内村の植物工場、久慈市の震災学習列車、東松島市の震災廃棄物のリサイクル処理、が挙げられている。われわれは、これらの活動を地域住民にとっての復興につながる「地域づくり教育」の視点から吟味しなければならないであろう。

主体的な学習活動、つまり自己教育活動を通して展開されてきたということである。復興過程の現場が提起していることは、**図2-1**で示した諸実践領域の相互豊穣的・螺旋的な展開によって、全体の底上げをはかっていくことの必要性である。それらに取り組むことが、「3.11後社会教育」の創造につながる。そのためには、大学・研究者の研究・教育・社会貢献活動の革新も求められるであろう（本書第9章参照）。

　課題は大きく、問題は山積している。しかしながら社会教育の視点からの復興は、地域住民が自己教育主体＝教育自治の主体として形成されて行く過程を基本としつつ、かかわる社会教育（的）実践者・研究者との協同的活動をとおして、一歩一歩実現していくほかはないのである[21]。

---

(21) 拙著『増補改訂版　生涯学習の教育学—学習ネットワークから地域生涯教育計画へ—』北樹出版、2014。

第**3**章

3.11後社会教育と
「持続可能な発展のための教育（ESD）」

　東日本大震災後の日本で求められている「持続可能で包容的な社会」への学びは、国際的には、「持続可能な発展（Sustainable Development, SD）」を追求する「持続可能な発展のための教育（Education for SD, ESD）」として展開されてきたと言える。一般にSDは、国連ブルントラント委員会報告（1987年）の定義「将来世代のニーズを満たす能力を損なうことなく、現世代のニーズを満たすような発展（開発）」として理解されてきた。しかし、同委員会が求めるべき社会のあり方として提起したのは「世代間および世代内の公正」を実現するような社会である。その後のグローバリゼーション時代に深刻化した「双子の基本問題」、すなわち地球的環境問題と貧困・社会的排除問題をふまえるならば、その重要性は明らかであり、とくに後者への取り組みを明確に位置付けて、SDは「持続可能で包容的な社会」をめざすものとして理解される必要がある。その具体的な展開によって、ESDは東日本大震災からの復興過程に生きたものとなることができるであろう。

　ところで、ESDはその推進をしてきた「国連・持続可能な発展のための教育の10年（DESD, 2005-14）」の後継として合意された5カ年計画「ESDに関するグローバル・アクション・プログラム（GAP）」に引き継がれて発展しつつある。その「原則」については序章で触れたが、持続可能な発展を加速するために、「教育および学習のすべてのレベル」で行動を起こし拡充していくことを目標に掲げ、すべての人々がSDに貢献できるように教育・学習を「再方向付け」し、関連アジェンダ・プログラム・活動において教育・学習の役割を強化するよう提起している。それでは、その「教育・学習」はどのようなものとして考えて、3.11後の日本の現実に即して展開していけばいいのだろうか。

第3章　3.11後社会教育と「持続可能な発展のための教育（ESD）」　57

　ESDの成立過程やDESDの経過が示すように、ESDは国連・ユネスコの主導のもとで展開されてきた。日本の教育・社会教育とESDを結びつけるためにはなんらかの補助線が必要である。ここでは、DESDとその後継であるGAPの基本的枠組みのひとつである「生涯学習」[1]を考える。ただし、それは日本の生涯学習政策で採用されてきた新自由主義的な「教育なき生涯学習」ではなく、教育学とくに社会教育（住民の自己教育活動とそれを援助・組織化する教育実践）の視点から捉えた「社会教育としての生涯学習」（生涯学習時代の社会教育=「生涯学習の教育学」）である。その前提は、GAP原則（c）の「権利にもとづく教育アプローチ」であるが、その具体化のためには、第2章でみたように、権利そのものを捉え直し、大震災後の経験をふまえた「現代的人権」として発展・拡充していくことが求められるであろう。

　これまでのESD論では「教育（とくに社会教育）の論理」を欠落させたものが多かった。そこで本章ではまず、SDおよびESDの位置付けと捉え直しをし、現段階的課題を明らかにする。そして、「社会教育としての地域ESD実践」の展開構造を示した上で、前章から引き続いて、東日本大震災の被災地における最近の実践的動向をふまえた課題提起をする。その作業は、「3.11後社会教育」、「DESD後ESD」の課題を考えることにつながるであろう。

第1節　ESDの位置

　これまでのESDの経過と内容に関する筆者の理解については、別著[2]に譲る。
　日本におけるESD推進の到達点としては、次のようなことがあげられる。(1)新教育基本法（2006年）とそれにもとづく教育振興基本計画や、環境教育促進法（2011年）あるいは消費者教育法などの関連法での位置づけ、(2)企業・自治体・教育機関で構成されるナショナルセンター=持続可能な開発のための教

---

(1) GAPの原則（f）でESDは、「定型的formal、不定型的non-formal、非定型的informalな教育、そして幼児から高齢者までの生涯学習」とされている。
(2) 拙著『持続可能な発展の教育学—ともに世界をつくる学び—』東洋館出版社、2013。

育の10年推進会議（ESD-J）や政府のESD推進省庁連絡会議、いくつかの自治体レベルでのESD推進協議会などの推進組織の設立、（3）学習指導要領での位置づけや、ユネスコスクールなど、学校教育での展開、（4）企業の社会的責任（CSR）の一環としてのESDの展開、（5）各地域における持続可能な地域づくりの取り組みによるESDの（事実上の）展開、などである。しかしながら、ESDが包括的・総合的性格をもっていて具体的特徴が明確でないことや、DESDが国連とくにユネスコを中心とした活動として取り組まれてきたという経緯もあり、ESDが日本の国民の間で十分に理解され、定着しているとは言えない。

そこで、ここではまずESDの基本的な位置づけにかかわる点にふれておこう。

第1に指摘しておくべきは、「持続可能な発展（開発）」は地球サミット（1992年）で国際的な共通課題として確認されたのであるが、その際に同時に、気候変動枠組条約と生物多様性条約が締結され、その後それぞれの課題が相互に関連するものとして追求されてきたという経過が重視されなければならないということである。持続可能性にかかわる総合的な科学＝新しい学術大系を標榜する「サステイナビリティ学」が21世紀の持続型社会を「低炭素社会」、「循環型社会」、「自然共生社会」の3社会像を提起しているのも[3]、この経過を反映している。ただし、地球的な気候変動への対応を「低炭素化」に限定してよいのか、生物多様性の独自の意味を位置づける必要はないのか、そして社会科学的・人文学的視点の弱さなど、「サステイナビリティ学」の枠組みについてはいくつか再検討すべき課題がある。

これまでの経過をふまえるならば、「持続可能性 sustainability」は、「再生可能性―生物多様性―持続可能性」の関連において、つまり物理学的・化学的・エネルギー論的な「再生（循環）可能性」と、生物学的・生態学的・進化論的な「生物多様性」の理解の上に、人間学的・社会科学的そして教育学的な「持続可能性」を位置づけなければならない。この関連を見失った持続可能性の理解は、単なる経済の持続的発展と変わらなかったり、せいぜい現状維持にとど

（3）小宮山宏ほか編『サステイナビリティ学の創生』、東京大学出版会、2011。

表 3-1　SD および ESD の位置

	自　然	人　間	社　会
循環性	再生可能性	生命・生活再生産	循環型社会
多様性	生物多様性	個性の相互承認	共生型社会
持続性	生態系保全	ESD	SD＝世代間・世代内公正

まるか資源とエネルギーの安定的確保戦略になったりして、悪くすると、社会問題の理解をぬきにした「環境あるいは資源ファシズム」に陥ったりする。

　第2に、とくに東日本大震災後には、自然・人間・社会の総体のあり方が問われ、これまでの「科学」や研究方法だけでなく、文化や文明、哲学や思想のあり方そのものの見直しが迫られているということである。そこでは、学際的研究と称して個々の研究分野を寄せ集めて対応することの限界が指摘されていると言える。環境学の領域では、過去の反省から未来への展望を切り開く「フォアキャスティング」だけでなく、あるべき未来から現在を照射する「バックキャスティング」の視点の重要性が指摘されているが、その「未来」とて現在の思考様式と思考内容に規定されているというアポリアをかかえている。そうした中で、持続可能な社会をどのように創造して行くのか、そこで果たすべき教育の役割は何なのかが問われているのである。

　以上のことをふまえてSDおよびESDの位置を確認しておくならば、**表3-1**のようになる。

　表の用語中、「再生可能性」とは、再生可能な自然循環を越えて人間が地球上の諸資源たとえば化石燃料資源を濫費・消尽するようなことのない物質代謝過程の性格を示す。生命・生活再生産も「正常な生命・生活」の再生産、すなわち心身ともに健康な状態、生存権・教育権が保障された状態を示す。「個性の相互承認」は、個人的にも集団的にも、あるいは民族・宗教的にも、「文化的多様性」(GAP原則(e))を現実化する基本的条件である。共生型社会とは、「自然との共生」あるいは「生物種間公正」を前提とした「人間間の共生」すなわち他者を排除しない「包容的社会 inclusive society」を示す。

　ESDが提起されてきた経過を見るならば、これらのうちとくに「持続可能な発展」の理念＝「世代間・世代内の公正」を実現する社会に向けた教育が、と

くに密接な関係をもつ重点的位置にある。しかし今日、そうした社会を実現するためにも、ESDはここに示したセルのすべての視点と関連をもって展開することが求められており、そのいずれも欠けてはならず、いずれかだけと関連をもって進めようとすると必ず一面的なものにならざるを得ない。たとえば、SDと「持続的経済成長」の同一視をはじめ、生態環境を破壊する大規模「再生エネルギー開発」、貧困化・社会的排除をもたらすグリーンエコノミーや環境ファシズム、内的対立や矛盾を無視する「システム合理化論」、あるいは経済的グローバリゼーション対応のコンピテンシー論など、その事例には事欠かない。

　ESDをめぐる議論の今日的状況を考えると、表頭では「人間」の視点、表側では「多様性」の視点の重要性をとくにふまえておく必要がある。**表3-1**は、DESDでもGAPでも重視されている「批判的思考」や「システム思考」そして「未来を想像する力」（原則（b））を、具体的に考える際の基本的な理解である。

　こうした理解はさらに、ESDそのものを捉え直すことにもなるであろう。たとえば小栗有子は、環境教育史の蓄積をふまえて「人間・環境・教育」の総体を捉え直す必要性を指摘しているが、そこでは「持続可能な発展のための教育 Education for SD」という場合の「"for" education」が政策的・活動家的発想だとする批判が取り上げられている(4)。環境教育論においては、これまで「"in","about","for"」の3形態論が定説的であったが、ESDはこのうちの「"for" education」に入ると考えられる。しかし、今日求められているのは「自然と共生する人間・社会」であり、そこで必要となるのは「自然環境とともにある教育」すなわち「"with" education」なのである。そして、その論理は、「（人間を含む）他者とともにある教育」として拡充されなければならないであろう(5)。

（4）小栗有子「ポストDESDに残された社会教育としての課題―環境教育史論が提起する問題を中心として―」日本社会教育学会編『社会教育としてのESD―持続可能な地域をつくる―』東洋館出版社、2015年。
（5）拙著『持続可能で包容的な社会のために―3.11後社会の「地域をつくる学び」―』北樹出版、2012、pp.133-134。

第2節　世代間・世代内公正と「生涯学習の教育学」

　SDは環境・経済・社会・政治、そして文化の全体にわたるもので、総合科学的あるいは文明論的アプローチが必要とされてきた。GAP原則（e）では、これらをふまえた「全体的なholisticな方法」の重要性を強調している。そうした中で「E」SD、すなわち人間が人間の学習活動に働きかける実践としての「教育」の固有の位置を確認しておく必要がある。ESDをSDの単なる手段としてしまわないためにも、この点はいうまでもないことだが、従来のESD論にはその基本的理解が欠落しているものが多い。

　SDの教育学的捉え直しが必要である。SDは国連の「ブルントラント委員会報告」（1987年）以来、「世代間および世代内の公正」を実現するものだと考えられてきた。近代以降の教育はほんらい自由権および社会権としての人権を実現するものとして、上記の「2つの公正」を具体化するための重要な手段として考えられてきたから、教育学的な枠組みからSDを捉え直すことが可能であるし、そうすることが求められている。SDは教育と不可分のものと考えられなければならない。GAP原則（d）が、ESDは追加的な教育実践ではなく「教育及び学習の中核」に関連するというのはそうした意味であろう。

　SDとESDが提起され展開されてきた時代はグローバリゼーション時代である。とくに経済的グローバリゼーションは資本主義的市場経済をまさにグローバルに推進し、人々のあらゆる生活領域に浸透させた。第1章第2節でもふれたように、今日のリスク社会化（U.ベック）は「再帰的近代化」や「個人化」の結果と理解されてきたが、商品・貨幣的世界（私的所有・私的労働のもとでの社会的分業）に固有の無政府性の深化を背景とするものであり、社会的分業の高度化・複雑化にともなう専門化・テクノクラート化・官僚化の進展を諸個人・諸組織が統制できなくなるという現実を反映したものである。「排除型社会」には多国籍企業と投機的金融資本が主導する資本・賃労働的世界の全面的展開、それにともなう「富と貧困の蓄積・対立」、富の過剰のもとでの相対的過剰人口（非正規労働者、ワーキングプアから生活保護世帯、ネットカフェ難民、ホ

ームレスまで）の重層的蓄積が背景にある。上記のようなGAPの諸原則は、こうした時代がゆえに重要な意味をもっているのである。

　グローバリゼーション時代は、日本の教育政策の側から見れば、臨時教育審議会最終答申（1987年）が「生涯学習体系への移行」を宣言して以降の「生涯学習時代」であった。しかし、上記のような動向を見るならば、この時代に求められていたのは、社会的に排除されがちな人々と地域を主たる対象にして時代的課題に対応した理論と実践（共同学習、生活記録学習、生活史・自分史学習、学習の構造化、地域づくり学習、地域生涯学習計画づくりなど）を創造してきた戦後社会教育の新たな発展であった。たとえば、1950年代の社会教育実践は実質的にESDとして捉え直すことができる[6]。求められていたのは、これら戦後社会教育の理論と実践の蓄積を生涯学習時代にどう活かすかということ、すなわち、「社会教育としての生涯学習」＝「生涯学習の教育学」の展開である。社会教育の本質は、国民・地域住民の実際生活にそくした自己教育・相互教育＝自己教育活動とされてきた。戦後における自己教育運動の理論と実践の蓄積をふまえた「自己教育の論理」[7]を生涯学習時代に照応して、高等教育までを含む学校教育はもちろん、生活と仕事、福祉と文化、そして自治や政治などを含めて、環境・社会・経済のあらゆる領域（GAP原則（e））で展開することが求められているのである。

　筆者は「生涯学習の教育学」の5つの基本的視点を提起してきた。(1) 生涯学習は「人権中の人権」であるという現代的人権の視点、(2) 大人の学びと子どもの学びをつなぐ世代間連帯の視点、(3) 学習は「社会的実践」であるという社会参画の視点、(4) 私と地域と世界をつなぐというグローカルな視点、(5) 地域生涯教育公共圏を創造する住民的公共性の視点、である。「世代間・世代

---

(6) 笹川孝一「ESDの教育学と日本社会教育学会の責務」日本社会教育学会編『社会教育としてのESD』前出、所収。
(7) 自己教育運動に視点をおいた戦後社会教育実践の展開については、社会教育推進全国協議会編『増補版　現代日本の社会教育―社会教育運動の展開―』エイデル研究所、2015。もちろん、自己教育論それ自体の発展も求められている。筆者の自己教育理解については、拙著『自己教育の論理―主体形成の時代に―』筑波書房、1992、など参照。

第3章 3.11後社会教育と「持続可能な発展のための教育（ESD）」 63

内公正」を実現するというSDの思想をすべての教育活動で具体化しようとするESDは、このような意味での「生涯学習の教育学」の発展と重なる[8]。ESDについてGAPの原則（c）は、「権利に基づく教育アプローチ」を土台にするものだと言い、原則（a）は、万人が「情報に基づいて決定し責任ある行動を取る」ことを可能にするものだとしている。課題は、現代的人権論を拡充させ、死者やこれから生まれてくる世代をも含めた「連帯」の視点にたちつつ、3.11後社会における（3）～（5）に対応した理論と実践の展開をはかることである。

ESDは、冷戦体制崩壊後のグローバリゼーション時代に、グローバリゼーションがもたらした「双子の基本問題」、すなわち地球的環境問題と貧困・社会的排除問題に対応しながら展開され、両者に教育の側から取り組む環境教育と開発教育（人権・ジェンダー・多文化教育などを含む）によって取り組まれてきた。DESD後（ポスト・グローバリゼーション時代）においては、両問題の同時的解決に取り組み、両教育を統一するESDが求められている[9]。日本の脈絡では内発的な地域づくり教育による実践的統一が焦点となるが、政策的には環境政策と福祉政策そして地域再生政策の統合が求められる。理論的には、バックキャスティング的政策科学やシステム論、そして定常型社会などの未来社会論とともに、ポストモダン論や後期近代論、あるいは経済的グローバリゼーション対応の諸能力・コンピテンシー論の、教育学的視点からの批判的乗り越えが必要である（本書補論Bも参照）。

「生涯学習の教育学」の視点からは、国際成人教育の動向にも着目しておく必要がある。たとえば、国際成人教育会議による「みずからの歴史をつくる主体」（「学習権宣言」、1985年）となるための学びや、「生活全体をとおした学習」（『学習：秘められた宝』、1996年）の提起などは、人間の基本的活動全体にわ

---

(8) 拙著『増補改訂版　生涯学習の教育学―学習ネットワークから地域生涯教育計画へ―』北樹出版、2014、とくに第Ⅰ章を参照されたい。戦後社会教育実践論の遺産についての筆者の理解については、第Ⅵ章第2節。
(9) くわしくは、鈴木敏正・佐藤真久・田中治彦編『環境教育と開発教育―実践的統一への展望：ポスト2015のESDへ―』筑波書房、2014。

たるホリスティックなものである。国連の「人間開発計画」の推進とそれを支える理念・理論の展開なども背景にあって、それらからESDのテーマと重なるアジェンダをもつ「ハンブルク宣言」（1997年）が生まれ、それが「ベレン行動枠組み」（2009年）に引き継がれてきた。必要なことは、それらの学習を、構造的に把握して実践全体を捉える視点をもつことである[10]。それはまさに、東日本大震災からの復興過程において求められてきたことである。

第3節　地域ESD実践の展開

DESDの総括会議にあわせて岡山市で「ステークホルダー会合」が開催された。ユネスコスクール世界大会やESDユース会議、グローバルRCE（地域拠点）会議のほか、「ESD推進のための公民館・CLC（地域学習施設）国際会議」（2014年10月）が開催され、「岡山コミットメント（約束）2014」が採択された。そこでは全体会と7つのテーマ別分科会（環境保全、防災・減災、収入向上・社会的企業・地域活性化、文化的多様性・対話・世代間交流、リテラシー、エンパワーメント、政策決定・管理・能力開発）による討議をとおして、「誰もが排除されない持続可能な社会」（本書でいう「持続可能で包容的な社会」）を築くために、「地域に根ざした持続的な人づくりのための学習の諸実践を支えていく」ことが明言されている。

現場での実践を理解するためには、個々の「ESD」活動をバラバラに、思い思いの視点で捉えるのではなく、「地域ESD実践の全体構造」を把握した上で、相互に関連し合う諸実践の「展開論理」を理解する必要がある。そのために筆者は、①地域住民の自己教育過程と②それを援助・組織化する教育実践という社会教育の基本視点にたち、両者の間の緊張関係に対応する③定型的（フォーマル）・不定型的（ノンフォーマル）・非定型的（インフォーマル）の3形態から成る生涯教育、そして④実践全体を「未来に向けて総括」する重層的な計画化、という4つの次元から見た地域ESD実践の全体的な展開構造を提示した。

---

(10) ひとつの試みとして、拙著『新版　教育学をひらく―自己解放から教育自治へ―』青木書店、2009、序章を参照されたい。

表 3-2　3.11 後地域社会教育実践の展開構造

教育実践＼教育類型	開かれた教育	学習者のための教育	学習者による教育	学習者とともにある教育	実践総括：地域教育計画
定型教育	ESD 普及、施設教育	人権・共生教育講座	学習条件整備	リーダー・復興支援員養成	自治体生涯教育計画
不定型教育	企画委員会型講座・セミナー	語り部制度、少数民族大学	状態調査	地域づくり教育、ESIC	地区計画、復興計画づくり
非定型教育	学習サークル・ネットワーク活動	自主研究会、伝える公害学習	自己調査、話し合い学習、文化行動	NPO/NGO 活動、参画型学習	各集団学習計画
自己教育過程	学習ネットワーキング	まわりの世界を捉え直す（意識化）	自己を見直し信頼する（自己意識化）	ともに世界を創る（現代的理性形成）	教育自治の主体となる（自己教育主体形成）

偶発性や創発性、不確定性をもちながらも、創造的に展開される諸実践の全体を捉え直すためである。それを、東日本大震災以後の日本における地域社会教育実践の理論的・実践的展開をふまえて示すならば、**表3-2**のようである[11]。

　前章でも述べたように、ESDの中核は「持続可能で包容的な地域づくり教育（ESIC）」である。それは表に示した「ESIC」に前後で必要となる実践を加えて、①地域課題討議の「公論の場」、②地域研究・調査学習、③地域行動・社会行動、④地域づくり協同、⑤地域SD計画づくり、⑥地域ESD計画づくりという、相互に関連し合う実践領域の展開として理解される。それらはとりわけ、いまだ困難な状況下にある被災地においてもみることができる。

　「集中的復興期間」の最終年度で、震災後4年半を経た現在（2015年9月）でも、なお約19万9千人もの避難者がいる。岩手・宮城・福島3県でプレハブ仮設住宅に暮らすのは約6万8千人（3万3千戸）で、**図3-1**の仮設住宅と災害公営住宅の戸数の動向に示されるように、阪神・淡路大震災の場合に比べても大幅に復興が遅れているのは明らかである。

　もちろん、被災者については、借り上げ住宅避難者や県外避難者、そして自力再建に取り組んでいる被災者も含めて考えられなければならない。それだけ

---

(11) 日本社会教育学会60周年記念出版部会編『希望への社会教育』―3.11後社会のために―』東洋館出版社、2013、終章。それぞれの実践については同書を参照されたい。

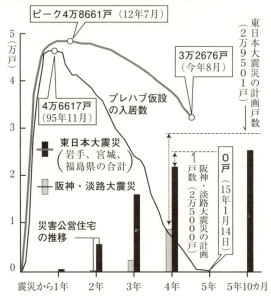

図3-1 仮設住宅と災害公営住宅の動向

（注）『朝日新聞』2015年9月12日付けより。

ではない。「復興災害」や被災弱者問題、被災者支援政策そのものの問題も含めて[(12)]、取り組むべき多くの課題が残されている。このような現状において、復興・再建に向けた被災地での取り組みが懸命になされているのである。

　たとえば、「ショック・ドクトリン（災害便乗型資本主義）」（ナオミ・クライン）よろしく、大震災をきっかけに旧来の経済成長路線を加速化しようとする「創造的復興」を知事が先頭になって進めてきた宮城県では、行政が進める復興計画と被災住民を中心とした復興への運動との大きなギャップがみられる。こうした中で、序章でもふれた社会教育研究全国集会・東北盛岡集会の「課題別学習会１」では「被災当事者の生活復旧・復興をめざす学習と運動」をテーマとして、「東日本大震災復旧・復興支援みやぎ県民センター」の活動が紹介

---

(12)『世界』2015年4月号特集「これが復興なのか」、塩崎賢明『復興〈災害〉―阪神・淡路大震災と東日本大震災―』岩波新書、2014、日野行介『福島原発事故被災者支援政策の欺瞞』岩波新書、2015、山下祐介・市村高志・佐藤彰彦『人間なき復興―原発避難と国民の『不理解』をめぐって―』明石書店、2013、など。

された。同センターは、日本国憲法第13条（個人の尊重）と第25条（生存権）をふまえ、被災者・被災地が主体の復旧・復興をめざした活動をしている。

　同センター事務局の金田基氏は、集中的復興期間最終年度2015年の7月末になっても、仮設住宅避難が約2万5千戸、5万6千人であるのに対して、災害公営住宅工事完了は6～7千戸（計画の42％）というように、大幅に遅れているのみか、被災者には風化・風評・（被災者への）風当たりという「3つの風」が吹いていると報告した。何よりも被災者の健康悪化、要介護認定・支援の増加など、政治の不作為もあって「被災弱者」[13]問題が深刻であり、「いのち」を守ることの緊要性が続いている。とくに津波被害にあった市町村の人口流出は激しく、コミュニティ再生のめどはたっていない。インフラや分譲住宅の建設は進むものの、被災者との協働なしに進めたために、たとえばコンパクトシティ化を進める山元町のように、新市街地への強引な誘導がなされる一方、危険区域に住まざるをえない被災者が取り残されている[14]。産業では農業や小売業の立ち遅れが目立つが、「水産特区」などであれほど喧伝された水産業も水揚げ量は震災前の8割、水産加工施設も64％が売り上げ回復8割未満となっている。こうした中で、復興を担う公務員の不足（市町村合併の影響も大きい）、沿岸部市町村における学校統廃合（廃校率37％）なども加わって、まさに「復興災害」が進行しているのである。

　同センター代表世話人の綱島不二雄氏は、復興過程がゼネコンをはじめとする大企業に食い物にされている事実をあげつつ、被災者にとっては、たとえば農地の9割が復興し、「植物工場」が生まれたというけれど、それぞれの農業経営の全体が復興され、生活再建がなされてこそ「農家の復興」があることを指摘した。その上で、「コミュニティの地域力」の重要性を強調して、具体的に、避難所生活からコミュニティを大切にしてきた仙台市若林区三本塚の事例が紹

---

(13) 岡田広行『被災弱者』岩波新書、2015。
(14) そうした地区の住民有志によって「土曜日の会」が結成され、ワークショップによる「復興まちづくりビジョン」の策定、他の震災被災地視察、コミュニティカフェ開催、ミニ図書館設置などの活動が行われていることは注目される（2015年度9月開催の日本社会教育学会ラウンドテーブルにおける手打明敏の報告による）。

介された。とくに、生活手段確保や衛生・健康管理の共同取り組みなどを進めていく中で、新しい町内会が生まれ、準会員をも含めた地域再建、さらには山形県新庄市の支援農家との交流などの取り組みが進んでいることが報告された。三本塚地区は、第2章でふれた「状態調査」が展開された地区であるが、その蓄積の上に復興への道を歩みはじめていることが示されたのである。それは**表3-2**で示した「状態調査」が、そのまわりの諸実践の展開をとおして、ESICに発展しつつあるものと理解することができる。

　住民主体の復興を支えているのが、より広い地域に広がるネットワークであり、その活動が「せんだい東部復興市民会議」の福島かずえ氏によって紹介された。これまでに地域住民の意向をふまえた再建のための要望を整理して仙台市への要望書を作成・提出するなどの活動をしてきた。最近では、とくに地域産業である農業の復興への取り組みをはじめ、市民と生産者が理解し合い、支え合う「食と農のプロジェクト」を展開している。その基本的活動は月1回の例会や「食と農連続塾」による学習活動であり、それをふまえた東部地域のビジョンづくり、復興政策・支援策の検証と見直しに進みつつある。被災者と支援者の「ともにある教育」が進み、「復興計画づくり」への実践が展開されてきていると言えるであろう。

第4節　飯舘村その後の取り組み

　前節で見たように、宮城県においては「創造的復興」のもと、ハード優先の復興事業に対して被災者・被災事業者対策が遅れていることは明確である。もちろん、宮城県でも市町村に目を向けてみれば、たとえば、公民館活動などによって培われてきた「小さな自治」を大切にし、内発的な地域づくり・産業再生を進めている南三陸町のような事例[15]もあるが、県全体としてみるならば「創造的復興」の負の側面が目立つのである。

　しかし、広域にわたる被災地の中で、より以上に厳しい状況におかれている

---

(15) 南三陸町については、関満博・松永桂子編『震災復興と地域産業　5　小さな"まち"の未来を映す「南三陸モデル」』新評論、2014。

のは過酷な原発事故の直接的被害を受けることによって「特別の困難」をかかえている福島県の被災地であろう。そこでの実践動向をみるために、ここで、大震災以前は社会教育を基盤とした内発的地域づくり運動が展開される「小さくても輝く自治体」として知られていたが、原発災害によって計画的避難地域＝全村避難となった飯舘村の取り組みのその後の一部を、筆者らの聴き取りにもとづいて紹介しておく(16)。

同村の「までいな復興計画」は『平成26年度環境白書』で、「グリーン復興の道」の代表的事例としてコラムで紹介された。村民の分断と分裂の危機の中で、地域再建に向けて「村民一人ひとりの復興」を掲げたこの計画は、地域SD計画づくり（既述ESICの⑤、図2-1も参照）の実践の代表例であろう。われわれが注目すべきは、それまでの地域づくりの経験を基盤に、村民参加で進めた復興計画づくりであり、それを含む「持続可能で包容的な地域づくり教育（ESIC）」の諸実践である。除染作業がなお続いている状況（2015年3月現在）で、その具体化は困難をきわめているが、そうした中でもESICの新たな諸実践が追及されている。

被災後の多様なネットワーク活動を背景に、村民集会や地区集会など、地域課題討議のための「公論の場」（同①の実践）が生まれた。それらの実践の中から多彩な「地域づくり基礎集団」が生まれてきた。それらは多くの場合、実践共同体＝学習共同体（自己教育組織）である。飯舘村では世代間連帯組織「負けねど飯舘！！」が注目されたが、具体的な地域再生に向けては、大震災前から地域づくりに取り組んできた住民を中心にしたグループがある。

彼らは、賠償と除染だけの復興政策、とくに地域の現実と再生の方向を考えない自己目的的「除染」事業の進め方に疑問をもつ。中心人物のひとりNさんは、地域の存続が危ぶまれる現実の中で、いま・ここで、楽しみながら生きがいをもって生活できることを考える(17)。そう考えるほど、地域住民の「しあわせ

---

(16) ESICの視点からの位置付けについては、拙著『持続可能な発展の教育学』前出、第7章。
(17) それは持続不可能性下で「人間は何のために生きるのか」を問うことに重なる。加藤典洋『人類が永遠に続くのではないとしたら』新潮社、2014。

の源」であった「コミュニティ」が壊されたことが一番悔しい、と言う。だからこそ、離れ離れになってしまったO地区住民は毎月1回、原則として夫婦とともに、地区集会場で顔をあわせ、話し合いをする。そして、「どこにいても、みんなで一緒にやる」という合意のもと、地区の例祭の再開、切り倒された大木を利用した地区のシンボルづくり、地区の記録保存集づくりを進めようとしている。具体的な再生に向けては、地区住民みずからが地区の放射線量調査を行い、表土をはがされた田畑での景観作物そして蕎麦・雑穀の栽培から始め、生産と生活の復興につなげようとしている。②や③の実践への方向を示しているのである。

さらに、風土を背景に農的生活をする「山のこだわりや」の活動をしていたKさんは、自宅（避難指示解除準備地域）を拠点とする「ふくしま再生の会」（のちにNPO）を結成して全国的・世界的発信とネットワークづくりを進めつつある。それは、被災地の現実を見て体感して「正しく理解してもらわなければ、復興はありえない」と考えるからである。地域住民にとっては、「希望が見えず、上を向けない」状態であることが最大の問題である。それゆえ、「見えないものを見えるように」するために、放射線モニターも行政や専門家にまかせず、自分たち自身が参加して計測し、そこからできることを考え、行動することを重視する（「考えながら走る、走りながら考える！」）。その実践は研究者・専門家の協力も得て、地域住民が利用できるモニターの開発をはじめ、住民参加による線量マップ作成、データベース化をはかる合同会社設立、稲の実験栽培、点滴栽培実験、生きがい花卉栽培、健康・医療・ケア活動、小水力発電会社設立、留学生を含む学生などの研修受け入れ活動に広がっている（②と③の相互豊穣化）。

もちろん、現状では④の実践はこれからの課題である。しかし、前章で紹介した仮設・借り上げ住宅避難者による「までい着」や特産物栽培にはその方向が見られる。とくに後者から発展した「かーちゃんの力プロジェクト」（女性農業者の知恵と技術を活かして「食と農を通じた自立と再生」をめざすネットワーク）の展開は、きわめて厳しい条件の中での試行錯誤をとおした学びの連続としての「地域づくり協同実践」として注目される[18]。

以上のような実践が相互に発展していくような関係をつくること、それが飯舘村復興の鍵となってきている。

これまで見てきたような諸実践を「社会教育としてのESD」の視点から結びつけ、「未来に向けて総括」する「地域ESD計画づくり」は、今後の課題である。地域ESD計画づくりは、これまでの地域生涯学習計画づくりの実践的・理論的蓄積をふまえ、各集団・団体計画から学校計画・地区計画、そして自治体計画とその連携の全体を視野に入れて、地域住民が教育的自治の主体となっていく過程（参画＝自治権の具体化）に基本をおかなければならないであろう[19]。一般に教育計画は「教育実践の未来に向けた総括」であるが、その理論と実践の戦後における蓄積をふまえて[20]、現実的な「地域生涯教育計画づくり」が必要とされ、また実践的に可能となってきている。そこに「未来」＝将来社会に向けた学びのあり方が形になって表れることが求められているのが、まさに「3.11後社会」なのである。

第5節　「持続可能な社会」づくりに向けて

前節のはじめに「特別な困難をかかえている」福島県と言った。しかし、この表現は捉え方によっては問題を含んでいる。「特別な困難」をかかえていない県は別だとして、福島原発事故の問題を、福島県に「封じ込め」ようとする動向があるからである。

第4節で宮城県の例でふれたように、現在被災地がかかえている「3つの風」、すなわち風化・風評・風当たりは福島県だけのものではない。しかし、原発事故にともなう放射能汚染の問題は、福島県に「封じ込め」られる傾向がある。放射能汚染量調査が公式に行われているのは福島県だけである。それは農産物でも林業・林産物でも、そして人間の健康被害でも同様である。中でも「除染」

---

(18) その経緯については、堀米薫『あきらめないことにしたの』新日本出版社、2015、を参照。
(19) 拙著『増補改訂版　生涯学習の教育学』前出、終章。
(20) 拙著『現代教育計画論への道程─城戸構想から「新しい教育学」へ─』大月書店、2008、を参照されたい。

が遅れている森林は、さらに汚染物質の仮置き場とされたりして、放射能封じ込めの場にさせられているような傾向すらある。しかし、放射能汚染の問題は、農地と林地いずれにもかかわることであり、県境とは関係がない。実際に他県でも汚染、とくにホットスポットといった地域は存在するし、東日本大震災の被災地は東北をすら越え、被害は日本全体どころか国際的にも問題にされている。

　もともと、この大震災は複合的な「広域システム災害」(21)であり、その広域システムの中央と周辺を視野においた全体の問題として考える必要がある。原発の「安全神話」を生んだ「原子力ムラ」は、日本全体のシステムの問題であったはずである(22)。しかし、それらが問われることはなく、原発事故の「収束宣言」（野田佳彦元首相）がなされ、東京オリンピック誘致では原発事故後の放射能汚染は「完全にコントロールされている」（安倍首相）とされて、マスコミでも「風化」が進んでいる。廃炉にむけて40年はかかるという現実の下、なお汚染水漏れを始めとして前節で見たような諸問題が山積みで、被災地・被災者の復興への道筋は見えていないのである。にもかかわらず、今年（2015年度）は「集中的復興期間」の最後の年とされ、原発事故にかかわる賠償にも区切りをつけ、今後は被災自治体も必要な負担をしてもらうといった政策が進められている。

　大震災によって失われた貨幣所得が補償されれば（それ自体が不十分で遅れているのであるが）、それで復興がなされ、持続可能な状態になったとはとても言えない。失われたのは、前節でみた飯舘村の被災者が語っているように、貨幣所得だけでなく、環境的資源であり、コミュニティであり、人間としての生活そのものだったのである。それらを再生させるためにはさらに、第4節で紹介したKさんが代表となったNPOや第3節でみた「東日本大震災復旧・復興支援みやぎ県民センター」の活動が示しているように、都市・市街地住民と農林漁業者・農山漁村住民の交流・連帯が求められる。すでに取り組まれつつあるそうした実践に学びつつ、持続可能な生活を取り戻すためには、あらためて

---

(21) 山下祐介『東北発の震災論―周辺から広域システムを考える―』筑摩書房、2013。
(22) 開沼博『「フクシマ」論―原子力ムラはなぜ生まれたのか―』青土社、2011。

表3-1にまで振り返って考えてみる必要がある。

　持続可能性が失われたのは、自然・人間・社会の全体にわたる。放射能汚染は自然、そして人間と社会の「循環性」にも亀裂・破壊をもたらし、人間の「生命と生活の再生産」をも困難にしたのである。そうした中での「人間の復興」を果たすためには、第2章第1節でみたように、自然と社会の多様性をふまえた「個性の相互承認」の過程が不可欠である。それを前提にしてはじめて持続可能性への道が開かれるのである[23]。

　そうした視点にたった場合、自然と人間を媒介する第1次産業、すなわち農林漁業の再生が重要な意味をもつ。農林漁業は、今回の大震災でもっとも大きな被害を受けた産業であり、それが阪神淡路大震災（1995年）と対比される東日本大震災の大きな特徴である。したがって、被災地域の復興にはその再生が欠かせないが、それは生態系やコミュニティの再生にとっても重要である。大震災によって福島県の農林漁業が受けた被害とそこからの復興の努力については、現場での実態調査にもとづいた農業・林業・漁業経済学者あるいは地域経済学者による共同研究の成果がある[24]。ここでは、それらに学びつつ、本書の議論の展開に必要な点を確認しておきたい。

　第1に、「人間の復興」の立場にたって、その復興過程を「地域をつくる学び」の視点から捉え直すことである。そこでは、前節で紹介したNさんの言葉にあるように、コミュニティ再生の視点が不可欠である。そうした実践を含む「持続可能で包容的な地域づくり教育（ESIC）」の必要性については、これまでに述べてきたところである。

　第2に、農業、林業、漁業それぞれの領域での実践を大切にしつつ、それらを総合的・統一的に捉えることである。その際には「生態域（バイオリージョン）」再生の視点も必要となるであろう。具体的に着目すべきは、里地・里山・

---

[23] くわしくは、拙著『持続可能な発展の教育学』前出、とくに第Ⅱ編を参照されたい。
[24] 濱田武士・小山良太・早尻正宏『福島に農林漁業をとり戻す』みすず書房、2015、田代洋一・岡田知弘編『復興への息吹—人間の復興・農林漁業の再生—』農山漁村文化協会、2012、など。

里海のつながりであり、たとえば、前章第3節でふれた「ゆうきの里東和里山再生・災害復興計画」のように、里山を基盤として、森林と里地のつながり、里山文化を再生する実践を重視するということである。里海文化再生では、たとえば、気仙沼市の「前浜マリンセンター」（コミュニティセンター）の住民の力（資金と木材、労力提供）での再建活動、前浜の植生再生や「椿の森」再生・利用プロジェクトなどが、大規模防潮堤建設と高台移転の一本槍政策とは異なる方向を示すものとして注目される。

第3に、脱原発を具体的に進める自然エネルギー利用の視点である。復興過程では、地元木材を利用する省エネ住宅で、暖房に木質ペレットストーブを使用する「住田式仮設住宅」が注目された。序章第2節で紹介した紫波町や葛巻町の取り組みもある。「脱原発」を掲げる福島県は「新エネルギー開発」を推進し、メガソーラー施設、大規模木質バイオマス発電構想や浮体式洋上風力発電の開発構想もある。しかし、これらは必ずしも農業、林業や水産業、何よりも地域住民にとっての復興につながるとは言えない。脱原発のオルターナティブを地域住民主体でどのように創造していくのかという視点から考えていく必要がある。

第4に、復興・再生における協同組合活動の役割である。大震災からの復興の現実的過程において、農業協同組合、森林組合、漁業協同組合が、きわめて困難・複雑な条件の中にもかかわらず重要な役割を果たしてきたことについては、農林漁業再生にかかわるいずれの報告によっても明らかである。労働者協同組合（ワーカーズコープ）も被災者の仕事づくりと地域づくりにおいて積極的な活動を展開しているし、生活協同組合の支援活動や協同組合間連携活動も復興に重要な役割を果たしている。もちろん、生命と健康にかかわる医療生協は、被災者支援と組合員主体の健康活動において大きな意味のある活動を展開

---

(25) 福島県の場合については、西村一郎『協同の力でいのち輝け―医療生協・復興支援◎地域まるごと健康づくり―』合同出版、2015、を参照。県内5つの医療生協の活動を紹介しているが、医療・看護などの専門性を生かしつつ、組合員主体の茶話会・学習会・健康づくり教室、放射線量調査・マップづくり、地域集会・講演会・フォーラムそして「市民科学者養成講座」（郡山医療生活協同組合）など、社会教育実践そのものを展開していることが注目される。

してきた[25]。それらの実際をみてみると、「協同組合」活動を支えている社会的協同活動、あるいは「社会的関係資本」形成活動に着目する必要があるし、NPOが進める協同活動との連携も視野に入れる必要があろう。これらを、**表2-1**で示した「社会的協同」実践の展開という視点から捉え直してみなければならない。

最後に、被災地・被災住民のエンパワーメントにかかわる復興計画づくりへの当事者の参画であるが、その重要性についてはこれまで述べてきたので繰り返す必要はなかろう。

以上のことは、団体自治と住民自治から成る地方自治、さらには復興政策のあり方にもつながるので、地方自治体論や国家論の視点からの検討も必要となる。本書ではそれらに立ち入ることはできないが、終章でふれよう。それらを含めて、東日本大震災の被災地とくに農山漁村復興をめざした取り組みに学ぶことは、「地方消滅」が叫ばれる中で「地方創生」や「一億総活躍」政策が推進されている今日、日本のどの地域においても問われていることである。第Ⅱ編、第Ⅲ編では、「周辺地域」とされている北海道で展開している実践も紹介しながら、北海道に居住していて考えてきたことを述べてみることにしよう。

第 II 編

持続可能で包容的な社会への地域社会教育実践

はじめに―第Ⅱ編の課題―

　本編では、地域社会教育実践の現在を考え、その発展をめざす取り組みの中から「将来社会への学び」の方向を考えてみたい。具体的な題材として、2014年11月22日に開催された「北海道社会教育フォーラム2014」（同実行委員会主催、以下、「フォーラム」と略）における報告と討論を取り上げる。

　「フォーラム」で報告された実践は、全体会（鼎談）での3つ、3つの分科会での8つ、いずれも北海道における現場の実践者による報告であった。筆者は「フォーラム」の実行委員長であったが、全体会と分科会から構成される「フォーラム」のうち、筆者が当日に参加したのは全体会と第3分科会「暮らし続けられる地域」づくりである。本編では、「暮らし続けられる」＝持続可能な地域社会に向けて今日の重要な実践課題である「自然エネルギー社会づくり」に焦点をあわせながら、これに貧困・社会的排除問題への取り組みをからませつつ、「持続可能で包容的な社会づくり」への地域社会教育実践の役割を考えていきたい。

　まず第4章では、「フォーラム」の背景となる「ポスト・グローバリゼーション時代」という時代状況をふまえ、自然エネルギー社会づくりへの実践的課題を「社会教育としての生涯学習」の視点から考える。そのために、まず持続可能な社会に向けての国際的な取り組みとなっている「持続可能な発展のための教育（ESD）」の視点を加えて課題の再検討をする。次いで、より具体的に環境教育の側からESDの全体を示しつつ、当面する課題となっている「持続可能で包容的な地域づくり教育（ESIC）」の位置付けをする。さらに、現代生涯

学習の基本領域をふまえつつ、自然エネルギー社会づくりへの実践的課題を提起する。そして具体的事例として環境文化都市・飯田市を取り上げ、自然エネルギー社会への実践的なかかわり方を考える。

　第5章では、「フォーラム」がめざしたものを示す。それがリーマンショックの年（2008年）に開催された社会教育研究全国集会・北海道札幌集会とその後の北海道における社会教育の展開をふまえて立ち上げられたものであるがゆえに、そうした経過にもふれることになる。また、現場での動向から社会教育がおかれている状況と発展課題を考えるために、「フォーラム」全体会において提起されたことについても紹介する。次いで、分科会において報告・討論された実践を題材にして、「持続可能で包容的な地域づくり」の方向を探る。テーマからして焦点は第3分科会「暮らし続けられる地域」づくりにおくが、その前に、第1分科会「育ち合う仕組みをつくる」および第2分科会「つながる力を高めるには」の様子を紹介し、本書にとって必要な論点を整理しておく。

　これらをふまえて第6章では、自然エネルギーを利用した地域づくりの北海道における典型例として下川町の「森林未来都市」づくりを取り上げ、その実践の展開構造を示した上で、第3分科会の報告と討議の意味を考察する。最後に、自然エネルギー社会＝持続可能な社会づくりにおける「不定型教育としての社会教育」の意義と役割についてふれる。

第4章

ESDと自然エネルギー社会

第1節　「社会教育としての生涯学習」アプローチ

　地域の発展方向を考えようとする場合、もちろん、地域の自然・歴史・風土・文化的条件や社会・経済・政治的条件の分析・検討は不可欠なことである。しかし、今日において新たな社会づくりに取り組もうとする場合、それら諸条件の分析・検討をふまえて、政策担当者や研究者が方向性を打ち出すといった旧来型のスタイルには、いまや大きな限界がある。地域の当事者である地域住民と自治体職員・地域関連労働者の主体的な学び、つまり自己教育活動をとおした「発展方向の創出」が必要となる。

　とくに東日本大震災の後の「3.11後社会」では、戦後体制はもとより近代以降の制度や文化、その思考様式・行動様式の変革が求められている。持続可能性の危機の中で「人間らしく生きるための条件」を求めて「コペルニクス的転換」が必要だとされ[1]、現在を人類史第3の「定常型社会化」の時代にあると考えて「ポスト資本主義」を提起するものもある[2]。もちろん、具体的には各地域における「内発的発展」の必要性を共通理解とした上で、地域ごとに独自のあり方の「創出」が求められる。ここに、自然科学や他の社会科学とは異なる「実践の学」＝人間の自己関係として「広義の教育学」、とりわけ地域

（1）長谷部俊治・舩橋晴俊編『持続可能性の危機―地震・津波・原発事故に向き合って―』御茶の水書房、2012、第1章。牧野英二『「持続可能性の哲学」への道―ポストコロニアル理性批判と生の地平―』法政大学出版局、2013。
（2）広井良典『ポスト資本主義―科学・人間・社会の未来―』岩波書店、2015、その評価については本書補論B。

住民の主体的な学び＝自己教育活動とその推進にかかわる社会教育実践と社会教育学の展開が求められる理由がある。

　筆者らはこれまで「地域をつくる学び」の全国的調査研究を重ね、日英韓の比較研究もしてきたが[3]、最近になって「地域学習」という枠組みで関連する学びを総合的に捉えようとしたり、「社会教育福祉」という視点からの国際比較によって社会教育と地域福祉を統一しようとしたりする試みも見られる[4]。日本社会教育学会はその60周年記念事業として「3.11後社会教育」の課題に取り組み、新しい時代への「希望」を見出そうとしている[5]。これらと第Ⅰ編で見てきたことをふまえて、社会教育実践と社会教育学を革新する方向をもあわせて検討する必要がある。それが「北海道社会教育フォーラム2014」で報告された諸実践を取り上げて検討する理由である。

　ところで「フォーラム」の諸報告の中で、第3分科会における3つの報告のひとつ、NPO「北海道新エネルギー普及促進協会（NEPA）」（報告者：山形定）からの報告は若干異質な側面をもっている。同NPOが、現在は事務局を北海道大学工学部にもち、代表の山形氏は北海道大学教員＝研究者でもあるからであり、その報告の前半はNEPAの活動というよりも、現局面における再生可能＝自然エネルギー普及の重要性を、地球科学的・工学的視点から説明した上で、「再生可能エネルギー買取制度（FIT）」、市民発電所などの東日本大震災以後の動きをふまえて、市民の学習の重要性を強調するものであったからである。

　NEPAは、2001年、環境保全・新エネルギー開発に具体的に取り組むと同時に「社会教育」事業を展開することを目的として設立されている。会員は研究者・教育者・大学院生とともに、自然エネルギー開発に取り組んでいる、ないしは関心のある中小企業経営者・技術者、あるいは関連団体職員である。行政

（3）『叢書　地域をつくる学び』第Ⅰ～ⅩⅥ巻（Ⅶ、Ⅷ巻未刊）、2000～2012、拙編『排除型社会と生涯学習—日英韓の基礎構造分析—』北海道大学出版会、2011、など。
（4）佐藤一子編『地域学習の創造—地域再生への学びを拓く—』東京大学出版会、2015、松田武雄『社会教育福祉の諸相と課題—欧米とアジアの比較研究—』大学教育出版、2015。
（5）日本社会教育学会60周年事業記念出版部会編『希望への社会教育—3.11後社会のために—』東洋館出版社、2013。

主体あるいは道外大企業主導の「新エネルギー」事業展開に対して、地域に根ざした再生エネルギーの研究開発・社会教育事業をしているところに特徴がある。2012年度から、メインの事業として「自然エネルギー実践講座」を展開してきた。テーマはバイオマスと太陽光発電、木質ペレットとストーブの開発・普及などであり、植物油燃料やドイツの開発事情の学習などにも及び、最近では太陽光発電所の建設などにも取り組んで、より地域での実践にかかわる活動を展開している(6)。

　このように、自然エネルギー普及はNEPAの本来的な活動のひとつであり、山形氏の報告はとくに上記「自然エネルギー実践講座」の経験をふまえてのものであった。社会教育学以外の分野が専門である研究者からの報告は、科学の成果を学ぶという意味で重要な意味をもっているし、その内容はまさに持続可能な社会に不可欠な「自然エネルギー社会」への課題を示したものである。そこで本章では、自然エネルギー社会づくりへの課題を「社会教育としての生涯学習」の視点から立ち入って検討しておこう。

　自然エネルギー普及には解決すべき技術的課題も多いが、先進のドイツやデンマークなど欧州諸国に対比してみるならば、日本において何よりも必要なことは政策的転換であり、対応した経済的・社会的な制度の抜本的改革である(7)。その理解の上で、「社会教育としての生涯学習」アプローチの重要性を提起するのは、次のような理由による。

　東日本大震災＝福島原発事故後の2012年6月、日本でもようやく再生可能エ

---

(6) 拙著『持続可能な発展の教育学―ともに世界をつくる学び―』東洋館出版社、2013、第Ⅰ章第4節でも紹介しているが、2013年度の「実践講座」についてくわしくは、NPO北海道新エネルギー普及促進協会『自然エネルギー社会を北海道から！―「自然エネルギー実践講座2013」の成果と課題』同協会、2014。
(7) たとえば、大島堅一『再生可能エネルギーの政治経済学―エネルギー政策のグリーン改革に向けて―』東洋経済新報社、2010、長谷川公一『脱原子力社会の選択―新エネルギー革命の時代―』新曜社、増補版2011、脇坂紀行『欧州のエネルギーシフト』岩波書店、2012、代表例としてのドイツについては、和田武『飛躍するドイツの再生可能エネルギー―地球温暖化防止と持続可能社会構築を目指して―』世界思想社、2008、千葉恒久『再生可能エネルギーが社会を変える―市民が起こしたドイツのエネルギー革命―』現代人文社、2013、など。

ネルギーの「固定価格買取制度（FIT）」が発足した。その後、再生可能エネルギーは堰を切ったように増大し、脱原発を宣言した福島県でも多様な取り組みがなされている。この間、川内原発を再稼働させた九州電力をはじめ、再生可能エネルギーの受け入れ拒否などの動きもあった。2015年3月現在、FITで運転を始めた再生可能エネルギーの設備容量の9割は太陽光が占め、認定容量を3割も上回るという「歪み」も見られる。相対的に買取価格が高く、資本の参入障壁が低い太陽光発電に、大資本によるメガソーラー開発、それ以上に認定容量の買い占めが進んだことが大きな理由である。あらためて、風力・バイオマス・地熱・小水力などの再生可能エネルギー、FITによらないもの、そして電力以外のエネルギーを含めて、地域に根ざした多様な自然エネルギー利用による内発的発展の方向が考えられなければならない。

　自然エネルギーはほんらい小規模・分散的かつ多様であり、その普及には地域に根ざしたネットワーク的活動を必要とする[8]。地域への定着のためには、自治体や地域住民そして地域企業の参加が不可欠である。したがって自然エネルギー社会は、民主的で自治的な「参画型社会」の形成と並行して進展するものであり、それぞれの地域づくりの実践の中で具体化されなければならない。そうした実践においては地域住民と自治体職員・地域関係労働者の学習活動が不可欠であり、そこに社会教育や生涯学習が必要とされる基本的理由がある。それはとくに東日本大震災で大きな被害を受けた被災地で、自然ネネルギー開発が被災住民の復興過程に意味のあるものとするためにも重要な視点である。

　たとえば、福島県南相馬市の場合である。福島県と呼応しながら市長は「脱原発」を宣言し、メガソーラーの設置や関連研究施設の導入、植物工場の建設などを進めている。しかし、発災時の市民課長としての応急対応を経て、その「新エネルギー開発」事業を担当してきたSさんは、それらの事業が必ずしも地域に根ざしたものではなく、復興＝地域再生につながるものではないということを痛感した。そして、「これからもっとも必要なものは、市民が自律的・自治的に生きていくための生涯学習だ」と考え、みずから立候補して図書館長

---

(8) 中村太和『環境・自然エネルギー革命——食料・エネルギー・水の地域自給——』日本経済評論社、2010。

となり、東日本大震災・原発関連のコーナーを設け、被災資料収集・記録づくりなどの社会教育活動を展開している。

　Sさんの言う「生涯学習」とは、戦後日本の社会教育の本質とされてきた「国民の自己教育・相互教育」の展開＝自己教育活動であり、国際的には「自己決定学習」、すなわち、何のために何をどのように学ぶかを学習者自身が参画・判断して進める学習に相当する。求められているのは、こうした意味での「社会教育としての生涯学習」なのである[9]。「自然エネルギー革命」からさらに、自然エネルギーを「社会化」し、使いこなす社会が提起されてきている今日[10]、上記のような現実をふまえて、地域に根ざした自然エネルギー利用社会づくりにおける「社会教育としての生涯学習」の役割を考えてみたい。

第 2 節　自然エネルギー社会づくりとESD

　脱原発の自然エネルギー社会づくりは、グローカル（グローバルにしてローカル）な課題である。1980年代後半のチェルノブイリ原発事故と東欧社会主義体制の崩壊ののち、経済的グローバリゼーションによって深刻化した地球的環境問題に取り組む「持続可能な発展（Sustainable Development, SD）」が国際的合意となってきた。とくに1992年の「地球（リオ）サミット」（環境と開発に関する世界会議）以来、そのための教育・普及活動が重視され、ヨハネスブルク・サミット（「リオ＋10」）では関連する用語も「持続可能な発展（開発）のための教育（Education for SD, ESD）」に統一され、2005年から「国連・持続可能な発展のための教育の10年（Decade for ESD, DESD）」も始まった[11]。

　東日本大震災直後の「リオ＋20」（2012年）ではとくに「グリーンエコノミー」の重要性が強調されたが、その中心的課題のひとつが自然エネルギー開発であ

---

(9)「社会教育としての生涯学習」についてくわしくは、拙著『増補改訂　生涯学習の教育学—学習ネットワークから地域生涯教育計画化へ—』北樹出版、2014。
(10) 丸山康司『再生可能エネルギーの社会化—社会的受容性からの問い直し—』有斐閣、2014、小澤祥司『エネルギーを選びなおす』岩波書店、2013、など。
(11) ESDやDESD、かかわる環境教育や地域づくり教育について詳しくは、拙著『持続可能な発展の教育学』前出。

る。そして2014年、DESDの総括会議が開催され、その後継としての「グローバル・アクション・プログラム（GAP）」が公式に採択された。序章でもふれたように、5カ年計画としてのGAPの原則は、(a) SDに関する知識・技能・態度の万人の獲得、(b) 批判的思考、複雑なシステム理解、未来を想像する力、参加・協働型意思決定等の向上、(c) 権利にもとづく教育アプローチ、(d) 教育・学習の中核としての変革的教育、(e) 環境・経済・社会そして文化などの包括的で「全体的なholistic方法」、(f) フォーマル、ノンフォーマル、インフォーマルな教育、幼児から高齢者までの生涯学習、(g) 名称にかかわらず、上記原則に相当するものすべてを含む、という7つである。

　かくして自然エネルギー社会の実現を含む持続可能な発展とそのためのESD（フォーマル、ノンフォーマル、インフォーマルな学習＝生涯学習の推進、GAP原則(f)）が、グローカルな基本課題となり、とくに3.11後の最重要課題の一つになってきているのである。自然エネルギー社会への「社会教育としての生涯学習」については、こうした国際的動向をふまえておかなければならない。

　SDとESDには、自然─人間─社会の全体的なあり方を問う「全体的（ホリスティック）アプローチ」（GAP原則(e)）が必要とされている。そのことをふまえてSDとESDの位置付けをしようとするならば、第3章で示した**表3-1**を振り返ってみる必要がある。自然エネルギー社会は、この表にある「循環型社会」の一環として考えることができる。こうした関係の理解は、とくに上記GAPの原則(b)などを考える際に重要となってくる。

　自然エネルギー社会は「低炭素社会」であり、そのためにも「循環型社会」でなければならないが、その際に前提にされているのは物理学的・化学的・地球科学的知見である。さらに、循環性を向上させるためには「多様性」が保全される環境が必要である。その際には、生物学的・進化論的・生態学的知見が必要となる。自然エネルギーについても、それ自体の多様性と同時に、多様な地域生態系の中に位置付けて理解される必要がある。それらを反映した社会のあり方としては、歴史的・文化的多様性や（とくに社会的に排除されがちな）個人と集団の多様性を尊重した「共生型社会」が提起される。

これらをふまえてはじめて「持続可能性」が実現できるのであるが、SDの必要性を国際的に確認した国連「ブルントラント委員会報告」(1987年)は、SDは「世代間および世代内の公正」を実現するものだとした。それはまさに今日求められている「持続可能で包容的な社会」づくりを内容とするものであろう。そこではとくに、人間学・社会科学・文化諸学の知見が必要となってくる。

このような全体的な関連を見失うと、自然エネルギー社会への取り組みも一面的になる。たとえば、外来的資本によるメガソーラー施設が景観や生態系を破壊したり、大規模木質バイオマス工場が森林資源の乱開発をもたらしたりして、地域社会経済の持続的発展や地域住民の生活向上にはつながらず、かえって地域を衰退させるといったケースである。自然エネルギー社会は、共生型社会や持続可能な発展(SD)の視点、さらに自然と人間の全体にどのような影響を及ぼすかにも留意して考えられなければならない。

一般に、「自然エネルギー」であっても、その導入による生態系や景観、健康や生活に対する影響は無視できない。実際に、これまでにいくつかの「トラブル」が生まれている。とくに話題になったのは、風力発電による環境破壊や健康障害である[12]。NEPAの山形氏は報告で、市民出資の風力発電計画に対して、騒音や低周波の問題から地元住民が反対している石狩市のケースを紹介し、そこから「事業者や学者のごまかしを見抜くこと」ができるようになるための学習活動が展開してきていることに注目している。

地域密着型であればあるほど新エネルギー導入の影響は大きく、合意形成のための熟議や利害関係調整も必要となる。しかも、自然相手であるがゆえに、導入時だけでなく導入後についても不確定なことが多い。それゆえ、変化に対応した順応的管理や地域住民参加による了解や納得を持続的に担保していく必要があるのである。山形氏は自然保護団体「野鳥の会」が実態調査にもとづいて、野鳥保護区域と風力発電区域をゾーニングしながら、自然を守ることと風力発電所を共存させていこうとしていることにひとつの可能性を見出していた

---

(12) その実態と課題については、佐藤護「風力発電事業に関する環境保全上の諸問題」『開発論集』第95号、北海学園大学開発研究所、2015。

が、そうした努力を地域でのより広いステークホルダーによる合意にしていくことが求められていると言える。ここにも当事者・関係者の民主的・自治的で参画型の地域づくりへの学習活動が求められる理由がある。

第3節　自然エネルギー社会への「地域をつくる学び」

さて、「実際生活に即する文化的教養」（社会教育法第3条）を形成する主体的な学習＝自己教育活動を推進することが社会教育実践の基本課題である。自然エネルギーにかかわる学習は社会教育の新しいテーマであるが、これまでの教育の領域区分ではまず「環境教育」の領域に入る。社会教育の視点からみた環境教育はおおきく、次の4つに区分できる。

1）「自然教育」の領域であり、①五感で自然をとらえる自然観察や自然体験学習。身の回りの自然エネルギーへの気づき、自然エネルギーによる発熱・発電の体験などが含まれる。②自然科学や社会科学の知見、最近ではサステナビリティ学の成果など科学の成果の学習、科学的視点・態度を学ぶ学習。人類のエネルギー利用の歴史から学ぶことも重要。「環境問題講座」や「エネルギー問題講座」などによって、自然エネルギーとは何か、その今日的意義と課題などを学ぶことがこれに入る。

2）「生活環境教育」の領域であり、①学習者の経験の振り返り、日常生活の反省的見直し、②自分史・生活史の中での捉え返し、③話し合い学習や学習ネットワーキングによる自己・他者理解学習。これらを通して、現在のエネルギー利用による日常的な生活や行動の反省、なぜそうなっているのか、これから取り組むべきことは何かを考えること、リデュース・リユース・リサイクルの活動をしながらの生活見直しなどの学習が含まれる。

3）「環境創造教育」の領域であり、①人間（地域住民）と自然環境の相互関係、風土や里地・里山・里海などのコモンズ（共通資産）、あるいはバイオリージョン（生態域）の観察・調査学習、第1次産業の役割とあり方の学習、②環境保全の行動（NPO活動など）をとおして学ぶ地域

行動学習、③持続可能な地域づくりに取り組むことによって学ぶ協同学習、などが含まれる。地域での自然エネルギー開発にかかわる学びの多くはこの領域に含まれる。
4）「環境教育主体形成」の領域であり、以上の学習の意味と意義を考え、地域環境教育計画やESD計画づくりをとおして自己教育主体となっていくこと、さらには他者の環境学習を組織化していく実践者になること。たとえば、自然エネルギー社会実現のために必要な学びを主体的に推進していくことがこれに含まれる。

以上のような学習を相互に関連する全体的（ホリスティック）なものとして考え、それぞれの実践を相互豊穣的・循環的に発展していくように推進するのが「社会教育としての生涯学習」の立場である。

その理解の上で、いま焦点となっているのは、地域づくりにかかわる3）および4）の領域（「地域をつくる学び」を推進する「地域づくり教育」）だということができる。

グローバリゼーション時代にもたらされた諸問題（とくに「双子の基本問題」）に取り組み、「持続可能で包容的な社会づくり」をめざす生涯学習は、第3章でもふれたように、次の5つの視点を必要としている。すなわち、(1) 生涯学習は「人権中の人権」であるという現代的人権の視点、(2) 大人の学びと子供の学びをつなぐ世代間連帯の視点、(3) 学習は「社会的実践」であるという社会参画の視点、(4) 私と地域と世界をつなぐというグローカルな視点、(5) 地域生涯教育公共圏を創造する住民的公共性の視点、である。

前述のGAPの原則（c）は「権利にもとづく教育」を提起しているが、これまでの自由権と社会権をふまえつつも、「第3世代の人権」としての「連帯権」にはじまる「現代的人権」を拡充させていくような社会的協同活動とそれらに伴う学習活動を発展させていくことが重要な課題となっている。その「市民形成」における学習諸領域の展開を、生涯学習政策が進める「公民形成」の諸領域に照応させて示すならば、第2章で示した表2-1のようになるであろう。

たとえば第5回市民共同発電所全国フォーラム・アピール（大阪経済大学、

2007）では、「市民発電所」の取り組みは次の３つの権利を実現するものであることを宣言している[13]。(1) 消費者として、エネルギーを選択する権利、(2) 生産者として、自らエネルギーを生産する権利、(3) 国の主権者として、政策づくりに参画する権利、である。これらを表2-1と結びつけるためには、(2) の「生産者」は「労働者」と「社会参画者」を統一したものとして理解すること、(3) の「主権者」は表の「主権者」だけでなく、地域における自治・政治学習にかかわる「社会形成者」として具体化することなどが必要である。これらを含め、上記宣言の３つの権利を表2-1の５つの実践＝学習領域の展開の中に位置付けて、全体としてより総合的に発展させていこうとするのが「社会教育としての生涯学習」である。

そうした理解の上で、「地域をつくる学び」を援助・組織化する「地域づくり教育」がめざすのは、地域レベルでの「社会形成者」および「地球市民」としての学びを統一的に編成することである。それは、「都市への権利」[14]を含む地域主権者形成への学びだとも言える。自然エネルギー社会づくりを念頭においた基本的な実践領域は、以下の６つである。

① 「公論の場」づくりと「地域づくり基礎集団」形成：地域エネルギー問題学習のネットワークから地域フォーラム（地域集会）、「自然エネルギー推進協議会」設立へ。

② 地域調査・地域研究：地域環境・資源・エネルギー調査、とくに里地・里山・里海など流域バイオリージョン実態調査、かかわる住民意識・実態調査。

③ 地域・社会行動：生産・流通・消費・廃棄の全領域での自然エネルギーづくり、NPO、市民エネルギー会社、エネルギー協同組合などの創設・運営。

④ 地域づくり協同：諸団体・組織パートナーシップでの地域づくり、とくに

---

(13) 市民共同発電所活動の実際については、和田武ほか編『市民・地域発電所のつくり方―みんなが主役の自然エネルギー普及―』かもがわ出版、2014、古屋将太『コミュニティ発電所―原発なくてもいいかもよ？―』ポプラ社、2013、など。

(14) D. ハーヴェイ『反乱する都市―資本のアーバナイゼーションと都市の再創造―』森田成也ほか訳、作品社、2013（原著2012）。

自然エネルギーにかかわるコモンズ（共有資産）形成とそれを基盤とする協同活動。
⑤地域社会発展計画づくり：自治体エネルギー政策・計画づくり、条例、協議会、地域金融政策、地区計画づくりなどを通した地域エネルギー管理主体への学び。
⑥地域生涯学習計画づくり：以上にかかわる地域環境・エネルギー学習活動の「未来に向けた総括」＝計画化。

第4節　環境文化都市・飯田市の場合

　以上のような「地域をつくる学び」を推進する「地域づくり教育」は、地域に根ざした自然エネルギー社会を創造するために不可欠である。自然エネルギー利用の地域づくりが注目されている「環境モデル都市」（内閣府）の代表例として、長野県飯田市を取り上げて「社会教育としての生涯学習」の役割を考えてみよう。
　飯田市は、市民出資型ファンドによる太陽光発電を、全国ではじめて地域ぐるみで展開した都市として知られている。2009年に「環境モデル都市」となったが、それ以前から独自に「環境文化都市」をめざしており、たとえば「21世紀いいだ環境プラン」（1996年）を策定し、「飯田市新エネルギー・省エネルギービジョン」（2004年）、「環境文化都市宣言」（2007年）などを打ち出している。「定住自立圏」をめざすその都市像は、「美しい自然環境と多様で豊かな文化を活かしながら、市民・事業者・行政など多様な主体の積極的な参加と行動によって築く、人も自然も輝く個性ある飯田市」である。
　ここで指摘しておくべきは、ひとつに、これらが公民館を核とする社会教育活動に支えられてきたことである[15]。とくに「飯田方式」の社会教育活動を基本として、日本における現代地域づくり教育のモデルともいうべき「市民セミナー」（1974年からの各地区地域課題学習と地域づくり実践）にはじまり、「むとす学習文化交流都市」構想（1990年）による（「…せむとす」＝行動を促す）生涯学習活動、そして公民館活動を位置付けた地域自治区（2007年施行の自治

基本条例による）による「まちづくり委員会」実践への展開が注目される[16]。これらが地域に根ざした環境文化都市づくりを実質化しているのである。後述の「おひさま進歩エネルギー」事業で著名な原亮弘氏も、活動のきっかけが公民館での環境学習であり、公民館活動をとおしたネットワークがその後の取り組みに重要な役割を果たしていると評価している[17]。公民館主事経験者で、社会教育的に行政を進める自治体職員が多いことも忘れてはならない。自然エネルギー普及にあたっては、エコ施設「風の学舎」を拠点にしたNPO「いいだ自然エネルギーネット山法師」などの社会教育的活動も重要な役割を果たしている。

　もうひとつ、こうした中で、エネルギーの地産地消による循環型社会をめざす「地域づくり教育」（ESIC）の実践があったということである。前節末尾で示した6つの実践領域に即してみれば、「飯田市新エネルギー・省エネルギービジョン」づくり（2004年）などは⑤の活動に相当する。

　具体的な取り組みとしては、まず①「おひさまシンポジウム」（2001年）があり、②「地域ぐるみ環境ISO研究会」（1997年）をはじめとする民間及び行

---

(15) 基盤となる社会教育・生涯学習については、姉崎洋一・鈴木敏正編『公民館実践と「地域をつくる学び」』北樹出版、2002、環境都市の展開については、斎藤文彦・白石克孝・新川達郎編『持続可能な地域実践と協同型ガバナンス』日本評論社、2011、第4章（白石克孝稿）、とくに太陽光発電プロジェクトについては、高橋真樹『自然エネルギー革命をはじめよう―地域でつくるみんなの電力―』大月書店、2012、第1章、浅妻裕「飯田市における地域主導・市民協働型再生可能エネルギー事業の展開」（現地調査報告）」『開発論集』北海学園大学開発研究所、2015、および注17など。

(16) 公民館運営の4原則（地域中心、地区館並立、住民参加、教育機関としての自立）を基本とする「飯田方式」、そこで展開された「地域をつくる学び」を促進する地域創造教育についてくわしくは、拙著『「地域をつくる学び」への道―転換期に聴くポリフォニー―』北樹出版、2000、とくに第5章。その後の動向とくに公民館分館活動について、東京大学大学院教育学研究科社会教育学・生涯学習論研究室飯田市社会教育調査チーム『自治を支えるダイナミズムと公民館』同研究室、2012。

(17) 諸富徹『「エネルギー自治」で地域再生！―飯田モデルに学ぶ―』岩波ブックレット、2015、4のインタビュー参照。

政各課の調査研究活動があった。その上で、③NPO「南信州おひさま進歩」による市民寄付型発電所、廃油利用のBDF（バイオディーゼル燃料）実験、株式会社「飯田まちづくりカンパニー」（TMO＝第３セクターによるエコハウス）をはじめとする多様な市民活動組織創設とそれらによる協同事業活動、そして、④有限会社「おひさま進歩エネルギー」による市民出資（「おひさまファンド」、創エネ・省エネ・カーボンオフセットの３事業）、その発展としての株式会社「おひさまエネルギーファンド」などによる「まほろばまちづくり事業」（2004年）がある。地域づくり協同としての同事業は、公共施設への市民出資型太陽光パネル設置にはじまり、出資の全国的広がりと地域金融機関からの融資を得て、市全域へのソーラーパネル設置のほか、小水力発電、中部電力との共同によるメガソーラー運営などへと展開している。

　自然エネルギー社会づくりをめざす環境文化都市・飯田市の活動の最近における到達点は、ひとつに、「再生可能なエネルギーの導入による持続可能な地域づくりに関する条例」（2013年）に示されている。この条例（**表4-1**）では、「飯田市民が主体となって飯田市の区域に存する自然資源を環境共生的な方法により再生可能エネルギーとして利用し、持続可能な地域づくりを進めることを飯田市民の権利」（第１条）としている。それを具体化するのが「地域環境権」とその「地域団体」による行使である（第３条および第４条）。それは、前節でふれた「地域主権者形成」を再生可能＝自然エネルギー社会づくりに即して具体化したものであると言える。この条例とそれに照応する市内各地区での地域づくり実践は、持続可能な地域づくりをめざす市町村にとって、大きな参照例となるであろう。

　もうひとつは、「地育力向上連携システム推進計画」（2007～16年度）の展開である。持続可能な地域づくりを進めるための「地育力」は「地域の資源×地域の人材」とされ、この計画では、小・中学生および高校生を対象にして、長期的な「人材のサイクル」（Ｕターンや市外からの支援をする者を含む）を構築することを目的としている。現在、前半期の取り組みの総括をふまえて後半期に入っているが、重点ポイントは、飯田を知る「ふるさと学習」、生きる力を育む「体験」、主体的に人生を切り開く力を養う「キャリア教育」、地域学＝

表4-1 飯田市の「地域環境権」条例

飯田市再生可能エネルギーの導入による持続可能な地域づくりに関する条例
平成25年3月25日

（目的）
第1条　この条例は、飯田市自治基本条例（平成18年飯田市条例第40号）の理念の下に様々な者が協働して、飯田市民が主体となって飯田市の区域に存する自然資源を環境共生的な方法により再生可能エネルギーとして利用し、持続可能な地域づくりを進めることを飯田市民の権利とすること及びこの権利を保障するために必要となる市の政策を定めることにより、飯田市におけるエネルギーの自立性及び持続可能性の向上並びに地域でのエネルギー利用に伴って排出される温室効果ガスの削減を促進し、もって、持続可能な地域づくりに資することを目的とする。

（用語の意義）
第2条　この条例において用いる用語の意義は、次に定めるところによる。
(1)　協働　飯田市自治基本条例第3条第8号に規定するものをいう。
(2)　飯田市民　飯田市の区域に住所を有する個人をいう。
(3)　再生可能エネルギー　次のアからカまでに掲げるものをいう。
ア　太陽光を利用して得られる電気
イ　太陽光を利用して得られる熱
ウ　風力を利用して得られる電気
エ　河川の流水を利用して得られる電気
オ　バイオマス（新エネルギー利用等の促進に関する特別措置法施行令（平成9年政令第208号）第1条第1号に規定するバイオマスをいう。）を利用して得られる燃料、熱又は電気
カ　前アからオまでに掲げるもののほか、市長が特に認めたもの
(4)　再生可能エネルギー資源　再生可能エネルギーを得るために用いる自然資源であって、飯田市の区域に存するものをいう。

（地域環境権）
第3条　飯田市民は、自然環境及び地域住民の暮らしと調和する方法により、再生可能エネルギー資源を再生可能エネルギーとして利用し、当該利用による調和的な生活環境の下に生存する権利（以下「地域環境権」という。）を有する。

（地域環境権の行使）
第4条　地域環境権は、次に掲げる条件を備えることにより行使することができる。
(1)　自然環境及び他の飯田市民が有する地域環境権と調和し、これらを次世代へと受け継ぐことが可能な方法により行使されること。
(2)　公共の利益の増進に資するように行使されること。
(3)　再生可能エネルギー資源が存する地域における次のア又はイのいずれかの団体（以下「地域団体」という。）による意思決定を通じて行使されること。
ア　地縁による団体（地方自治法（昭和22年法律第67号）第260条の2第1項に規定するものをいう。）
イ　前アのほか、再生可能エネルギー資源が存する地域に居住する飯田市民が構成する団体で、次に掲げる要件を満たすもの

（以下、省略）

「伊那谷学」の担い手形成をする「研究機関ネットワーク」の4つである。ここで指摘しておくべきことは、このシステムでは飯田市の社会教育・公民館実践の蓄積が重要な位置付けをもって生かされているということである。社会教育・生涯学習の学習成果を生かし促進する「伊那谷学」はもとより、「ふるさと学習」では地区公民館が媒介となり放課後教室や各種教室・講座を進め、「研究機関ネットワーク」に支えられた社会教育諸機関が授業企画支援・講師派遣・教材作成をすることなどが推進されている。

　以上のように、「社会教育としての生涯学習」を大切にし、再生エネルギーに関しても地域住民が地域主権者＝「地域統治主体」[18]となっていくことまで視野に入れている飯田市の取り組みは、自然エネルギー社会への学びの基本モデルとなるであろう。

　もちろん、その学びのあり方については、具体的な内容と方法、学びをとおして形成される力量などのさらなる事例的分析をとおした検討が必要である。たとえば金宝藍は、韓国の「エネルギー自立マウル」運動の具体的事例分析をとおして、持続可能性をつくる4つの力量（つくる、つなぐ、不便さを甘受する、反応力と敏感力）と3つの原理（統合、循環、拡張）を提起しているが[19]、こうした実践分析を積み重ねていくことが現局面では重要な研究課題になっている。

---

(18) そこでは、「地域社会を全体的・総合的に認識し統治する能力」＝地域統治能力が問われる（山田定市『地域農業と農民教育』日本経済評論社、1980、p.134）。その「主体形成の社会教育学」における位置づけについては、拙著『学校型教育を超えて―エンパワーメントの不定型教育―』北樹出版、1997、第6章。

(19) 金宝藍「韓国における『エネルギー自立マウル運動』とその学習活動」日本社会教育学会編『社会教育としてのESD―持続可能な地域をつくる―』東洋館出版社、2015。

第5章

北海道における社会教育実践の現在

第1節　北海道社会フォーラム2014

　さて、あらためて「北海道社会教育フォーラム2014」について紹介しておこう。「フォーラム」当日の報告と討論の全体については、テープ起こしによる詳しい報告書が作成されているのでそれを参照いただきたい[1]。以下の報告・討論からの引用は同報告書による。

　2014年11月22日に北海道大学人文・社会科学総合教育研究棟で開催された「フォーラム」（参加者110名余り）の共通テーマは、「いっしょに考えよう『地域』のちから―つながるって、やっぱりいいよね―」であった。それは、2008年8月、社会教育推進全国協議会と現地実行委員会の共催で開催された社会教育研究全国集会（北海道札幌集会）の集会テーマ「つながる力を広げ、人が育ちあう地域をつくろう！―『生きる・働く・学ぶ』を励ます社会教育の創造を北の大地から―」の精神を引き継ぎ、その後の情勢と実践の新たな展開をふまえて、あらためて北海道社会教育のネットワーク化をはかろうとするものであった。2つの全体会と6つの課題別集会、そして24の分科会から成る同全国集会[2]については、別に資料集[3]が作成されており、筆者の教育学上の位置付けも別著[4]で述べているので参照されたい。筆者の理解では、ネットワークすな

（1）北海道社会教育フォーラム2014実行委員会『いっしょに考えよう「地域」のちから―つながるって、やっぱりいいよね―』同会、2015年5月。
（2）このような形態の集会活動のもつ社会教育学的意味については、拙著『増補改訂　生涯学習の教育学』北樹出版、2014、第Ⅵ章第2節、最近の動向については終章第1節を参照されたい。

わち「つながる力」の人間的意義をあらためて捉え直した上で、それを「学び合う力」に変え、それによって人が育ちあうような「地域をつくる力」をいかに創造していくかが基本的課題であった。

　同集会には北海道各地から、それまで「社会教育」あるいは「生涯学習」とすら関係がない領域で、地域・地域住民とかかわって活動している人々が多く参加し、全国で関連する活動をしている実践者たちとの学び合いを進めた。この機会に、この集会の準備活動をとおして社会教育をはじめて知ったという参加者も多かった。同集会が開催された2008年はまさにリーマンショックの年であり、その後の世界的不況の下、経済的グローバリゼーションの深化の中で地球的環境問題と格差・貧困・社会的排除問題という「双子の基本問題」がさらに深刻化する一方、それらを克服して「持続可能で包容的な社会」づくりを進めようとするポスト・グローバリゼーションの運動も進んだ。日本では民主党政権への一時的政権交代があったものの、自民党・公明党政権による新自由主義＝新保守主義的な政策が全体的に推進されてきた。「平成の大合併」とその後の行財政合理化が進められ、政策的緊要性が低いと考えられている「公的社会教育・生涯学習」は縮減されつつある。そして最近では、北海道の市町村の８割近くが消滅するという「地方消滅」論がとりざたされ、自治体そのものが「選択と集中」の対象とされてきている(5)。

　しかし、こうした中でも、というよりもこうした状況だからこそ、実際生活に即して「持続可能で包容的な」生活と仕事と地域を築くための学びが強く求

（３）社会教育推進全国協議会『日本の社会教育実践2008　第48回社会教育全国集会資料集』同会、2008。
（４）拙著『新版　教育学をひらく―自己解放から教育自治へ―』青木書店、2009、終章３。
（５）雑誌『中央公論』2014年６月号の「提言　ストップ『人口急減社会』」で提示された「消滅可能性都市」論と増田寛也編『地方消滅』（中央公論社、同年８月）にはじまる議論。これに対する批判としては雑誌『世界』2014年10月号特集「生き続けられる地方都市」のほか、岡田知弘『「自治体消滅論」を越えて』自治体研究社、2014、小田切徳美『農山村は消滅しない』岩波書店、2014、山下祐介『地方消滅の罠』筑摩書房、2014、大江正章『地域に希望あり』岩波書店、2015、など、具体的事例によって反論する多くの著書がある。

められ、実際にそうした実践が取り組まれてきている。2008年の北海道札幌集会の共通テーマ「つながる力を広げ、人が育ちあう地域をつくろう！」があらためて問われているのであり、それに応えようとしたのが「北海道社会教育フォーラム2014」にほかならない。実行委員長としての筆者の「あいさつ」はその趣旨を述べたもので、以下のようであった。

「北海道社会教育フォーラム2014」開会挨拶

　私たちは、北海道の社会教育の発展に関心のある方々のネットワークをつくり、出会いと交流と学び合いの機会を設けるために「北海道社会教育フォーラム」を立ち上げました。

1　「地方消滅」論と社会教育の課題

　今日、私たちをとりまく環境はますます厳しいものになってきております。長引く不況と超少子高齢化のもと、厳しさを増す生活課題と地域課題、加えて子育て・教育・社会福祉を含む行財政改革などの新しい状況への対応が迫られています。

　そうした中で、「増田レポート」と呼ばれている日本創成会議の報告は、2005年から10年の人口動態から、「地方消滅」を予測して話題になっており、北海道では大半の市町村が「消滅」するとしています。たしかにこの時期はいわゆる小泉構造改革や「平成の大合併」の影響がひろまり、そこにリーマンショック以降の世界的不況が覆いかぶさることによって、地域格差拡大を含む「格差社会化」が急速に進展しました。こうした傾向をそのまま押し進めれば、「地方消滅」も予想されるでしょう。

　しかしながら、このような状況だからこそ、安心・安全に暮らし続けられる生活環境・地域社会が求められ、より豊かな生活ができる地域づくりに向けて、道内のあらゆる地域でさまざまな努力が重ねられています。そこでは住民の学習活動とそれを援助する社会教育活動が不可欠なものとなっています。それゆえ、私たちはこうした努力の一つ一つを大切にし、こ

れからの北海道のことを考えて行きたいと思います。上から目線で、「地方消滅」傾向にあるのだから「選択と集中」によって地域再編・行財政合理化をするのだ、というような政策的対応は、事態を悪化させるだけです。

2　北海道社会教育フォーラムの必要性

とはいえ、各地域での取り組みは、地区・市町村や団体・グループでそれぞれ個別的なものに留まっているのが全体的状況です。かかわる社会教育活動についても、これまでに増して、より広い視野で、より深く考え直すことが求められています。ここに、各地域・各分野での状況を互いに知り合い、それぞれの取り組みの経験を交流しつつ、今後のあり方を学び合う場が求められていると言えます。これからの社会教育について自由に議論し合う広場のようなもの、つまり「北海道社会教育フォーラム」が必要となる理由です。

リーマンショックの年である2008年、札幌で社会教育研究全国集会が開催されました。そこでは旧来の社会教育の枠を大きく越えて、今日の生活・地域課題の解決に取り組む多様な組織・グループ・個人が参加した学び合いが行われました。現地実行委員会が考えた共通テーマは、「つながる力を広げ、人が育ち合う地域をつくろう！―『生きる・働く・学ぶ』を励ます社会教育の創造を北の大地から―」でした。このフォーラムでは、その成果を引き継ぎ、その後多様な領域にひろがっている実践をふまえて、あらたな方向を探って行けたらと思っております。

3　「つながる力」を「地域をつくる学び」へ

たとえば、ちょうど1週間前、私が代表を務める北海道環境教育研究会と日本環境教育学会北海道支部の共催による地域フォーラムを、黒松内町の廃校舎を改築した作開地区生涯学習館と併設する「ブナの森自然学校」で開催しました。北限のブナの森を核とした「生物多様性条例」をもち、福祉行政も重視している黒松内町は、自然と共生し、多様な人々が共生する持続可能なまちづくりを進めています。地域フォーラムのテーマは学校

環境教育としての自然体験に関するものでしたが、隠れたテーマは「つながる」だったと私は思いました。

野外での子どもの学習を支援する活動は「森と川と海」をつなぐ流域全体にひろがり、「漁業と風力発電の寿都町」をも巻き込んでいました。「農業と観光の留寿都町」から自然体験学習を実施するために来た小学校教師は、寿都（すっつ）と留寿都（るすつ）と黒松内（くろまつない）の「つ」は「つながる」の「つ」だと言っていました。その実践は自然体験だけではなく、林業・農業・漁業、農林水産物の加工・流通・販売や生活文化をもつなげる社会体験・文化体験にもなっているからです。

しかし、最も重要なことは学び合う人々のつながりです。NPOによる体験学習にはじまるこの実践をとおして、大人と子どもと青年、地域住民と自営業者・教員・関連職員、さらに流域を越えて北海道から全国にひろがる実践者のネットワークが形成されつつあり、そうした中で不断の学び合いが展開されているのです。

実践的な「つながり」の発展は、本日このフォーラムで報告される他の領域でもみることができます。問われているのは、この「つながる力」を「学びの力」に換え、「学びの力」を「地域をつくる力」に発展させていくことです。

4　国際的な意義

こうした活動は、国際的な課題に応えるものでもあります。今月の10日から12日にかけて、名古屋で「国連・持続可能な発展のための教育（ESD）の10年」の総括・世界会議が開催されました。「持続可能な発展」とは「世代間および世代内の公正」を実現することだとされ、とくに環境問題と貧困・社会的排除問題に取り組むことが重視されています。東日本大震災以降、求められているのは「持続可能」で、誰をも排除しない「包容的な社会」を日本各地、世界各地から創造して行くことです。そうした社会は、自然と人間の共生、そして多様な人間同士の共生を基盤にした「誰もが安全・安心に生き続けられる地域」づくりの実践によってはじめて実現する

ものです。

　ですから、自然エネルギーを含む自然豊かな北海道、厳しい環境であるがゆえに住民同士の包容的で協同的な関係を大切にしてきた北海道、日本の周辺におかれてきたがゆえに多様な内発的地域づくりの実践が展開されてきた北海道、この地からこそ、新しい時代を切り開く実践と理論が生まれてくると言えるのではないでしょうか。

5　世代間連帯を

　最後に、本日のフォーラムでは「持続可能で包容的な地域づくり」のために不可欠な「世代間連帯」を重視していることにふれておきます。この間の多様な分野での活動を通して、若い世代が活躍する姿が見られるようになってきています。それゆえ、このフォーラムでは戦後社会教育体制の中で考えてきた私のような世代ではなく、50代くらいの世代が繋げ役となって、30代から40代のばりばりの世代に全体会で課題提起していただき、分科会では、より若い世代を含めて各世代をつなぐようなかたちで討論を進めていただけたらと考えております。このフォーラムをとおして、みなさんが「持続可能で包容的な社会」につながる「世代間連帯」を肌で感じていただけましたら、実行委員会のメンバーもとても幸せです。

　以上、私の挨拶とさせていただきます。

第2節　社会教育実践の現在

　さて、鼎談のかたちで進められた全体会「考えよう、『地域』の力―社会教育のみらい―」では、これからの北海道社会教育を担うことが期待されている若手世代の3人から、それぞれの活動を通して考えていることを提起していただいた。恵庭市社会教育主事の藤野真一郎、訓子府町職員の桜井朋子、ワーカーズコープ北海道事業本部の下村朋史の3氏である。3氏からの提起は現場での活動を通して、新自由主義的政策が市町村レベルまで浸透し、行財政の合理化が進む中での、社会教育をめぐる今日的状況を示すものでもあるが、同時に、

それらに対して、「地域の力」を信頼しつつ、地域住民の生活課題や地域課題への取り組みを着実に進めようとする姿でもあった。

桜井氏は、その経験をふまえて、役場のどの課であっても社会教育的活動が求められ、またそうした活動をすることができることを提起した。たとえば、「総合計画」づくりには策定期間があり、それに間に合わせるために、ほんらい必要な作業が縮減されるような圧力がある中で、領域ごとにグループ討議を実現し、上司に社会教育的活動の意義を理解させたというような実践や、障害者施設の利用者を中心としながら、地域住民を巻き込んで実現したアートフェスティバル、あるいは自らの出産をかかえるという状況の中で、社会教育関係者に支えられて進めた幼保一元化の施設づくりなどの実践である。

これらの実践をとおして彼女に「どこでも社会教育的活動ができる」という確信がうまれてきたのであるが、それは社会教育が「いろいろな部署や分野と連携する力をもっている」と考えるからである。そうした「連携する力」は実践をとおしてはじめて生まれてくるものであり、それらはともすると効率化・合理化の視点からは見過ごされる、というよりも排除されてしまいがちな実践である。

下村氏は、北海道における労働者協同組合（ワーカーズコープ）の活動を紹介した。のちに次章第２節で恵庭市での具体的な活動についてみるが、北海道ではワーカーズコープの事業全体の９割が行政からの委託をうけた公共事業、とくに指定管理団体としての仕事である。「指定管理」そのものが行政合理化＝外部化・民営化のあらわれであるが、応募をめぐる競争、指定期間内の仕事ということで、より安い費用で、より効率的に運営することが求められている。しかし、こうした中でワーカーズコープは、その理念（働く者どうし、利用者家族、そして地域との協同）によって、働く場を創造しながらの地域づくりをめざそうとしている。そうした中で、たとえば苫小牧市では、コミュニティセンター、文化交流センター、児童センター、地域若者サポートステーションなどの指定管理業務だけでなく、放課後等デイサービスや生活保護世帯学習支援などの独自事業もあわせて多面的な展開をしている。

注目すべきは、こうした活動の中で「ひきこもり」であった若者を受け入れ、

時間をかけて仕事についていけるようにした事例のように、「一緒に働いてみる中で、その人の成長を支える」実践が生まれてきているということである。それはまさに「ともに育ちあう」関係づくりだということができ、そうした活動を地域に広げていくこと、「地域全体が人を支え合えるような関係性」づくりが地域づくりの基本課題として意識されているのである。

　藤野氏は、これら2人の提起に共感を示しつつ、みずからの経験をふりかえり、「僕の仕事はほとんど関係性でしか成り立っていない」と述べた。そして、社会教育主事の仕事はかなり厳しくなってきているが、「関係性一つでいろんなことが形になるんだということ」を実感すること、それが自分の仕事のやりがいになっているという心情を吐露した。

　討議をまとめた進行役の宮崎隆志氏（北海道大学）は、効率化と市場化が行政にも民間にも浸透する中、人間らしく暮らすことができる地域づくりに向けて、「ほんとうにいい仕事とは何か、仕事の基準を見直す必要がある」と問題提起し、この提起を受けて3つの分科会が開催されることとなった。

　なお、以下では「持続可能で包容的な地域づくり」にかかわる北海道の実践を取り上げるが、第Ⅰ編で取り上げた東日本大震災の復興支援活動の中からも「新しい社会」づくりを志向した学びが生まれてきていることをここで指摘しておきたい。

　たとえば、北海道大学大学院教育学研究院では、2011年度から12年度にかけて連続4回にわたる「東日本大震災復興シンポジウム」を開催した。第1回「震災被災地の現状と課題：震災から何を学びどう関わるか」、第2回「震災からの復興とボランティア・NPO・協同活動」、第3回「北海道でできること―分断をこえる学びと支援」、第4回「未来につなぐ減災教育とは―豊かで安全な明日のために」である。参加者は研究者だけでなく、関連する支援団体・組織職員、そしてボランティア活動をしている市民であった。報告者のほとんどは復旧・復興支援にかかわって活動している北海道の人々であるが、第3回シンポジウムには、ゲストスピーカーとして、第4章第1節で紹介した南相馬市新エネルギー推進課のS氏も招聘されている。

　これらのシンポジウムをまとめた伊藤晋氏（NPO法人環境防災研究機構北

海道）は、4回のシンポジウムをとおして「新たな社会づくり」という言葉が多く発せられたことに注目している。そして、それはひとつに、復興活動において「悩みを互いに語り合える場の構築、困難を抱える人同士で新たな業を起こしていくための助言や指導、そしてニーズを持つ人とそのニーズを満たすことができる人とのマッチングなどは、現在、被災地や被災者が暮らす地域で盛んに行われており、被災者自身が新しい社会を作り出していくために大いに役立っている」ことを見たからである。もうひとつに、支援活動においては、同じ目的を共有する者同士の協働した取り組みを実現する「ワーキング・ネット」という新しいネットワークが生まれ、支援者の人づくりという新たな段階にさしかかっているということを理解したからである[6]。

　以下では、こうした動向は北海道の各地でもみられることを指摘することになるが、このシンポジウムではとくに、市民社会の側から復興支援にどうかかわるかを代表的市民社会組織の実践をとおして議論するための第2回シンポジウム（コーディネーター：鈴木敏正）での議論から共通認識になったことである。そこではまず、本書第1章第6節で紹介した被災者支援NPO「むすびば」くらし隊のみかみめぐる氏が「被災者さんとともに暮らすまちづくり」へ向けての実践を報告した。次いで、NPO「ねおす」の高木春光氏はその野外活動経験の蓄積を活かした「人と人とのかかわり」と支援コーディネーター育成を視野に入れた「ワーキング・ネット」活動を、そして最後に、日本労働者協同組合連合会東北復興本部の田中羊子氏は被災地での就労創出（仕事おこし）に取り組みつつ「公的訓練・就労事業制度」創設を提起した。このシンポジウムの討論をとおして、それぞれの実践が「人間らしさの復興」をめざしているということで共通し、それゆえ、相互のネットワークと協同が必要であり、可能であることが参加者の間で確認されたのである。コーディネーターを務めた筆者は、そこに「3.11後社会」構築への方向を見ることができたが、伊藤氏はそれらを「新しい社会づくり」の実践として理解しているのである。

（6）北海道大学大学院教育学研究院研究推進委員会『東日本大震災復興シンポジウム報告書』同研究院、2014、所収の伊藤晋「大規模災害に対して教育学は何ができるのか」、pp.11-12。

第3節　育ち合う関係づくり

　さて、以上をふまえて本章では「フォーラム」の第3分科会「暮らし続けられる地域」づくりに焦点をあわせていくのであるが、その前に、第1分科会「育ちあう仕組みをつくる」と第2分科会「つながる力を高めるには」での報告・討論についても、本編の視点からみて重要だと思われる点を確認しておこう。

　第1および第2分科会で報告・討論されたのは、主として貧困・社会的排除問題への取り組みである。前章第2節で述べたように、循環型社会としての自然エネルギー利用社会は、自然や人間のあり方と結びつけて考えなければならないと同時に、共生型社会、そして「世代間および世代内の公正」を実現する「持続可能な発展（SD）」の視点を抜きに考えることはできない。DESD総括会議の一環としての「ESD推進のための公民館・CLC国際会議」による「岡山コミットメント」（2014年10月）でも、「誰もが排除されない持続可能な社会」を築くために、「コミュニティに根ざした学び」を推進することの重要性が強調されている。環境教育の領域では、J. フィエンの提起[7]があって以来、人間の自然支配の結果としての環境問題の根元には「人間の人間に対する支配」があるという理解が共通認識となっている。社会的排除問題の克服と同時にでなければ、自然エネルギー利用社会は地域住民にとって現実のものとならないのである。

　既述のように、2008年の社会教育研究全国集会（北海道札幌集会）から「フォーラム」へと継続する基本的理念は、地域住民のつながる力を育て、それを学び合う力とし、さらに「地域をつくる学び」へと展開することである。そして、「地域をつくる学び」を進める基本活動は、地域住民の学び合いを進める「学習ネットワーク」である。

　さて、それでは社会的排除問題に取り組むネットワーク的活動から、学びと実践を展開していくためにはどのような仕組みが必要であろうか。それを実践

（7）J. フィエン『環境のための教育―批判的カリキュラム理論と環境教育―』石川聡子ほか訳、東進堂、2001（原著1993）。

事例から考えるのが、第1分科会の課題であった。実践報告は、①札幌市で多世代型の子育てサロンを展開する任意団体「ねっこぼっこのいえ」と、②当別町で障害のある子どもの放課後預かりからはじまり、子どもや高齢者を対象とし、若者も参加する事業へと広げて「共生型地域福祉ターミナル」となった社会福祉法人「ゆうゆう」である。

　個々の実践の紹介は省略するが、これらの実践でまず必要なことは、社会的に排除された人々を「受容」することであり、そこから始まる「受容から学び合い」への実践が求められるのである[8]。教育学的視点からみれば、東日本大震災からの復興過程にかかわって第1章の**表1-1**に示し、第2章で見た最大の避難所「ビッグパレット」や飯舘村からの避難者の事例で見たようなエンパワーメント過程、つまり自己実現と相互承認の実践的統一としての「主体形成」へのプロセスが問われているのである。最近でも、一人ひとりの「生の固有性」を大切にし、「生きることは分かちあうこと」であることを根底に、「寄り添う」「聴く」「つなげる」といった「実践知」を積み重ねて発展させることの重要性が指摘されている[9]。しかし、さらに言うならば**表1-1**の関係すなわち自己実現と相互承認の過程は、被災者や社会的に排除された人々、そして支援者・ボランティアをも越えてすべての人間にとって、人間が人間として存在し生きていくためにもっとも基本的な活動であり、その承認関係が不断に形成され、誰にも見えて実感できるようになる社会が人間的社会、本書でいう「将来社会」なのである。

　この理解の上で、第1分科会の討議をとおして確認されたことをあげるなら

---

(8) 鈴木敏正・姉崎洋一編『持続可能な包摂型社会への生涯学習―政策と実践の日英韓比較研究―』大月書店、2011、とくに序章を参照されたい。
(9) 似田貝香門・吉原直樹編『震災と市民　2　支援とケア』東京大学出版会、2015、「はじめに」。たとえば同書第1章（似田貝稿）および第2章（三井さよ稿）では、「ビッグパレット」でも最初の実践として重要な意味をもった「足湯ボランティア」を取り上げ、前者では被災者の「心の自立力」形成の上で「身体の声」を発し・聴くこと、その際のボランティアとの「共感」、後者ではボランティアと被災者の「出会い」、そこから生まれる〈共同化〉の重要な役割が指摘されている。いずれも**表1-1**の具体的展開にかかわることである。

ば、第1に、実践の原動力は「日常の困りごと」にあり、それが自然なつながりや交流の中で仲間と共有されるということで新しい活動を生み出すエネルギーになるということである。「困りごと」からのネットワーキング型実践展開の典型例としては釧路市の「ネットワークサロン」がある。その実践の中心となってきた日置真世は、「生活当事者の発想による地域づくり実践」のポイントとして、①困りごとを抱えた者が「生みの親」となるようなサービスづくり、②多様な「たまり場」をつくること、③課題解決のためのマネジメント手法をもつこと、をあげていた[10]。この分科会では、とくに①と②の重要性を再確認することになったと言える。

　この分科会ではさらに、困りごとを話し・聴き、共有できるような「自然なつながり」をつくるためにはある種の「ゆるさ」が必要であることも指摘されている。それは、東日本大震災の際に、支援者と被災者、被災者どうしの関係づくりにおいても求められていた点であり、そこからはじまり「地域をつくる学び」へと展開していく「社会教育としての生涯学習」のあり方を、多様な道筋を通って創造していくことが実践的課題となっている[11]。

　第2に、「赤の他人」が関わることの意義についてである。「ねっこぽっこのいえ」の実践報告では、不登校でほぼ引きこもり状態であった中学生がこのサロンに来ることによって自己を取り戻し、学校に行くようになり、ついに高校進学にいたるという過程で、赤ちゃんまで含めて実に多くの「他人」が支援にかかわったという事例が報告された。それはまさに、〈表1-1〉にかかわる実践の多面的・重層的展開であると言える。同様に「ゆうゆう」の実践報告では、「ぺこぺこの畑」というレストランをもったコミュニティ農園による障害者福祉の実践をとおして、「一人ひとりの、ひとつひとつのニーズに向き合うことが個々のエンパワーメントと地域をつくる力につながる」ことが強調された。

　これらの提起にもとづく議論から、「他人のニーズに応えることが他人のた

---

(10) 日置真世「第11章　釧路市の地域再生とNPOの役割」拙編『排除型社会と生涯学習』北海道大学出版会、2011。同『おいしい地域づくりのためのレシピ50』CLC、2009、も参照。
(11) 拙稿「『社会教育としての生涯学習』とESD」日本社会教育学会編『社会教育としてのESD』東洋館出版社、2015、および本書第3章。

めであり、同時に自分のためにもなる」という関係が理解されてきた。誰かの役にたつことが「自分が自分らしく生きていくこと」につながる（役割が交換され、循環する）という関係にまで視野が広がってきているのである。それは、個々の条件や困りごとの内容が異なっても、同じ「排除型社会」に生きている人間として共通に解決すべき課題がみえて来つつあるということを意味するであろう。こうした関係は、支援者もしばしば被災者であった広域災害である東日本大震災からの復興過程においては、支援者と被支援者という枠を超えた相互承認・相互転化の過程としてしばしば見られたことである（**表1-1**の「立場交換」）。

第3に、ボランティアにかかわる若者も困難を抱えた者として、諸活動へ企画段階から参画してもらうことの必要性であり、その際に「強制しない、上から目線でしゃべらない、枠をはめない」ということが重要であることが確認されている。若者問題にかかわって、人々が個々バラバラとなり、孤立化される中で、互いの関係や背景となる社会構造がみえなくなるという「認識論的誤謬」が指摘されてきたが、それらを実践的に克服しつつ、世代間連帯を実現していく方向がみえてきていると言ってもいいだろう[12]。

第1分科会では「育ちあう仕組み」づくりへの今後の課題として、コーディネート活動をどう進めるか、行政や制度との関係をどのように作ればいいのかという論点も確認されている。しかし、これらについてはすでに「フォーラム」の第2分科会で議論されているとも言える。

第4節　つながる力を高める

　学習ネットワークを作り、広めるためには、それを進めるための組織と活動拠点が必要である。

---

[12] 拙編『排除型社会と生涯学習』前出、第1章第4節。A. ファーロング・F. カートメル『若者と社会変容―リスク社会を生きる―』乾彰夫ほか訳、大月書店、2009（原著1997）、乾彰夫『〈学校から仕事へ〉の変容と若者たち―個人化・アイデンティティ・コミュニティ―』青木書店、2010。

学びが「地域をつくる学び」になるためには、個々の生活課題やグループの問題を超えて、「地域課題」について学び、どのように地域づくりを進めていくかを考える組織、つまり「地域づくり基礎集団」が形成されることが必要である。実際に地域づくり実践が活発に展開している地域には必ず「地域づくり基礎集団」が存在する。そして、今日求められているのは、そうした活動が生まれ、育ち、「地域をつくる学び」が展開していくような拠点づくりである。

ほんらい、公民館・図書館・博物館・体育館といった公共的な施設がその役割を果たすことが必要である。しかし、多くの社会教育・生涯学習施設が、職員不足・予算不足という状況もあり、施設管理的な活動に限定されるような傾向がある。それゆえ学習ネットワーク化の意識的な実践が求められるのである。それは、社会教育・生涯学習施設に限定される必要はない。それらが実質的に地域住民のコモンズ（共有資産）になることが重要なのである。その意義については次章第2節でも、空き家を利用した「総合的地域福祉」の拠点づくりの実践として見ることになる。それらにおいては、既存の公共施設を「再公共化」することも含めた、「公共化」の実践による地域生涯学習公共圏の創造が求められるのである[13]。

第2分科会で報告された、①高齢者から子どもまでの「たまり場」である弟子屈町の地域ふれあいサロン・待合室「みちくさ」、および②商店街の空き店舗を活用した多世代交流拠点である長沼町の「創年のたまり場『ほっこり』」は、このような意味におけるコモンズ形成の実践であると言える。

重要なことは、第1に、両者が行政的活動としてではなく、住民代表である社会教育委員が中心となった実践として展開されているということである。彼らが「社会教育委員」としてよりもむしろ一人の地域住民として、みずからが課題として考えることに取り組むことを大切にしていることは示唆的である。それは恵庭市の生涯学習計画づくりからはじまる地域づくり活動（コミュニティスクールや通学合宿）においてもみられることである[14]。こうした中で注

---

(13) 拙著『教育の公共化と社会的協同―排除か学び合いか―』北樹出版、2006、を参照されたい。
(14) 拙著『増補改訂　生涯学習の教育学』前出、終章参照。

目すべきは、道内の社会教育委員の自主的ネットワーク化が進められていることである。佐呂間、中札内、南幌、長沼という管内を越えた4町村の交流研修会、空知管内の「よんまちネットゆな～く（由仁、南幌、長沼、栗山）」などである。社会教育行政や社会教育委員会の形骸化・縮減がとりざたされている今日、公的な社会教育再生の方向のひとつをここに見ることができる。

第2に、これらの活動拠点が、世代間交流・連帯の場になっているということである。持続可能な地域づくりを進める際に、世代間連帯が重要な意味をもっていることは言うまでもない。旧来の公的施設は縦割りになりがちであり、それらの行政的運営が多世代の自由な参加・利用を妨げるという傾向があったことを考えてみれば、住民主体の自治的運営がもっている積極的な意味が理解されよう。

第3に、これらの活動が地域における社会的排除問題への取り組みにつながっているということである。「みちくさ」はボランティアセンターと併設になっていることが、そうした活動を豊かにしている。高齢者や子ども、母親そして若者の多くが社会的に排除されがちな人々であることを考えれば、これらの拠点を媒介にして情報の共有、地域課題の発見・再発見がみられることに注目してよいであろう。

第4に、こうした実践を通して地域づくりへの方向が見えてきているということである。それは「持続可能で包容的な地域」であり、誰でも安心・安全に暮らし続けられる地域という「フォーラム」が目指したものである。そして、そうした活動が地域の活性化にもつながるものであることは、商店街の空き店舗（旧パチンコ店）を利用した「ほっこり」の事例が如実に示している。それはもともと、行政依存ではないまちづくりを進めようとする地域づくり基礎集団「マオイネットワーク広場」の活動からはじまった運動であり、たまり場「ほっこり」は、①創年の生きがいとたまり場、②語り合いができるコミュニティの場、③子どもたちと大人のふれあいの場、④誰でもが自由に何でも発表できる作品提示の場、という4本柱の事業を多様に展開してきた。

世代間交流・連帯を進め、とくに社会的に排除されがちな人々へ目を向けることが地域の活性化につながることは、最近注目されている札幌市の「はつき

た（発寒北部）商店街」の再生や西興部村の福祉活動による地域づくりなど、他地域での活動にも見られるようになってきている。牧野篤は、豊田市と柏市の事例によって、「弱くあること」を認め合うような「生きるに値する社会」への試みのひとつとして「多世代交流型オープン・ケア・コミュニティ」を提起しているが(15)、ここで見てきた事例はその一環として考えることもできる。そうした活動は環境政策と福祉政策を地域再生活動によって統一するような実践として、ヨーロッパや日本の他地域でもみられる動向であり、「グローバル化の先のローカル化」によって「創造的福祉社会」をめざす活動としても評価されている(16)。現局面の北海道にとって重要なことはそれらの経験を交流できるような場と機会であり、「フォーラム」はそのひとつとなったと言える。

---

(15)牧野篤『人が生きる社会と生涯学習―弱くある私たちが結びつくこと―』大学教育出版、2012、第8章。
(16)広井良典『創造的福祉社会―『成長』後の社会構想と人間・地域・価値―』筑摩書房、2011、第2章。将来社会論としての評価については、本書補論B参照。

第6章

暮らし続けられる地域づくり

第1節　森林未来都市・下川町の場合

　東日本大震災以後、全国的に自然エネルギー社会に向けた取り組みが進んでおり、序章第2節では岩手県の事例も見たが、とくに北海道は「自然エネルギーの宝庫」としてその発展が期待されている。しかし、前々章で見たような諸課題がある中で、「持続可能な地域づくり教育」をどのように進めていけばいいのであろうか。ここでは、同章第4節で紹介した飯田市と並んで「環境モデル都市」となった市町村の中で、木質チップを中心としたバイオマスによって、地域ぐるみで自然エネルギー利用を進めつつある北海道下川町の事例[1]を見ておこう。

　下川町は面積の約9割が森林の過疎山村であるが、内発的発展の町であり、その活動によってIターン・Uターンが進んだ町としても著名である。最近は「環境モデル都市」(2008年指定)や「環境未来都市」(2011年指定)、あるいは最近打ち出している「森林未来都市」づくりによって知られている。なお、環境未来都市は「日本再興戦略」(2013年6月閣議決定)にも位置付けられ、「東日本大震災からの復興」に貢献するものとして考えられており、指定11都市のうち6都市(釜石市、大船渡市・陸前高田市・住田町、東松山市、岩沼市、南相馬市、福島県新地町)が大震災被災地から選定されている。森林未来都市はそうした位置付けを経過しつつ、下川町独自の展開を構想したものである。

　「森林未来都市」がめざすものは「豊かな森林環境に囲まれ、森林で豊かな

---

(1) バイオマス・エネルギーの視点からの位置づけについては、近藤加代子ほか編『地域力で活かすバイオマス─参加・連携・事業性─』海鳥社、2013。

図6-1　下川町「森林未来都市構想」

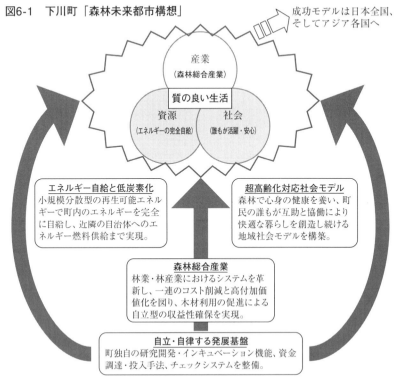

（注）下川町資料による。脚注（2）の下川町編著も参照。

収入を得、森林で学び、遊び、心身を健康に養い、木に包まれた心豊かな生活をおくることができる町」である。エネルギー完全自給を目指す「資源」、森林総合産業化をめざす「産業」、誰もが活躍・安心できる超高齢化対応の「社会」の3つが柱となって「良質な生活」を創造していくことである。それらを支えるのが内発的発展の思想、とくに「平成の大合併」政策の中でも独立の道を選択してきた下川町の「自立・自律する発展基盤」形成の努力である。これまでの実践的な学びを通して、環境・資源、経済・産業、生活・社会・文化の諸活動を統一することが課題となってきていると言えるのである（図6-1参照）。

このような構想は、「自立・自律」を志向してきた行政による取りまとめの力も大きいが、これまで見てきたような地域づくり教育の諸領域の実践的蓄積によってはじめて具体化したものでもある。下川町で展開されてきた「地域を

図6-2 内発的発展のまち・下川町の「地域をつくる学び」

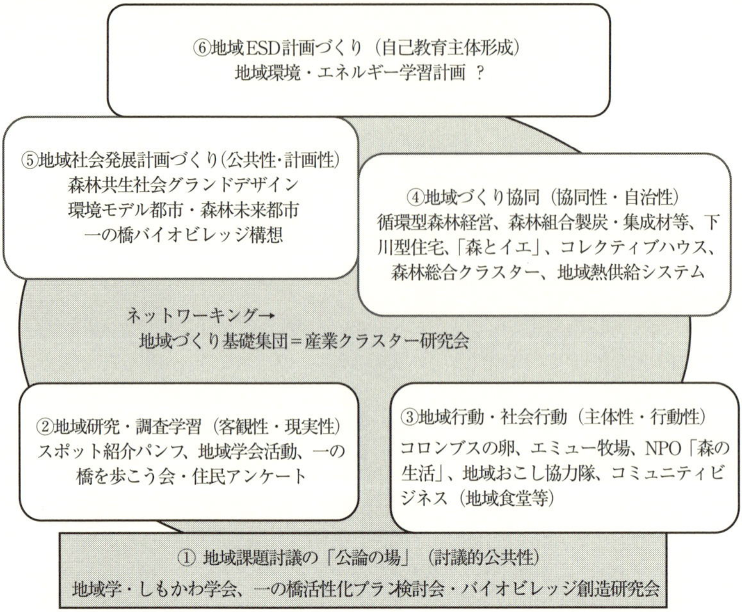

```
┌─────────────────────────────────────────┐
│ ⑥地域ESD計画づくり（自己教育主体形成）  │
│    地域環境・エネルギー学習計画 ？      │
└─────────────────────────────────────────┘

┌──────────────────────────┐
│ ⑤地域社会発展計画づくり │   ┌──────────────────────────────┐
│   (公共性・計画性)       │   │ ④地域づくり協同（協同性・自治性）│
│ 森林共生社会グランドデザイン│   │ 循環型森林経営、森林組合製炭・ │
│ 環境モデル都市・森林未来都市│   │ 集成材等、下川型住宅、「森とイエ」│
│   一の橋バイオビレッジ構想 │   │ コレクティブハウス、森林総合  │
│                          │   │ クラスター、地域熱供給システム │
└──────────────────────────┘   └──────────────────────────────┘

         ネットワーキング→
         地域づくり基礎集団＝産業クラスター研究会

┌──────────────────────────┐   ┌──────────────────────────────┐
│ ②地域研究・調査学習      │   │ ③地域行動・社会行動         │
│   (客観性・現実性)       │   │   (主体性・行動性)           │
│ スポット紹介パンフ、地域 │   │ コロンブスの卵、エミュー牧場、│
│ 学会活動、一の橋を歩こう │   │ NPO「森の生活」、地域おこし  │
│ 会・住民アンケート       │   │ 協力隊、コミュニティビジネス │
│                          │   │ （地域食堂等）               │
└──────────────────────────┘   └──────────────────────────────┘

┌─────────────────────────────────────────────────┐
│ ① 地域課題討議の「公論の場」（討議的公共性）    │
│ 地域学・しもかわ学会、一の橋活性化プラン検討会・ │
│ バイオビレッジ創造研究会                        │
└─────────────────────────────────────────────────┘
```

つくる学び」の実践例の紹介は別著に譲るが(2)、前々章第3節で述べた「地域をつくる学び」の6つの領域に即して示すと図6-2のようである(3)。この図は、第2章の図2-1の「持続可能で包容的な地域づくり教育（ESIC）」と同じ枠組みで作成している。自然エネルギー社会づくりも震災からの復興過程も共通する実践論理をもっていることを示すためである。

国有林購入を受けた町有林の「循環型森林経営」、カラマツ製炭事業にはじまる多角的な森林組合の事業活動、なかでも産業クラスター研究会（1998年発

---

(2) 宮崎隆志・鈴木敏正編『地域社会発展への学びの論理―下川町産業クラスターの挑戦―』北樹出版、2006、下川町編『森林未来都市 エネルギー自立と地域創造―北海道下川町のチャレンジ―』中西出版、2014、など。
(3) この図は、北海道の周辺地域（道北および道東）における「地域再生教育」の動向の実践的総括と展望のために作成したもの（拙著『持続可能で包容的な社会のために―3.11後社会の「地域をつくる学び」―』北樹出版、2012、第2章第5節）に、その後の自然エネルギー社会づくりにかかわる諸実践を加えて修正したものである。

足)、それを発展させた地域学・しもかわ学会(2003年設立)は、森林のまち・下川町の内発的地域づくりにとって大きな転機となった。この間に展開した地域行動組織「コロンブスの卵」やエミュー牧場(一の橋地区)、NPO「森人類(のちに「森の生活」)」、地域づくり協同をめざした「下川型住宅」の開発、チップ利用の五味温泉地区での森林管理と健康・教育活動、あるいは「森林共生社会グランドデザイン」づくりなどは、必ずしもそのまま「環境モデル都市」や「環境未来都市」の構想になっているわけではない。しかし、具体的に地域づくりの方向を学びながら実例で示したものとして重要であり、実質的に、今日の木質バイオマスによる市街地公共施設や「一の橋」地区の地域熱供給システムを基盤とする「森林未来都市」の活動につながっている。

　このような下川町の活動では現在、広葉樹をも位置付けた森林利用の多様化、農業や生活を含めた有機エネルギー、さらにコジェネレーションによる熱とエネルギーの総合的自給計画づくりなどが課題となってきている。下川町の実践は自治体主導型あるいは行政直営型と評価される場合が多いが[4]、上述のように、森林組合やNPOあるいは社会的企業や関連事業者の「地域をつくる学び」をとおした創造的活動があってはじめて具体化されてきたことを忘れてはならないであろう。

　下川町の事例は、北海道で「持続可能な発展のための教育(ESD)」を展開する上でひとつのモデルケースとなるであろう。しかし、そこにはいくつかの課題が残されている。主要課題のひとつは、これらの実践領域の展開によって進められてきた学習活動を「地域をつくる学び」として意識的に、全体的・相互豊穣的に発展させていくという課題である。それは「社会教育としての生涯学習」の視点から見た基本的課題であるが、下川町は第4章で見た飯田市などと比較して「公的社会教育」の活動が立ち遅れていると言わざるを得ない。

　ただし下川町では、3歳児から高校生までの、森林での体験をとおして学ぶ「15年一貫の森林環境教育」(NPO「森の生活」が事業受託)に取り組んでいることや、市街地南側に里山「美桑が丘」があり、子どもから大人までが集い、

---

(4)たとえば、諸富徹『「エネルギー自治」で地域再生!』岩波ブックレット、2015、pp.45-46。

遊びや体験をとおした環境学習を推進することなどによって「森林文化」形成の活動が展開されていることは注目される。それは、第4章第4節で見た飯田市の「地育力」形成のための教育実践と重なるものであるが、戦後北海道で展開されてきた地域教育計画づくりの実践的系譜につながるものでもある[5]。

　もうひとつの課題は、「世代間・世代内の公正」をめざす「持続可能な発展（SD）」を推進するESDとしては、**表3-1**で見たような全体をふまえつつ、とくに貧困・社会的排除問題に取り組む実践を位置付け、結びつけていく必要があるということである。この点では、たとえば「一の橋バイオビレッジ構想」は、そもそも空間的排除問題を引き起こしかねない過疎的地区を対象として地区再生をはかろうとするものであった。前提となる地区アンケートでは、①不便な買い物環境、②病院や福祉施設が遠い、③住宅内の段差、④暖房費がかかる、⑤雪捨て（除排雪）など冬の対応、といった問題が明確になり、それらに対応するものとして構想された。そこでは福祉政策と環境政策を含んだ地域づくり（「持続可能で包容的な地域づくり」）の構想がめざされていたのであり、実際にコレクティブハウスの運営などでその発展の方向を見ることができる。

第2節　社会的排除問題に取り組む協同事業

　「持続可能で包容的な社会」づくりは、地域レベルで考えれば、誰もが安心して暮らし続けられる地域づくりとそれに不可欠な学びを通して具体化される。その課題を考えることが第3分科会のテーマであった。この分科会では、第4章第1節でふれた「北海道新エネルギー普及促進協会（NEPA）」（報告者＝山形定）に加えて、「ワーカーズコープ恵庭地域福祉事業所」（報告者＝廣奥基）および「北海道自由が丘学園」（報告者＝吉野正敏）という3団体からの報告があった。いずれもNPO法人であり、このテーマがいまだ公的な社会教育では一般的ではなく、民間の実践が先行していることを反映している。

（5）拙著『現代教育計画への道程―城戸構想から「新しい教育学」へ―』大月書店、とくに第7節「エコミュージアムから『ふるさと学習』へ―中川町の場合―」を参照されたい。

第6章　暮らし続けられる地域づくり　　*115*

　北海道には市民出資（グリーンファンド）による発電所第1号「はまかぜちゃん」（浜頓別）があり、そこからの発展が「全国ご当地エネルギー協会」（2014年発足）につながるような運動がある。山形報告は、第4章でふれたような課題がある中で、とくに太陽光発電量では道外企業が大半を占めているような状況をふまえて、自然エネルギー社会に向けた「市民の学習」の重要性を強調した。そして、単なる普及・啓発型社会教育を超えて、地域の自然エネルギーを知り利用するために「ともに学び、語り、力を合わせる出会いの場」を作るべく「自然エネルギー実践講座」の実践を展開していることを報告した。

　同報告は関係団体・グループ・中小企業などのネットワークを作るというだけでなく、取り組みの現地・現場視察、さらには技術者・工学研究者・関連企業者が会員となっているNEPAの特質を活かした具体的な開発と普及に取り組んでいることを、たとえばペレットストーブを事例にして紹介した。その中で、宣伝・普及のための会ではなく「ユーザーの会」が生まれてきたこと、当別町では、集合住宅＝エコアパートづくりとともに、ペレットを地元で作るということで、森林組合・燃料店・生協・行政など現場で活動している人々とNEPA会員による「月1回の勉強会」が続けられていることを報告している。これらは、具体的な地域行動を進めながらの学びの展開として注目されるであろう。

　ところで、こうした方向を「社会教育としての生涯学習」の視点から考える際に、フォーラムの第3分科会で報告された他の2つの報告は、ともすれば排除されがちな人々を対象にした実践として示唆的である。「持続可能な発展（SD）」とは「世代間・世代内の公正」を実現することであるが、実践的には「公共性」の創造過程でもある。それゆえ公共性は世代間関係から捉えることが可能であり、また必要である。そうした議論においては「世代継承的公共性」が提起されているが、教育実践的展開のポイントは先行世代が後続世代（あるいは高齢者世代）の要求と必要を「代理」することから、両者の対称的な「相互性」へ転化することである[6]。そうした転化は前章でとりあげた諸実践にも見ることができるが、その前提は、子ども（あるいは高齢者）の権利＝人権を

（6）鈴村興太郎・宇佐美誠・金泰昌変『世代間関係から見える公共性』東京大学出版会、2006、とくに発題Ⅷ（田中毎実稿）参照。

ふまえて、彼・彼女らを主体的な「人格」として処遇することである。それは、社会的排除問題への取り組みの中に世代間交流・連帯の活動を含んでいる2つの実践の中でも確認できることである。以下、このことを共通理解にしたうえで2つの実践をみていくことにしよう。

　廣奥報告は、世代間の交流・連帯を進める「居場所づくり」の実践である。吉野報告は、不登校の小中学校生や高校中退の若者、これからの生き方を考える人たちに「学びの場と安心できる居場所」を提供する実践であるが、同時に自然エネルギー利用の「エコハウスづくり」を進め、それを学びの題材とする実践を展開している。いずれも社会的排除問題に取り組む実践であるが、後者は地球的環境問題を視野においた教育実践を含んでいる。ここではまず、前者の実践から考えてみよう。

　廣奥報告は、NPOワーカーズコープ恵庭地域福祉事業所が恵庭市の高齢者施設「憩いの家」6館の指定管理事業者となり、5年間の指定期間を終えて2014年度から更新されたという段階での実践報告であった。労働者協同組合(ワーカーズコープ)は社会的経済・社会的企業などと呼ばれている社会的協同組織のひとつであり、ヨーロッパなどで社会的排除問題に取り組む活動が注目されてきた[7]。最近では「連帯経済(協同組合)」という用語も使用され、とくに雇用創出の機能が着目されている[8]。本書で取り上げた市民共同エネルギーも社会的企業のひとつであり、地域の雇用を創出するという役割も指摘されている[9]。

　労働者協同組合としての社会的企業では、組合員＝働く者（多くの場合、社

---

(7) 社会的排除問題にかかわる社会的経済・社会的企業については、拙著『教育の公共化と社会的協同―排除か学び合いか―』北樹出版、2006、第Ⅳ章。
(8) たとえば、OECD編『社会的企業の主流化―「新しい公共」の担い手として―』連合総合生活開発研究所訳、明石書店、2010（原著2009）、公共事業のあり方とかかわって、井手英策編『雇用連帯社会―脱土建国家の公共事業―』岩波書店、2011。本書のテーマとかかわる持続可能性とのかかわりでは、大島茂男『永続経済と協同組合―持続可能な21世紀を―』大月書店、1998、の提起もあった。将来社会に向けては、大沢真理編『社会的経済が拓く未来―危機の時代に「包摂する社会」を求めて―』ミネルヴァ書房、2011。
(9) 大友詔雄編『自然エネルギーが生み出す地域の雇用』自治体研究社、2012。

会的に排除されがちな人々）が出資し、事業の管理運営にも参加するという意味で、より主体的な働き方をめざしている。日本では高齢者協同組合にはじまり、「新しい福祉社会」の創造を目指す地域福祉事業所を設立し、労働者協同組合センター事業団を中心にしながら地域福祉事業を展開してきた。とくに介護保険・指定管理者制度への参画によって自治体との関係を深めながら広がってきている。

　注目すべきは労働者協同組合が「働く人同士の協同」だけでなく、「利用者との協同」と「地域との協同」を基本理念とするようになり、多様な地域づくりにかかわるようになってきているということである（本書補論Aも参照）。その「基本姿勢」は①利用者・市民を主体者に、②公共サービスを地域再生・まちづくりの拠点に、③協同労働を通して働く人たちの主体性を発揮する、④新たなニーズに応える仕事おこしの拠点に、という4つにまとめられている。その実践展開は、一般に社会的に排除されがちな人々のエンパワーメント過程において重要な役割を果たしているのである。こうした「基本姿勢」は、第2章でもふれたように、東日本大震災からの復興過程にかかわる仕事づくり・地域づくりにもみられることである。最近では地域ESD実践の視点からも、労働者協同組合による「居場所」づくり、当事者研究やピアサポートの実践などが具体的なエンパワーメント過程として重要視されるようになってきている[10]。それらは、大震災からの復興過程や社会的排除問題への取り組みにおいても重要な意味をもつ実践である。

　われわれが着目すべきことは、こうした活動には「持続可能で包容的な地域づくり」に必要な学びが不可欠なものとして含まれていることである。大震災からの復興にかかわって表2-1で見た学習領域は、第4章では市民主体の自然エネルギー開発にかかわる学習の全体的位置付けを考える上で必要なものとして示したが、もともとは社会的排除問題に取り組む社会的協同実践とかかわる学習活動を説明するために提示したものである。そして労働者協同組合活動は、

---

[10] 大高研道「持続可能な働き方を可能とする社会的企業の試みと学び」日本社会教育学会編『社会教育としてのESD―持続可能な地域をつくる―』東洋館出版社、2015。

こうした脈絡における「現代生涯学習の基本領域」全体にかかわるものであり、「地域再生教育」の重要な一環となっているのである[11]。

廣奥報告では、「憩いの家」の指定管理者という仕事にとどまらず、「地域総合福祉拠点」をつくり、暮らしやすくて、ずっと暮らしていけるような地域を、地域住民とともにどう創造していくかを考えながら活動していることが述べられている。各施設にスタッフはひとりしかいない。そこで「アイデアとか人材は身近にいる」と考え、「一緒にやる、つなげる役目」を重視した、地域住民主体のネットワーク活動が基本となっている。そこから多様な実践が生まれている。

まず、実行委員会方式のお祭り・イベントが企画される。地域で必要とされている学童保育に取り組んでいた「大町憩いの家」では、大人とくに高齢者と子どもの交流を中心としたフェスタが実施された。農村的地域がある「島松憩いの家」では、町内会、学校、そして老人クラブなどの地域組織と協同し、資金づくりからはじまる活動が展開された。そうした活動を通して、普段利用していない地域住民の姿や問題もみえてきて、「地域の課題」も考えるようになってきた。こうした理解の上で、社会教育の事業として展開されている「コミュニティスクール」にもスタッフとして加わり、「通学合宿」にも参加するようになる。それは、地域の学習と生涯教育計画のあり方を考えていく方向につながる[12]。

こうした中から「憩いの家」の活動を超えた新たな実践が生まれてくる。空き家を借りて、忘れ去られそうな子どもを対象にした「居場所」と「集える場所」づくりをする「放課後児童デイサービス事業」である。もちろん、そこには学童保育などの経験も生きているのであるが、準備会での話し合いを通して、障害児をもつ家庭や学校卒業後の居場所にはじまり、大人たちのサロン、誰もが困った時に「助けて」と言えるような場所づくりに広がっていった。協力債

---

(11) 拙編『排除型社会と生涯学習—日英韓の基礎構造分析—』北海道大学出版会、2011、序章および第6章を参照されたい。
(12) 恵庭の生涯教育計画づくりについては、拙著『増補改訂 生涯学習の教育学』北樹出版、2014、終章を参照されたい。

図6-3　共生型拠点「もりのいえ」構想

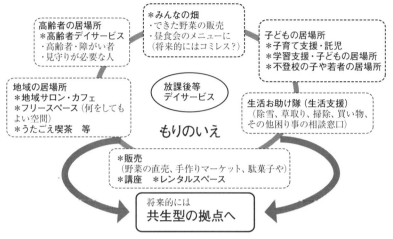

（注）ワーカーズコープ恵庭地域福祉事業所資料。

や出資金というかたちで集まった地域からの資金は約250万円となった。「地域総合福祉」の拠点コモンズとなる方向が見えてきたのである。それは子ども、高齢者、そして地域の居場所、そして放課後等デイサービスに加えて「みんなの畑」づくりと手作り作品のマーケットや諸講座を展開する拠点として、とくに社会的に排除された人々の生活支援をする「共生型の拠点」である「もり（母里）のいえ」として構想されるようになってきている（図6-3）。

　こうした実践は、公共施設を地域課題に応え、住民主体のものとする活動が、現在求められている新しいコモンズ（共有資産）を創造することにつながった実践として注目される。もちろん、廣奥報告もこの施設利用をめぐる問題として指摘していたように、地域の個々人・グループ・組織の利害や要求をどのように調整するか、持続的に維持していくための運営資金をどう確保するかといった課題はある。しかし、そうした課題を乗り越えていくための学習をくぐってはじめて「地域主権者」としての形成がなされるのである。それは、第4章でみた自然エネルギー利用施設の場合と同様であるということができよう。

第3節　自然エネルギー社会づくりにつなぐ

　ポスト・グローバリゼーション時代の今日に求められているのは、「持続可能で包容的な社会」である。つまり、1990年代以降の経済的グローバリゼーションによってもたらされた「双子の基本問題」（地球的環境問題と貧困・社会的排除問題）の同時的解決である。それは国際的には、前者に対応してきた環境教育と後者に対応してきた開発教育を実践的に統一する課題であり、それらをグローカルな実践としてのESDの新展開＝GAPの原則をふまえて具体化することが課題となっている。そこに、第3章でふれたように、とくに東日本大震災以後の日本において「社会教育としての生涯学習」が重要な役割を果たすことが期待されている。

　これまでみてきたことをふまえるならば、北海道における自然エネルギー社会づくりを、地域の社会的排除問題に世代間連帯で取り組む実践とどのように結びつけていくかという課題になるであろう。本章第1節で紹介した下川町の実践では、「一の橋」地区の地域づくりにそうした方向をみることができた。「フォーラム」の第3分科会の報告では、NPO「北海道自由が丘学園」の実践が注目される。

　同学園は、不登校の子どもたちを対象にして「人間教育」を実践するフリースクール的活動＝「ヒューマントラスト運動」をしてきたが、最近では、リサイクル・省エネと木質ペレットストーブおよび太陽光発電によってエネルギー自給100％をめざす「エコハウス」＝「エコスクール」づくりを市民運動として展開していることでも注目されている。これまでの活動については、別のところ[13]で紹介しているのであわせて参照されたい。

　吉野報告ではまず、彼の生協活動と自然エネルギー利用社会づくりの経験のライフヒストリー的な紹介があり、その経験がNPO設立過程とその後の実践に活きていることが参加者によく理解された。知床のナショナルトラスト運動

---

[13] 拙著『持続可能な発展の教育学』前出、第1章第4節。

表6-1　北海道自由が丘学園基本カリキュラム（2013年度より）

	月	火	水	木	金
10：00〜12：30	ウォーミングアップ・プリント（日本語・英語・個別学習など）				
	朝の会				
	理科 科学	日本語（国語）	数学・理科	英語	日本語
	算数 数学	社会科 歴史	英語 選択	やってみる科	行事（またはミーティング）
13：30〜15：30	地球に生きる科	表現科A（美術・工作・造形）	人間科（またはスポーツ）	文章表現科（または公民）	表現科B（音楽科または選択学習）
	帰りの会・放課後／部活動ほか				

（注）北海道自由が丘学園資料による。

にならって「ヒューマントラスト運動」と名付けたその運動は、人間が「人間の育ちあう地域づくり」を進めるものとして注目される。

　第1に、子ども主体の教育実践が展開されており、「子どもたちが主人公、学びの場の主体者」であるということを中心的な理念として、「教育における民主主義を深化」する人間教育・全人教育をしようとしていることである。そうした実践は、学科だけでなく、多様な学習の内容と方法を生み出していくことになった。

　第2に、「学校」として認定されていなかったことを逆手にとって、オリジナル教材や多様な学習の場（もちろん、エコハウス自体も教材である）を活かして、独自カリキュラムを展開していることである。たとえば、各自のペースにあわせた基本教科（日本語・国語、算数・数学、社会科・理科など）のほか、「地球に生きる科」、「人間科」、「表現科」、「外にでる科」、「やってみる科」などである（**表6-1**）。

　「人間科」では、さまざまな職業のゲストを招いて進路を模索したり、自分の心や仲間と向き合い、人間としての生き方を考えたりする。「地球に生きる科」は生命、環境、文化をテーマに、広く地球社会を知るための総合学習を進める。農業体験やエネルギー学習はここに含まれる。「表現科」は、美術・工作・音楽を通じた自己表現で、演劇公演なども実施する。「やってみる科」は、生徒が自由にテーマを決めて追求する時間で、アニメ制作、ダンス衣装、妖精・妖

怪調べなどに取り組んでいる。

　これら全体の中で、広い意味での環境教育、「持続可能で包容的な社会づくり」の担い手形成のための教育実践が行われてきたのである。これらは学習指導要領に規定されない「学校」だからこそ、むしろ学校から排除されてきた子どもを対象にしてきたからこそ可能となった実践であるが、既存の学校教育のあり方を問い直すものとなっている。序章第1節で見たように最近では、「第2期教育振興基本計画」（2013年）で現代を「生き抜く力」が強調され、2015年8月の学習指導要領改定案では「アクティブラーニング」の重視が打ち出されている。それらを競争主義・エリート主義な方向に水路付けしないようにするためにも、これらの実践に学ぶ必要があろう。

　第3に、地域とのつながりである。「自由が丘学園」は釧路と余市の両市に姉妹団体のNPO組織をもっている。とくに札幌に近い余市では「教育福祉村」という名称をもち、教育と福祉を結びつける活動が考えられている。具体的な連携では、毎月でかけて農作業をともなう農業教育をし、収穫物を持ち帰って調理し、食育実践をしている。もちろん、こうした実践は環境教育と結びつき、あわせて事実上「持続可能な発展のための教育（ESD）」の展開となっているのである。ここで前章で紹介した障害者・高齢者・若者がかかわるコミュニティ農園の実践を想起してもいいだろう。

　第4に、その運動は排除されがちな子どもだけでなく市民教育にも発展しているということである。報告の前々週に実施された市民向けの「エコ・エネルギー防災教室」（講演会「自然エネルギーを活かした防災に強い暮らし」、親子で体験「あったか防災ごはんづくり」、そして「防災グッズおもしろ工作」の3部構成）の活動も紹介されたが、それは市民運動としてのエコハウスづくり、そして教育実践において環境教育を重視するという実践内容からも必然的な展開である。

　吉野報告は最後に、運営上の課題もふまえつつ、こうした「市民立の教育づくり」の意義と可能性を提起した。それは世界の歴史の中でも、日本と北海道の現段階でも「もうひとつの学校」として多様に展開されているが、日本で12万、北海道で4千人という不登校児童がいて、なお増加傾向にあるという現状

を見るだけでもなお発展課題は山積みである。吉野氏は、諸外国の子ども協同組合、文化協同組合、遊び・子どもコープといった活動にも、「民主主義の実質化」をめざすものとして、今後の可能性がみられることを指摘していた。もちろん、そこでは序章でみた韓国の代表的代案学校としてのプルム学校の実践も参考になるであろう。それらは、「世代間・世代内の公正」＝持続可能性を現実化するような、「暮らしつづけられる地域づくり」にかかわる「社会教育としての生涯学習」の可能性と課題として受け取ることができよう。

第4節　適正技術と不定型教育＝社会教育

　日本の代表的な環境経済学者でFIT（固定価格買取制度、2012年発足）の具体化に重要な役割を果たした植田和弘は『緑のエネルギー原論』を著した。その最終章「自立―分権・参加・自治による地域エネルギー経営」では、エネルギー協同組合などによる再生可能エネルギー事業は「ソーシャル・イノベーション」と呼ぶべきものであり、それらは「計画的に起こすことはできない」が起こしやすくすることはできるかもしれないとしている。そして、地域金融機関と地方自治体の役割とともに、とくに取り組んでいる主体が「ネットワークを形成し、経験の交流や相互学習をすすめること」の重要性を指摘している[14]。
　「ソーシャル・イノベーション」は、市場経済でも非市場経済でもない「半市場経済」、すなわち倫理経済や連帯経済を推進するものとして、個人的価値・社会的価値・事業的価値を統一する「総有的価値」、あるいは官・民・市民の接点に立つ「ソーシャル・エンタープライズ」（社会的企業）によって推進されるものと考えられている[15]。その理解や実践例については本章第2節でもみてきたところである。それらは主として、貧困・社会的排除問題に取り組む「地域再生教育」にかかわるものであったが、第2章で示した**表2-1**にある「社会的協同」の実践全体に広がるものである。その理解の上で、本編の流れから

---

[14] 植田和弘『緑のエネルギー原論』岩波書店、2013、p.162。
[15] 内山節ほか『半市場経済―成長だけでない「共創社会」の時代―』角川書店、2015、とくにソーシャル・イノベーションについては第4章（梅田一見稿）。

指摘しておくべきことは、ソーシャル・イノベーションの活動に必要な「ネットワークを形成し、経験の交流や相互学習をすすめること」(植田)であり、それらを援助・組織化する教育実践の固有の役割である。

『スモール・イズ・ビューティフル』(1973年)で知られているE. F. シューマッハーは、倫理経済や連帯経済の理解に重なる「人間のための経済」を提起し、その発展のために不可欠な「適正(中間)技術」開発の重要性を強調した[16]。3.11後の科学論では『科学の限界』が問われ、そこでは科学者のあり方を含む「等身大の科学」が提起されているが[17]、それらも「適正技術」の考え方につながるものであろう。自然エネルギー技術は大企業技術でも伝統技術でもない適正技術いわば「不定型的技術」であり、その開発・普及にあたっては「不定型教育 Non-Formal Education」(社会教育の本来的特質)[18]が重要な役割を果たす。本編で紹介したNEPAの活動が、まさにそのことを示している。これをふまえて、「分権・参加・自治による地域エネルギー経営」=内発的地域づくりに不可欠な学習を「地域づくり教育」(学習ネットワーキングから地域ESD計画化への不定型教育)として、「実践をとおして過程志向的に構造化」していくことが求められる。

本編で見てきた「環境モデル都市」の飯田市や下川町の実践例は、その可能性を示している。どちらも、個々の活動は直面した具体的必要から生まれたものであり、学習・教育活動として計画的・組織的に進められたわけではなく、「地域環境・エネルギー学習計画」を含む地域ESD計画づくりは今後の課題となっている。しかしながら、世代間・世代内連帯による持続可能な地域づくり、その一環として自然エネルギー社会づくりを進める上で求められる学習=実践活動のポイントは、これまでの活動経験からすでに見えてきているように思われる。

---

(16) その教育学的意味については、拙著『持続可能な発展の教育学』前出、第5章第4節。
(17) 池内了『科学の限界』ちくま新書、2012。「等身大の科学」をめぐる議論については、山脇直司編『科学・技術と社会倫理―その統合的思考を探る―』東京大学出版会、2015、など参照。
(18) 拙著『生涯学習の構造化―地域創造教育総論―』北樹出版、2001、などを参照されたい。

ESDとGAPの原則に示されているように、持続可能な発展のための学習は、定型（フォーマル）・不定型（ノンフォーマル）・非定型（インフォーマル）な学びを含んだホリスティックなものである。それらの中で、現段階で戦略的な位置を占めるのは不定型な学びを推進する教育の役割である。

　不定型教育の一般的理解として重要なことは、第1に、歴史的には1960年代の発展途上国で環境問題や社会的排除問題に取り組む地域開発教育のあり方として、のちには先進国の貧困・社会的排除地域における開発教育の実践の中から提起されてきたということである。第2に、定型教育が教育専門実践者によって、非定型教育が学習者によって組織化された教育であるのに対して、「不定型教育」は教育専門実践者（研究者を含む）と学習者の協同によって推進される教育だということである。第3に、不定型教育は定型教育と非定型教育それぞれの実践の特徴を活かしながら、教育の全体を実践的に統一していくという機能をもっていることである[19]。これら不定型教育の基本的特質が、地域に根ざした自然エネルギー社会＝持続可能で包容的な地域社会づくりに適合的な特質であることは、いまや明らかであろう。

　多面的な視野からの学習が必要であるが、本編でみてきたような「社会教育としての生涯学習」の視点からすれば、まず第4章第3節で「環境教育」を事例として示した学習の全体を視野に入れ、とくに不定型的教育が求められる環境創造教育・環境教育主体形成の実践の独自の位置付けが重要となる。それらは、より広く「地域をつくる学び」を促進する「地域づくり教育」＝不定型教育の6つの領域の一環として展開することが課題となっている。そして現段階では、それらはグローカルな実践として、地域の諸条件と実践的到達点に応じた創造的発展が求められ、互いのネットワークを通した学び合いが必要となっているのである。

　なお、北海道における自然エネルギー社会づくりを抑制している根本的要因として、泊原発をもつ北海道電力による電力の地域独占の問題があることを付言しておかなければならないであろう。そのことは、まさに原発を「ベースロ

---

[19] この点についてくわしくは、拙著『学校型教育を超えて―エンパワーメントの不定型教育―』北樹出版、1997、とくに終章。

ード電源」とするがゆえに、九州電力に次いで「FIT（固定価格買取制度）」に基づく再生可能エネルギーによる電力の受け入れ制限をしたことなどに端的に示されている。北海道電力は、序章第2節でふれたような川内原発再稼動に力を得て、泊原発再稼動にむけての準備をしている。これに対して、さまざまな地域住民と研究者の学習運動もある。第1章第2節で紹介した川原茂雄の原発出前授業は、300回を越えて続いており、「原子力教育」そのものや「原子力ムラ」など、それを支える社会システムをも問うようになってきている[20]。

　また、北海道固有の問題として「幌延深地層研究センター」の問題がある。東日本大震災以降、「トイレのないマンション」＝原発の使用済み核燃料、とくに高レベル放射性廃棄物の最終処分場の問題が社会的に問われている。核燃料サイクルにこだわり、「地層処分」に最終処分方法を限定している政府・原子力委員会にとっては切羽詰まった課題となっているが、その最終処分候補地として幌延町があらためて浮かび上がってきているのである。しかし、幌延町は核廃棄物処理には不適切な地層であるし、酪農を中心とした同町の内発的発展に反するものであることがこれまでにも指摘されてきている。そもそも幌延の研究センターに関しては、「研究期間中はもとより研究終了後においても放射性廃棄物を持ち込むことや使用することはしない」という北海道・幌延町・核燃料サイクル開発機構による「三者協定」（2000年）があった。しかし、原子力委員会はみずからが依頼した日本学術会議の「回答」（2012年）や「提言」（2015年）、とくに国民的合意形成や暫定保管、総量規制などの政策提言[21]を無視し、政府は最終処分を予定する「概要調査地区」選定を進める閣議決定（2015年5月）をした。

　北海道では、これらに対応することをぬきにして自然エネルギー社会づくりはできないであろう。もちろん、そのことは同時に国民的かつ地球的課題である。しかし、本書ではそのことを指摘しておくに止めざるを得ない。

---

(20) 川原茂雄『原発と教育―原発と放射能をどう教えるのか―』海象社、2014。
(21) 日本学術会議高レベル放射性廃棄物に関するフォローアップ委員会『提言　高レベル放射性廃棄物の処分に関する政策提言―国民的合意形成に向けた暫定保管―』日本学術会議、2015年4月。

第 III 編
ポスト・グローバリゼーション時代の「新しい学」へ

はじめに―第Ⅲ編の課題―

　巨大津波と過酷な原発事故を伴う東日本大震災は、それまでの日本の政治・経済・社会あるいは文化やものの考え方の問い直しを迫ると同時に、自然・人間・社会の総体的ありかたを地球レベルでも地域レベルでも問うものとなった。世界史的大転換期とみられるこの現局面で、「将来社会」の方向をどう考えるか。もちろん、その答は様々であろうが、第3章で見たように、国際的合意としては「持続可能な発展（SD）」があり、その担い手形成のための「持続可能な発展のための教育（ESD）」が取り組まれてきた。そうした動向をふまえつつ本書はこれまで、3.11後社会の方向を「持続可能で包容的な社会 Sustainable and Inclusive Society」と考え、そうした社会を実現していく際に求められる学習活動とそれを援助・組織化する教育のあり方を考えてきた。

　「持続可能で包容的な社会」づくりを進めるためには、学際的・総合的性格をもつSDと高度の理論的・実践的研究を必要とするESDの理解を不可欠のものとする。そこで重要になるのが、高等教育機関の役割であり、直接的にはまずその社会貢献活動とくに地域社会貢献活動が問われる。具体的に高等教育機関の地域社会貢献活動を推進するためには、ESDを地域で展開する際の中核となる「持続可能で包容的な地域づくり教育 Education for Sustainable and Inclusive Communities, ESIC」が求められる。その重要性についてはこれまで指摘してきたところであるが、その取り組みはひとり社会貢献だけでなく、大学の教育さらには研究や管理運営を含む全体的なあり方を問うものとなるであろう。

本編はこうした理解を前提にして、高等教育（とくに大学）としてESD、中でもその中核としてのESICに取り組むことの意義と課題について考えてみようとするものである。

以下、第7章では、ESDにおける高等教育機関の役割についての国際的理解、日本での取り組みの現状と北海道での動向、それらに見られる当面する諸課題を整理する。基本的問題は、ESDがいまだ大学において正面から位置づけられていないことであるが、その理由は、ESDそのものの理解が不十分であるということにある。そこでさらに、ESDが新しい「生涯学習の教育学」を必要としていることに着目し、求められる理論と実践がどのようなものであるかについて、とくにグローカルな実践的時空間を対象とする教育学の視点から述べる。

このことをふまえて第8章では、大学の地域社会貢献とESDとの関連を考え、グローバリゼーション時代の大学の変容と高等教育に求められているもの、そうした中での地域社会貢献の動向と発展課題、そしてESDに取り組むことの意義について検討する。その上で、地域ESD実践の多次元性・多層性とそれに照応する調査研究のあり方を提起する。

さらに第9章では、地域社会貢献の活動を地域ESD実践の中に位置づけ、その展開過程に即して地域調査研究がなされるべきこと、とくにESDの中核としてのESICに取り組む際にはそれに固有の理論と実践が要請されることを、東日本大震災からの復興過程にかかわった大学の実践を含めた諸事例によって指摘する。そして、今日的課題として「民衆大学」との連携を提起しつつ、それらがポスト・グローバリゼーション時代の「新しい学」、すなわちグローカルな「実践の学」を創造することにつながっていることを主張する。

以上をとおして、ポスト・グローバリゼーションの内実が問われる「ポストDESD時代」の大学に求められている課題を明らかにしていきたい。

第7章

ESDに取り組む大学の役割

第1節　高等教育機関のESDへの取り組み

　現代社会は「後期近代」(J. ハーバマス)、「ポスト・フォーディズム」(A. リピエッツ)、再帰的近代 (A. ギデンズ)、リスク社会 (U. ベック)、液状化社会 (Z. バウマン)、排除型社会 (J. ヤング) など、様々に特徴づけられている。しかしながら、チェルノブイリ原発事故と冷戦終結の後に限定してみれば、この時代の最大のキーワードは、これらの特徴付けを含みながらも独自に意味付けられてきた「グローバリゼーション」であろう。

　この時代の「双子の基本問題」が、富と貧困の対立激化の結果としての「貧困・社会的排除問題」と、地域から地球レベルに至るグローカルな「地球的環境問題」の深刻化であることはすでにふれた。それらの多くは経済活動の外部に押し付けられてきたが、グローバリゼーション時代はいわば「外部のない時代」であり、両問題が内部化され、可視化されてきて、各国政府においてもなんらかの政策的対応が迫られている地球的問題群となってきている。これらに対応する共通理念が「持続可能な発展（開発）(Sustainable Development, SD)」であり、その課題に取り組む担い手育成のための「持続可能な発展（開発）のための教育 (Education for Sustainable Development, ESD)」であった。

　これまでSDに向けて環境・経済・社会あるいは文化や政策の諸学での取り組みがなされてきた。社会科学や自然科学の枠組みを越えた学際性を強調する「サステイナビリティ学」も生まれている。3.11（東日本大震災）後にはとりわけ、自然―人間―社会の総体のあり方が問われており、個々の自然科学・社会科学を越えた文明論的あるいは哲学的な提起も目立つようになっている。こ

れらに対して、いわば「人間の自己関係」として、人間が人間の成長や発達あるいは変容に直接働きかける実践をとおしてかかわろうとするのが「実践の学」としての教育学の立場であり、ESDはその新たな発展を要請している。

　DESDの国際実施計画（2005年）では、高等教育機関の役割として、1）サステイナビリティの視点にたったカリキュラム編成、2）サステイナビリティを中核にすえた研究推進、3）キャンパスのグリーン化、4）地域・社会貢献（機関がある地域の課題解決や持続可能性推進への支援、ESDのハブ機能）、5）社会的責任としてのミッションの提示と実行、などが挙げられていた。これらの中に本章のテーマにかかわる4）が含まれていることを確認することができる。しかし、全体としてみるならば、これらはESDそのものの理論的・実践的展開というよりも、高等教育が持続可能性に向けてどのように貢献できるかという「高等教育における持続可能性 Sustainability in Higher Education」を総覧的に提起したものであると言える。DESDの期間（2005-14年）、これらの諸活動が日本でも取り組まれてきたが、この間に「サステイナビリティ学」が一般化してきたことに示されるように、各大学におけるESD推進が一定程度進んできたことは確認できる。具体的にはESDにかかわるセンターの設置、カリキュラム改革、指導者養成・資格認定などである。これらをとおして、住民への教育活動、地域社会への貢献（サービス・ラーニングなど）、地域組織との協同研究などが展開されていることが注目される。

　高等教育機関が取り組むESDの全国的ネットワークも見られる。たとえば、全国700を超える学校が加盟するようになったユネスコスクールの発展のための「ユネスコスクール支援大学間ネットワークASPUnivNet」をはじめ、最近では「リオ＋20」（2012年）を契機としたESD推進のための大学ネットワーク（HESI）なども見られる。とくに、文部科学省の「現代GP（Good Practice）事業」等でESDを推進する大学のネットワークから始まった「HESDフォーラム」は、ESDの情報交換だけでなく実践の質的向上をめざすものであり、2013年10月で第7回目となった（24大学が参加）。

　ESDの取り組みの代表的な活動とされてきた「ユネスコスクール支援大学間ネットワーク」について具体的に見てみよう。それは、2008年、東京の国連大

学で開催された「ESD国際フォーラム」（主催：文部科学省、日本ユネスコ国内委員会、ユネスコ、共催：国連大学、ユネスコ・アジア文化センター、宮城教育大学）を契機に設立されたものである。8大学で立ち上げたものであるが、14年には17大学の加盟までに広がっている。ユネスコスクールの登録数は、07年までは20校前後であったが、07年に宮城教育大学で開催された「国際理解教育シンポジウム」、「ユネスコスクールの集い」を契機に、気仙沼市をはじめとして、地域での加盟が全国的に拡大してきた。08年には一気に78校となり、12年には目標としていた500校を越え、13年度末には647校、15年5月時点で939と急増し、国別加盟数では日本が世界最大となっている（世界では182ヵ国の10,422校が加盟）。

　ユネスコスクールは、ユネスコ憲章に示されたユネスコの理想、すなわち「世界の諸人民に対して人種、性、言語又は宗教の差別なく正義、法の支配、人権および基本的自由に対する普遍的な尊重を助長するために教育、科学および文化を通じて諸国民の間の協力を促進することによって、平和および安全に貢献すること」（第一条「目的および任務」）を実現するために、1953年に「Associated Schools Project Network, ASPNet」として始まった。その後、地球規模の諸問題に青少年・若者が対処できるような新しい教育内容や手法の開発、発展を目指して活動してきた。とくに、国連システム、人権、民主主義の理解を広め促進することを中心に、国際理解教育、環境教育などに取り組んできた。21世紀に入って、ASPUnivNetの設立経過からもうかがえるように、それはまさにESDとテーマを共通するものと考えられるようになってきた。

　こうして日本では、DESDの期間に多様な活動が展開され、大学としての取り組みも進展してきた。なお、「国連ESDの10年」総括会議（2014年）にあわせて名古屋市で「持続可能な開発のための高等教育に関する名古屋宣言」が採択され（66ヵ国から約750名参加）、これまでのESDに果たしてきた高等教育機関の役割と責任を共有すると同時に、「革新的な取り組みを主流化」することの重要性が強調されている。

　以上のような取り組みにもかかわらず、高等教育の地域・社会貢献という視点からみて基本的な問題は、ユネスコスクールは急増し、大学での個々の教育

や研究は進んでも、ESDそのものがなお大学内で十分認知されていないこと、そして、外来用語であることもあって、地域や社会であまり知られていないということである。21世紀的課題を考えるまでもなく、ほんらい大学の研究や教育はすべてESDにかかわっている。にもかかわらず、主要大学でサステイナビリティ学は知られていてもESDは十分に普及しておらず、ESD研究の側からの大学の位置づけも弱い。教育・研究・運営・地域貢献にわたる「全組織的アプローチ」が課題となっているのである。そうした中でとくに地域・社会貢献が期待されているESDは、なお地域や社会での具体的な活動とのつながりが弱く、大学の教育・研究の発展における意義が十分に理解されていないというのが現状である[1]。

　もちろん、こうした中でも、センターを設置している立教大学や北海道教育大学、カリキュラム改革・教養教育での取り組みがみられる宮城教育大学、資格認定まで進めた神戸大学・愛媛大学・岩手大学、サービス・ラーニングとして位置づけている昭和女子大学など、注目すべき個々の取り組みが見られ、それらの学び合いの中から、今後の総合的発展への方向が切り開かれて行くことが期待されている[2]。さらに最近では「社会教育としてのESD」の視点から、地域づくりの担い手養成のための取り組みも注目されている。具体的には滋賀大学の「環境学習支援士」、松本大学の「地域づくりコーディネーター」、法政大学の「地域学習支援士」、山形大学が鶴岡市と連携した「食文化創造コーディネーター」の養成といった事例が紹介されているが、こうした制度化は持続性ある「地域づくりの第1歩」と評価され、「大学のもつ知的資源を地域共有の資産として、地域づくりのための参加と協働のしくみを創ること」が今後の課題とされている[3]。

（1）高等教育機関におけるESDの取り組みの動向と課題については、野村康・太田絵里・高橋正弘「高等教育におけるESD─研究の現状と課題─」『環境教育』第20巻第1号、2010、荻原彰編『高等教育とESD─持続可能な社会のための高等教育─』大学教育出版、2011。
（2）たとえば、佐藤真久・阿部治編『ESD入門』筑波書房、2012。それは、日本におけるESDの基盤となっている環境教育の課題でもある。日本環境教育学会編『環境教育』教育出版、2012、など参照。

第2節　北海道の大学ESDの課題

　前節で見たような動向は、北海道でも基本的にかわることはない。

　大学のESDに関する北海道での取り組みの代表例としては、北海道大学と北海道教育大学を挙げることができるであろう。

　北海道大学では学内共同教育研究施設「サステイナビリティ学教育研究センター」を設置している。その目的は「持続可能な社会の構築に寄与する人材を育成するため、本学のサステイナビリティ学に関する研究分野の相互協力を推進し、及び国内外の研究拠点との連携の強化を促進し、もってサステイナビリティ学に関する教育研究の進展に資すること」(同センター規定、2008年) であり、「サステナビリティ・ウィーク」等によって諸部局での関連事業を集約しながら、多面的取り組みを推進している。ESDプロジェクトを含む2013年度 (9月10日からの3ヶ月) のサステナビリティ・ウィークは第7回目であり、シンポジウム・フォーラム等を中心に、市民向け講座、展示・発表・コンテスト、映画会、ポスター発表等も実施されている。全体で40の企画があり、全体企画のほか、個別テーマとしては「未来への学び」14、「協力ネットワークをひろげる」14、「すこやかに人間らしく生きる」5、「調和を見いだす」6の企画と整理されている。大学間国際交流協定校との共同企画も4つあり、協定校からの参加は11カ国20大学76名であった。

　これらの企画は、「高等教育における持続可能性」という視点に立った場合、多様な専門分野から多様なアプローチが成り立つことを示している。こうした中で、2013年度で4回目になる教育学研究院主催の「ESD国際シンポジウム (テーマは「国際協同教育の開発──ESDキャンパスアジアの挑戦」)」も開催されている。しかしながら全体として、サステナビリティ・ウィークは各部局で取り組んでいる関連教育研究活動の寄せ集めの性格が強く、部局構成の性格から取り組みは自然科学系に重点があり、イベント的・啓蒙的なものが多い。現状に

---

(3) 笹井宏益・佐藤一子「ESD推進に向けた大学と地域の連携・協働」日本社会教育学会編『社会教育としてのESD』東洋館出版社、2015。

おいてそれぞれの企画には意味があるとしても、大学全体としての（サステナビリティ学一般とは区別される）「ESD」の理解、それに取り組むことの研究的・教育的意義は明確ではなく、企画関係者以外にはESDについてあまり知られていないと言ってよい。なお、2014年度は「RJE（極東ロシア・日本専門家教育）コンソーシアム」国際運営委員会セントラル・オフィス主催の「日露共同で行う教育プログラム開発プログラム」はあったがESDではなく、2015年度にはESDをテーマとするものや教育学関係の行事は組まれていない。

これに対して北海道教育大学釧路校では「ESD推進センター」を設置し、「地域融合型」の教員養成プロジェクトを中心にしたESD人材養成システムを開発し、実践している[4]。このセンターは教育研究の基盤として、2006年に設置された「地域教育開発専攻」をもち、教科融合型カリキュラム（地域イントロダクトリー、地域トライアングル、地域プラクティス、地域ビジョン開発の科目群）によって学生のシステム思考・地域協働力・地域ビジョン形成力を育てるとしている。このうち地域協働力とは「チャレンジ精神とコミュニケーション能力を持ち、地域のなかで住民と共に協働して活動し、地域社会を活性化する力」である。それゆえ釧路校は「地域融合型キャンパス」をめざし、学生が地域で実践的に学習できるだけでなく、地域住民がキャンパスに自由に出入りし、教員・学生と交流しながら地域づくりに向けた学習をできるようにすることを目指している。具体的な事業としては、ユネスコスクールや各種ESD関連シンポジウム・セミナー、自然体験学習などと並んで、ESD推進者として位置づけられた「ESDプランナー」の育成がある。それは持続可能な地域社会づくりを促進するファシリテーターと考えられている。このESDプランナーは、ESD関連活動の実績があり、ESD資格科目の公開講座等のESDポイント16以上を受講した市民も取得可能となっている。

こうした取り組みはESD推進のモデル的活動と言えるが、「地域教育開発専

（4）北海道教育大学釧路校とくにESDセンターの実践については、生方秀紀・神田房行・大森亨編『ESDをつくる―地域でひらく未来への教育―』ミネルヴァ書房、2010、生方秀紀「地域における大学の役割：ESD推進センターの実践から」『日本社会教育学会紀要』No.49-1、2013。

攻」以外そして釧路校を越えて北海道教育大学全体で取り組むこと、さらには
それを教員養成系以外の大学でも展開して行くことは今後の課題となっている。
たとえばユネスコスクールの北海道内の加盟校は2009年の4校から13年39校、
15年6月現在で45校（幼稚園7、小学校15、中学校6、小中学校1、中高一貫
校3、高等学校13）へと拡大してきているのにもかかわらず、ASPUnivNetの
北海道のメンバーはなお北海道教育大学釧路校だけであることに端的に示され
ているように、大学での取り組みは不十分であり、取り組んでいる大学でも課
題は山積している。

　もちろん、ESDの推進をしているのは学校や大学だけではない。市民や
NPOあるいは企業等の諸団体での活動がみられる。北海道全体での推進に取
り組んでいるのは、環境省北海道地方環境事務所と北海道環境財団の協働で運
営している「環境省北海道環境パートナーシップオフィス（EPO）」である。
かかわる多様な主体のパートナーシップの形成をはかり、地域の持続的な環境
保全活動を促進するために、情報提供、相談、交流などの拠点たらんとして、「地
域活性化に向けた協働取組事業」や「持続可能な地域づくりを担う人材育成事
業」などの環境省系列の事業を展開している。学校ではユネスコスクールをは
じめ、学社連携・融合、学校支援ボランティアなど地域の教育力再生に取り組
み、民間団体ではESD担い手ミーティングやESD拠点化事業、地域の担い手の
育成などの取り組みが見られる。しかし、全体的に見て、文科省系列というよ
りも環境省系列を中心にESD推進がなされていることが、教育学的視点が弱く、
学校とくに大学のESDへのかかわりが相対的に薄いという現状をもたらすひ
とつの要因となっていると言える。

　ESDの視点を大幅に取り入れた環境教育等促進法（2011年）を受け、北海道
では「北海道環境教育等行動計画」（2014年度からの概ね10年間）を定めて、「道
民一人ひとりが主体的に持続可能な社会を築いていくために行動できるように
なるための人づくり」を進めようとしている。同計画推進の基礎的要素の7つ
の視点とされているのは、①一人ひとりが学び、考え、行動する、②環境問題
を多面的、客観的かつ公平な態度でとらえる、③本道における環境問題の特性
をふまえる、④体験を重視する、⑤ライフステージに応じる、⑥地域社会全体

が協働して取り組む、⑦いのちのつながり、いのちの大切さを学ぶ、である。環境保全やESDの推進に向けて、地域レベルでの「協働取組」（環境教育等促進法）をどのように進めるかが実践的課題となっており[5]、これに大学がどのように応えるかが問われているのである。

なお、既述のようにESDには、グローバリゼーションがもたらす「双子の基本問題」のもうひとつ、貧困・社会的排除問題に取り組む「地域再生教育」の実践がある。子育て支援や若者支援など個々の領域に対する北海道での取り組みにもふれるべきであろうが、ここでは本編のテーマに即しての議論を進めるために、さしあたって第Ⅱ編で紹介した諸実践によって最近の実践動向を参考にしていただき、より広い視野からの課題については別著[6]に譲っておく。それらにみられるように、北海道では空間的・地域的かつ階級的・階層的な社会的排除問題がとくに深刻であり、「3.11後社会」＝ポスト・グローバリゼーション時代を切り拓くグローカルな理論的・実践的課題として、北海道の諸大学が取り組むべき中心的テーマであることは明らかである。

第3節　人間活動と教育とESD

前節で述べたように、ESDはその今日的重要性、地域の現場からの実践的要請にもかかわらず、なお大学での取り組みが不十分である。それは、ESDがポスト・グローバリゼーション時代、「3.11後社会」としての「持続可能で包容的な社会」を創造して行くために不可欠で最先端の研究・教育領域であり、高等教育機関全体で取り組むべき課題であることが十分に理解されていないこと、そもそもESD自体が国際的あるいは東京中心の運動として理解されることが多く、北海道では（そして他の地域でも）、関連するプロジェクトや環境保全・

---

(5) 具体的な実践の現段階とあわせて、拙著『持続可能な発展の教育学—ともに世界をつくる学び—』東洋館出版社、2013、第Ⅰ部を参照されたい。
(6) 拙編『排除型社会と生涯学習—日英韓の基礎構造分析—』北海道大学出版会、2011、および鈴木敏正・姉崎洋一編『持続可能な包摂型社会への生涯学習—持続可能な包摂型社会への生涯学習—政策と実践の日英韓比較研究—』大月書店、2011。

環境教育にかかわっている人々以外にはよく知られていないことによるであろう。そこで、以下ではESDの性格、その学問的意味、新たな教育実践としての課題にふれつつ、大学の地域社会貢献として取り組むことの意義について考えていくことにしよう。

国際的な経過から見れば「ESD＝開発教育＋環境教育」であり、日本の脈絡から言えばESDは環境教育の新展開である。そうした中でまず確認しておくべきことは、「世代間および世代内の公正」（ブルントラント委員会、1987年）の実現と理解される「持続可能な発展（SD）」は、ほんらい、教育の基本的役割にかかわるということである。

すなわち、ひとつに、教育はそもそも先行世代の後続世代に対する働きかけであるということである。さらに言えば、世代間の対立を乗り越え、学び合いをとおして世代間連帯を進める実践において教育は基本的重要性をもっているということである。別の視点から見れば、教育実践は過去と未来を現在の実践によって結びつけるという基本的性格をもっている。今日、「超少子高齢化時代」に入っている日本では、生活や労働や福祉の領域など、多様な領域で世代間連帯が課題となっており、そこにおいて教育とくに高等教育が果たすべき領域はおおきく広がっている。

もうひとつに、近代以降の教育は、人権思想たとえばフランス革命のスローガンであった「自由・平等・友愛」の価値の実現に向けて、世代内の階級的・階層的な分裂と格差を克服するための基本的手段であったということである。今日、深刻化する社会格差と社会的排除問題（階級的・階層的・国家的・民族的・文化的排除）への対応がグローカルでナショナルな基本課題となってきているが、すべての人々を「受容」することから始まる教育はあらゆる「排除」と本質的に対立する。国連21世紀教育国際委員会報告（1996年）が指摘した「教育vs排除」問題は、21世紀に入って明確になってきている。ユネスコ国際成人教育会議「ベレン行動枠組み」（2009年）は、社会的排除問題に取り組む「包容的教育 inclusive education」の必要性を強調しつつ、青年・成人教育は持続可能な人間的・社会的・経済的・文化的・環境的な発展に重要な役割を果たすことができるとしている。同会議の「ハンブルク宣言」（1987年）では、「人間

中心的開発と人権への充分な配慮に基づいた参画型社会」によって「持続可能で公正な発展」をもたらすという全体的な展望のもと、青年・成人教育の目的は人々が「みずからの運命と社会を統制すること」だとされていた。

　以上のように考えるならば、SDに取り組むことは教育の本来的課題であるというだけではなく、今日の教育の理論と実践における重要課題となっていると言える。にもかかわらずESDは、日本の大学では全体的に見て中心的位置にないことはもちろん、正面から取り上げられているとは言えない。それは、一方では、そもそも主要大学とくに研究中心大学において教育学の位置づけが相対的に低いことがあげられる。しかし他方では、上述のような「世代間および世代内の公正の実現」という「持続可能な発展（SD）」の教育学的含意、それがSD全体にわたる基本的課題だということが理解されておらず、教育学の側からのESDの展開も不十分であったからでもある。

　貧困・社会的排除問題やグローカルな環境問題に地域から取り組むためには、地域住民（子どもを含む）の主体的な学習活動が必要である。こうした視点に立った時、たとえば、学習活動は「なりゆきまかせの客体から自らの歴史を創る主体に変えるもの」だとする「主体形成の教育学」を提起したユネスコの「学習権宣言」（1985年）が求めた新しい学習論はその後の教育学に十分生かされたと言えるであろうか。また、国連の21世紀教育国際委員会はその報告書『学習：秘められた宝』において、21世紀に求められる学習としてとくに「人間として生きることを学ぶ」学習と「ともに生きることを学ぶ」学習を提起している。それらはそれぞれ地球的環境問題と社会的排除問題に取り組む際にとくに求められる学習であったが、そうした学習を推進する教育学は21世紀においてどの程度発展したと言えるであろうか。ほんらいは、これらの理解に基づいた学習・教育の理論的・実践的発展の延長線上にESDが開花するはずであるのに、それらに見合うような教育学の展開は不十分だったと言わざるを得ない。日本におけるこれまでのESD論は、全体として、ESDを理念的あるいは教育行政的・学校教育的「ESD」に限定された枠内で議論する傾向があり、国際教育・成人教育の理論と運動の展開と結びつけて理解するという視点が弱かった。

　学習権宣言と『学習：秘められた宝』が提起していたことの重要な側面は、

表7-1 人間活動と学習実践

	対象理解 （have）	活動論理＝理性 形成（do）	自己認識 （be）	相互理解 （communication）
6つの学習権項目	質問し分析する権利 あらゆる教育的資源に接する権利	構想し創造する権利	自分の世界を読み取り、歴史を綴る権利 個人的技能を発展させる権利	読み書く権利 集団的技能を発展させる権利
学習4本柱	知ることを学ぶ	なすことを学ぶ	人間として生きることを学ぶ	ともに生きることを学ぶ

（注）くわしくは、拙著『新版　教育学をひらく』青木書店、2008、p.50、表0-1の説明を参照されたい。

それまでの人間的能力論や教育論が求めていた部分的な学習ではなく、人間的活動の全体にわたる学習活動を捉えることの重要性の提起であった。それを後者が提起した「学習4本柱」と前者が提示した「6つの学習権項目」によって示すならば、**表7-1**のように整理することができる。ここでは、人間活動全体にかかわる学習実践を、「have‒do‒be‒communication」の4つの側面から捉えている。

このような学習論的アプローチは、21世紀のESDに求められている教育原理的な一側面である。このことの確認の上で、われわれはESDが展開しようとしている実践領域の全体を視野に入れるような枠組みを必要としている。

ESDは環境・経済・社会・政治そして文化の全体にかかわる活動であり、教育活動としては学校教育・大学教育や社会教育、さらには旧来の生涯学習政策にも含まれていなかった新しい領域を含めて、学習と教育のあり方を革新する新しい「生涯学習の教育学」を求めている。ユネスコの「第4回国際環境教育会議」（2007年）で採択された「アーメダバード宣言」では、われわれは「誰でも教師であり学習者」であり、ESDは「生涯にわたるホリスティックで包括的なプロセス」であるという見方へ変化すべきだとしている。

「持続可能な発展（SD）」の理解においては、これまでのものの見方・考え方そのものを問うような哲学的・文明論的視点も必要とされてきた。3.11後においては、「持続可能性の哲学」も提起されるようになってきている。たとえば、日本における環境倫理学をリードしてきた加藤尚武は、『哲学的原理の転換』の必要性を強調し、とくに「哲学の根源性」は「学問、技術、政策のさまざ

な分野に入り込んで、社会的合意形成の援助をする応用倫理学」にあるとし、具体的にリスク社会の重要課題を取り上げた『災害論』を展開して、「国民の合意形成が理性的に行われる条件」を追求しようとしている[7]。これらをふまえつつ牧野英二は、持続可能な社会を実現するための課題解決に取り組む「持続可能性の哲学」こそが「哲学の根源性」を担っていると主張している。

しかし、その哲学については、包括的・総合的性格をもつこと、人間活動の全体の新たな方向付けとその具体的実践が求められていること、真に持続可能な社会のビジョンが必要なことを指摘し、取り組むべき主要問題群として、目的の多義性、思考様式の異質性、価値観と生活形態の多様性、研究領域と課題の複雑性と不確定性、資源の有限性と資源概念の拡大に関する問題群をあげるだけで[8]、具体的な展開は今後の課題となっている。その具体化のためには、牧野が前提とする解釈学や「ポスト・コロニアル理性」、「生の哲学」あるいは正義論を超えた「実践の学」を必要とするであろう。批判や解釈を超えて、持続可能な社会づくりの「実践論理」の内実を展開することが求められているのである。

とくに「E」SDを推進するためには、人間的実践の理解を中心におく「新しい教育学」の展開を必要とする。そのことは、ESDの中核をなす「持続可能で包容的な地域づくり教育（ESIC）」を推進しようとする時に、より明確な課題となる。

第4節　グローカルな実践的時空間

ESICは現局面における「地域づくり教育」の発展であり、まず、グローバルにしてローカル、つまりグローカルな実践であるという理解が求められる。

一般的に言えば、グローバリゼーションの時代、あらゆる社会関係がグロー

（7）加藤尚武『哲学原理の転換―白紙論から自然的アプリオリ論へ―』未来社、2012、p.92、同『災害論』世界思想社、2011、まえがき。
（8）牧野英二『「持続可能性の哲学」への道―ポストコロニアル理性批判と生の地平―』法政大学出版局、2013、pp.331-335。

バル化するという「普遍化」が進展すると同時に、すべての人間の「個人化」が進行するという「普と個の対立・矛盾」が深刻なものとなる。そこから生まれる諸問題に対して、地域という「特殊性」に根ざした社会的実践とそのネットワークによる「多元的な普遍性」の創造によって課題解決に取り組もうとするのが、グローカルな実践である。このグローカルな実践は21世紀に入って、「世界社会フォーラム」などの運動に見られるように、新自由主義的な経済的グローバリゼーションによる世界再編に対して、「もうひとつの世界」を追求するようになってきた。

　ところで、グローバリゼーション時代の当初、世界的な論争となったのは「普遍主義と共同体主義」、「コスモポリタニズムとコミュニタリアニズム」の対立であった。グローバリゼーションの波に乗った普遍主義は、特殊なものを周辺化し、排除する傾向がある。そもそも、その「普遍主義」はみずからの特殊な立場や利益を普遍化するものであったことが批判されてきた。これに対して地域や集団に特殊な論理を主張する共同体主義が提起された。それは、排除されがちな地域や集団の権利を主張するという意味では積極的な側面もあったが、それら地域・集団は他の地域・集団を無視したり排除したりし、あるいは、地域・集団の中の差異を認めず、集団内部の少数者を排除する傾向もあった。こうした矛盾をどのように解決して、どのように「包容的社会 Inclusive Communities and Societies」づくりを進めるかが今日にいたるまで大きな課題となってきているのである。

　その問題点はこれまで支配的であった科学や思想の領域にまで及んでいる。それらを乗り越えて行こうとする新しい試みのひとつとして、旧来の社会科学や倫理学の問題点を指摘しながら、批判地理学的・生態学的・人間学的視点の重要性を強調するD. ハーヴェイの場合を取り上げてみよう。グローバリゼーションを主導する新自由主義の基本的動向や帰結、その諸類型を提示した著書『新自由主義』（2005年）で一躍著名となったハーヴェイは、次のように言う。すなわち、「自由主義的であろうと、新自由主義的であろうと、保守的であろうと、宗教的であろうと、何らかの普遍化を伴うあらゆるプロジェクトは、その適用における特殊事情にぶつかると、深刻な困難に逢着する」[9]、と。そ

表7-2 ハーヴェイの「時空間性のマトリックス」

	物質的実践の空間 (経験／知覚された)	空間の表象 (概念化された)	表象の空間 (生きられた)
絶対的な空間と時間 (ニュートン＝デカルト＝ カント)			
相対的な時空間 (アインシュタイン)			
関係的な時空 (ライプニッツ)			

(出所) D.ハーヴェイ『コスモポリタニズム』大屋定晴ほか訳、作品社、2013（原著2009）、p.263。

れゆえ、安易な普遍化につながるオルターナティブの提起には慎重であらねばならないのである。

　地理学者ハーヴェイの提起は、最近の社会科学および人文科学におけるいわゆる「空間論的転回 spatial turn」の一環と考えることもできる。しかし、彼はさらに、旧来の政治学・社会学・経済学といった社会科学あるいは倫理学や法学の限界を指摘しつつ、地理学的・生態学的・人間学的特殊性を正面から取り上げることができる表7-2にみるような「時空間性のマトリックス」を提起する。

　このマトリックスにもとづく理論的展開と具体的な分析が十分になされているわけではないが、グローカルな視点から地域を、とくに空間・場所・環境といった側面を重視して分析して行く場合に示唆的なことが多い。それは、これまでの社会科学の欠落を埋める作業として有効であろう。とくに多次元的・弁証法的性格をもつとされるこのマトリックスは、現実の地域を見て行く際に必要な諸視点を提供しているし、近代的科学に対するこれまでの批判をふまえた「新しい学」の創造につながる可能性がある。

　しかしながら、現代を時間と空間の分裂、それぞれの短縮化を重要な特徴とする「ハイパーモダンの時代」と捉えていた代表的社会学者A.ギデンズも、多

(9) D.ハーヴェイ『コスモポリタニズム―自由と変革の地理学―』大屋定晴ほか訳、作品社、2013（原著2009）、p.24。

国籍企業や国際的投機資本が主導するグローバリゼーションを見て、現代社会を『暴走する世界』だというような状況があり、それをいかに制御するかが21世紀的課題であった[10]。オルターナティブを創造していく際の根拠となるはずの地域文化や地域的自然を支える「場所」も「没場所」化され、市場的価値の支配のもとで「消費」され、自然も社会も移動性が高まる中で「移動の社会学」の必要性が指摘されていた[11]。こうした動向の下、空間的・地域的な貧困・社会的排除問題が深刻化する中で、どのように「地域」を位置づけ、その再生・創造をしていけばいいのであろうか。

　人間的実践の学としての教育学の立場にたつわれわれにとっては、これらの課題を念頭におきつつ、さらに実践的時空間としての地域を分析して行く視点を必要とする。筆者が「地域再生教育」を提起したのは「社会的協同の実践的時空間」としてであり、「持続可能な地域づくりのための教育」のグローカル性に着目してのことだった[12]。それはこれまでの普遍性にかかわるマクロの論理と、個別性にかかわるミクロの論理の対立を超えて、とくに地域課題解決にかかわる「メゾレベル」での固有な実践の論理に着目する。こうした視点にもとづく地域教育実践の重層性や多次元性の理解については、後述する。

　ここで指摘しておくべきことは、第1に、われわれは関係論的理解を超えた実践論の展開をしなければならないが、そのためには「主体」の理解をふまえた「過程論」的視点を必要とするということである。たとえばハーヴェイは、絶対的・相対的・関係的な時空間の把握の例として、マルクスの『資本論』における「商品」の使用価値・交換価値・価値の総体的・弁証法的把握をあげている[13]。それは、商品・貨幣関係がグローバルな規模で展開し、われわれの

---

(10) A. ギデンズ『暴走する世界―グローバリゼーションは何をどう変えるのか―』佐和隆光訳、ダイヤモンド社、2001（原著1999）。
(11) E. レルフ『場所の現象学―没場所性を越えて―』ちくま学芸文庫、1999（原著とも）、J. アーリ『場所を消費する』武田篤志ほか訳、法政大学出版局、2003（1995）、同『社会を越える社会学―移動・環境・シティズンシップ―』吉原直樹監訳、法政大学出版局、2000（原著2006）。
(12) 拙編『排除型社会と生涯学習』前出、序章および終章を参照されたい。
(13) ハーヴェイ『コスモポリタニズム』前出、pp.269-271。

表7-3 人格の構造と主体形成

人格	存在	関係	過程	類的諸能力	実践	仕事（所産）
実体	自然的	自然－人間	自己実現	諸力能	活動・労働	生産物
本質	社会的	人間－人間	相互承認	所有関係	労働組織	分配関係
主体	意識的	自己関係	主体形成	自己意識化	理性形成	意識化

（出所）拙著『自己教育の論理—主体形成の時代に—』筑波書房、1992、p.92。主体形成「過程」を明確にするために、自己意識を「自己意識化」、理性を「理性形成」、対象意識を「意識化」と変更した。

生活のあらゆる領域に展開している今日において重要な意味をもつであろう。しかし「主体形成の教育学」の立場からはさらに、その商品・貨幣関係がもたらす物象化＝自己疎外過程をふまえ、それを克服して行こうとする主体形成の実践を捉える枠組みを必要としている。その実践は何よりも「過程論」的視点から理解される必要がある。そして、教育学の端緒範疇は「商品」ではなく「人格」である。筆者はこれまで、こうした理解をふまえて表7-3のような人格把握をしてきた。

すなわち、このマトリックスでは人格を実体・本質・主体の3規定から、それぞれを存在・関係・過程の3つのアスペクトから把握し、とくに実践論につながる「過程論」的視点を重視しようとしたものであった。それは戦後の日本と世界が共通に「教育の目的」としてきた「人格の完成」の内実の反省的見直しをふまえ、人格の総体を捉え直そうとしたものであり、主体形成の「過程」を捉える基本的前提を提示するものであった。既述のようにESD（DESD及びGAP）では人間的活動の全体的＝ホリスティックな把握が求められているのであり、この表で示した各セルの内容を、今日的状況をふまえて、より豊かにしていくことが必要であると言えるのである。

第2に、ハーヴェイが重視する空間・場所・環境は、教育学の立場からは、表7-3で示した人格の展開構造に即して理解されるということである。たとえば、ESDの視点からみた「実体」としての人格の側面からは、人間と自然の「作り作られる関係」から生まれる風土、とくにDESDにおける「SATOYAMAイニシャティブ」で知られるように、空間・場所・環境としての「里山」（里海[14]を含む）が重視されてきている。里山保全の活動は表3-1で示した再生可能性

の展開を示すとともに、生物多様性保全の重要な焦点としても理解され、それらをふまえた持続可能性の具体的基盤と考えられてきている。

それゆえ、自然再生を含む「里山づくり」はESDの重要な実践と考えることができるのである。里山は自然と人間の基層から生まれる「関係の社会＝共同体」の再生としても、さらにはグローバリゼーションが推進する「マネー資本主義」に対するオルターナティブとなる「里山資本主義」の提起などとして(15)、それぞれ持続可能な空間・場所・環境そして社会システムづくりにも広がる実践的位置づけが与えられるようになってきている。それらになお検討すべき点があるとしても、里山とかかわる諸人格の実体的・関係的・主体的理解が、ESDの視点から見れば、自然・人間・社会の全体に広がって行く可能性を示していると言えるのである。

第3に、「主体形成の教育学」の立場からは、主体形成過程分析に必要な教育の基本形態をふまえておかなければならないということである。マルクスが『資本論』で「主体としての資本」を分析するために「貨幣としての貨幣」の成立過程を検討する「価値形態論」を必要としたように、それに照応した教育基本形態論が求められるであろう。筆者は、①価値尺度、②流通手段、③（貨幣としての）貨幣、④資本としての貨幣という貨幣諸関係の展開に照応させて、(1) 相互教育、(2) 自己教育、(3) 社会教育制度（疎外された教育労働）、(4) 自立的社会教育制度の展開、を考えてきた(16)。ハーヴェイは彼が提示するマ

---

(14) 里海については、「特集　私なりの里海論・里海感・里海的取組―里海の概念の具象化に向けて　PartⅠ、Ⅱ―」『日本水産学会誌』第79巻6号、第80巻1号、2013、2014、井上恭介・NHK「里海」取材班『里海資本論―日本社会は「共生の原理」で動く―』KADOKAWA、2015。

(15) 自然再生学習としての里山づくりについては拙著『持続可能な発展の教育学』前出、第1章、関係論的な共同体論については内山節『共同体の基礎理論―自然と人間の基層から―』農山漁村文化協会、2010、オルタナティブとしての「里山資本主義」については藻谷浩介・NHK広島取材班『里山資本主義―日本経済は「安心の原理」で動く―』KADOKAWA、2013。

(16) 拙著『自己教育の論理―主体形成の時代に―』筑波書房、1992、第1章。この点は、子どもと学校教育を前提とした場合でも、基本的に変わらない。拙著『新版　教育学をひらく―自己解放から教育自治へ―』大月書店、2009、第3章。

トリックスの表頭・表側の多次元的把握や弁証法的把握の必要性を強調しているが、基本的矛盾とその展開過程の提示はなく、それぞれの項の矛盾論的把握の視点も弱いように思われる[17]。諸個人や諸集団が直面する矛盾を克服して行く実践過程を問うためには、価値形態の展開がもたらす物象化＝自己疎外と同時に進展する社会的陶冶過程をふまえ、そこから生まれる主体形成過程を視野に入れる必要がある。「自己疎外＝社会的陶冶過程」の理解は、主体形成論的視点から「資本」の展開過程全体を考える際にも基本的重要性をもっている[18]。

以上をふまえて、第4に、ハーヴェイが重視する空間・場所・環境の理解を考慮した実践を分析していくことによって、グローバリゼーション時代の「新しい社会科学」＝「実践の学」を創造することが求められており、その取り組みが高等教育機関にとって21世紀的な重要課題となっていると言える。ESDの視点からその検討をするためにはさらに、大学の活動がその一部をなす地域教育実践の展開構造の理解へと進まなければならない。それはまさに「地域社会貢献」を進めて行く際に求められることである。この点、次々章で検討することにして、その前に次章でグローバリゼーション時代に置ける大学の課題、その中での地域社会貢献をめぐる動向を整理しておこう。

---

[17] もちろん、ハーヴェイが資本主義の矛盾を「恐慌論」として総括していること、そして『新自由主義』理解に見られるように、「略奪による蓄積」を原理的に位置づけていることなど、グローバリゼーションのもとでの資本主義分析に重要な示唆を与えていることは評価されなければならない。D.ハーヴェイ『〈資本論〉入門』森田成也・中村好孝訳、作品社、2011（原著2010）、第11章および終章など参照。
[18] 拙著『主体形成の教育学』御茶の水書房、2000。本書終章も参照されたい。

第8章

21世紀の大学と地域社会貢献活動の意義

第1節　グローバリゼーション下の大学とESD

　1980年代末葉のチェルノブイリ原発事故と冷戦終結後のグローバリゼーション時代、少子化のもとでの「ユニバーサル化（M.トロウ）」段階に入っていた大学は、世界史的大転換の中でそのあり方が問われ、まさに改革時代と呼ばれるのにふさわしい改革に次ぐ改革が押し進められ、今日までそれらの過程は多様に議論されてきた。たとえば、これらをふまえた最近の広田照幸ほか編『シリーズ　大学』全7巻（岩波書店、2013-14）では、(1) グローバリゼーションのもとでの社会変動と大学、(2) 大衆化・多様化する学生、(3) 大学のコスト負担のあり方の検討を行った上で、(4) 研究は誰のための知識か、(5) 高等教育として何が求められているのか、(6) その組織の役割や機能をどうみるか、を総合的に論じて、最後に (7) 編集委員たちの討議をまとめている。これらはすべて、大なり小なり、本書第Ⅲ編のテーマにかかわるであろう。

　たとえば (1)[1] では、新自由主義と新保守主義のイデオロギーによってグローバリゼーションを促進するアクター（国家・国際機関・教育産業）が、商品化・標準化・評価（アカウンタビリティと質保障）という大学の変容をもたらしていることが指摘されている（吉田文）。そして、それらが①ガバナンス改革の危うさ、②理念なき評価や尺度の横行、③「学生のニーズ」への安易な追随、④機能分化とくに「教育と研究の分離の制度化」をもたらしている現状に対して、「大学教育の質」をめぐる日本での経験をふまえて、理念・哲学をもった大学教育、研究と教育の新しい統一の必要性が強調されている（広田照

---

[1] 広田照幸ほか編『グローバリゼーション、社会変動と大学』岩波書店、2013。

幸)。これらの提起が、グローバリゼーションがもたらした「双子の基本問題」に対して、オルターナティブな諸運動とそれらを支える諸思想を背景に「持続可能で包容的な社会」という理念を追求するESDとESICの取り組みと響き合って展開することが期待されるのである。もちろん、その具体化のためにはこれまでにグローバリゼーションの下で進められてきた新自由主義的な大学改革[2]を超克することが求められるであろう。

　また、大学における研究を取り上げた(4)では、「大学の公共性」(小林伝司)が問われている[3]。産官軍複合体の下で展開したアメリカ的研究様式のグローバル化、競争的資金と産学共同の下で拡大する「知」に対する私的・私企業的権利(特許権など)の拡大。こうした中で、ほんらい人類普遍の価値を持つとされてきた知とそれを生み出す研究は、国益そして私益のための「知」となる傾向が生まれ、「公共性」という視点から大学のあり方が問われてきたのである。「世界科学会議」(1999年、ブタペスト)の「科学と科学的知識の利用に関する世界宣言」は、これまでの「知識のための科学」だけでなく、「平和のための科学」、「開発のための科学」、「社会における科学」や「社会のための科学」の視点の重要性を強調している。それは旧来の「知ることを学ぶ」や「なすことを学ぶ」に対して、「人間として生きることを学ぶ」と「ともに生きることを学ぶ」という21世紀的学びの重要性を指摘した21世紀教育国際委員会報告(『学習：秘められた宝』、1996年)に照応しているのであり、それらが必要とされているのがまさにESDにほかならないのである。あらゆる領域で新しい「研究の倫理」、知と研究の社会科学的・人文学的検討が必要とされ、学際的・総合科学的研究を超えたホリスティックな視点が必要とされてきている。そうした中で同書では「スローサイエンスとしての人文学」(野家啓一)の重要性が指摘されている。それは単に「現代的教養」の必要性に留まらず、SDは環境・経済・社会の総体にわたるものであり、その基盤として「文化」があることが理解されてきたESDの展開に照応するものと考えられよう。

---

(2) 国際的に展開するその動向については、細井克彦ほか編『新自由主義大学改革
　　―国際機関と各国の動向―』東信堂、2014、を参照。
(3) 広田照幸ほか編『研究する大学―何のための知識か―』岩波書店、2013。

「世代間および世代内の公正」と理解されたSD、その実現のためのESDは、地球温暖化、生物多様性の危機、そして人類社会の持続不可能性といった地球的問題群に対応して生まれてきた、ホリスティックな性格をもつ思想と実践であり、まさに知と研究の公共性が正面から求められてきた研究・教育領域である。ESDは「実践の学」である教育学の一環としての側面をもつ。「教育の公共性」の理解は抽象的なものに留まってはならず、公開性・人権性・共有性・計画性を基本とし、「社会的協同」を基盤とする「公共化」（あるいは「再公共化」）の実践を求める[4]。上述のようにESDはさらに「新しい生涯学習の教育学」を必要とし、**表2-1**で示したような諸領域に広がる現代的人権＝社会権を現実化する社会的協同の展開による公共性の新たな創造が求められている。公共的性格をもつESDは、こうした視点から大学教育をも問い直すことを要請していると言えるのである。

さて、『シリーズ　大学』ではこのほかに、たとえば(6)では「大学のガバナンス改革」が取り上げられている。それは、現在進められている国立大学法人法改定による学長権限強化・リーダーシップ拡充政策などによって、大学のあり方が基本から変質させられていくような動向、そして他方では、大学の研究・教育倫理や説明責任が問われ、非常勤教職員に依存した「官制ワーキングプア」や一部では「ブラック大学化」も指摘されてきている中で、重要な論点となる。しかし、ここではこれらを含めた大学問題の全体にわたって検討をする余裕はないので、以上をふまえつつ、本編のテーマに直接かかわる第5巻『教育する大学』[5]を見ていこう。

同巻ではまず、田中毎実が「なぜ『教育』が『問題』として浮上してきたのか」を論じ、ユニバーサル段階の大学教育の危機を分析しながら、そこに大学の①学校化と脱学校化、および②官僚制・技術合理性の支配とそれへの抵抗、という2つの「せめぎ合い」を見る。そして、それらへの対応として進められ

---

[4] くわしくは、拙著『教育の公共化と「社会的協同」―排除か学び合いか―』北樹出版、2006、を参照されたい。
[5] 広田照幸ほか編『教育する大学―何が求められているのか―』岩波書店、2013、参照。

ている〈ステークホルダーへの説明責任〉の狭さと貧しさを指摘しつつ、〈世代継承的公共性への応答〉の必要性を強調している。それが「世代間および世代内の公正」として提示されてきた「持続可能な発展（SD）」の現段階的展開にかかわることは明らかであろう。もちろん、そのためには田中の提起に「世代内の受容的応答性」の課題を加える必要があろう。また、田中は世代的に異なる「時間化した空間」どうしの出会いの重要性を指摘しているが、既述したように、われわれはさらに多元的・重層的な「実践的時空間」の展開構造を問わなければならない。本編の視点からすれば、①と②のせめぎ合い＝矛盾を克服する実践が「新しい生涯学習の教育学」としてのESDであり、とりわけ、その中核としてのESICである。

　次に、同書で具体的に検討されている職業準備教育、専門的職業教育、民主主義社会と大学といった論点も本編にかかわる。たとえば小方直之は、旧来の専門職モデル・教養モデル・探求モデルに対して需要対応型の「コンピテンス（汎用的能力）」を一面的に強調することの危うさを指摘し、教育だけでなく「学問による職業準備教育」の復権を提起している。本書の視点からすれば、個々の学問というよりも「人間の自己関係」として理解される教育を対象とする「新しい教育学」という学問の創造が課題となっているのであり、そこでは**表7-3**で示した人格の展開構造の中に、「ケイパビリティ（人間的潜在能力）」とともに「コンピテンス（遂行能力）」を位置づけることが必要となり、そのことをふまえて**表7-1**の全体を視野におく「職業準備教育」が必要だということになるであろう。

　また、「民主主義社会と大学」を論じた亀山俊朗は、ポスト福祉国家の高等教育としてグローバル型・コスモポリタン型・コミュニティ型という3つのタイプの大学類型をあげ、政策的投資があまりにも前2者に偏っていることを批判しつつ、ほんらい国家主義や新自由主義に対する「第3の道」に求められていたコミュニティ型への社会投資が重視されるべきだとしている。この点は首肯できるが、問題は社会的投資額の比率だけでなく、その変革のためにも、現局面における「コミュニティ型」の理論的位置づけと実践的展開の論理を明確にする必要がある。そこでは、ESDとくにESICが重要な意義をもっているで

最後に「大学に未来はあるか？」を論じた吉見俊哉は、大学は①大学の量的拡大と少子化、②グローバリゼーションの加速度的進行、③有用な知識の複雑化と流動化、という三重苦の中にあるものとして捉え、それらを解決する変革の主体について考えつつ、将来展望として「グローバルな教養知」と「課題発見・解決型の実践知」の形成をあげている。既述のように、また後述のように、これらがESDとESICの推進において求められてきた知に含まれることは明らかである。ただし、ESDにおいては既存の課題を発見・解決するというだけでなく、あるべき未来から現在を照射する「バックキャスティング」の視点を加えて、「持続可能で包容的な社会」づくりをするという計画論的視点が求められている。さらに、中核としてのESICにおいては、単に「グローバルな教養知」というだけでなく「グローカルな実践知」が求められるのであり、とくに地域社会貢献の活動を展開するさいには、その実践過程に固有な論理の旧来の知とは異なる性格を解明しなければならない。

第2節　大学の地域社会貢献の政策と現実

　以上の議論をふまえて、以下では、今日における大学の地域社会貢献について、その政策と現実から見た課題を考えてみよう。

　大学の役割として、研究と教育に加えて「地域社会貢献」が強調されて久しいが、超少子高齢化時代の今日、大学間の競争も激しくなってきている中で、各大学では「大学経営」上も「地域社会貢献」が重視されてきている。とくにグローバリゼーション時代は大競争の時代でもあり、21世紀には知識基盤社会への移行が喧伝され、大学の役割が重視される中で社会や地域への貢献が、政策的に強調されるようになってきている。

　その政策は、最近では「大学改革実行プラン2012」、「国立大学改革プラン2013」、「国立大学のミッション再定義・2013」などに見られるように、矢継ぎ早である。これらにおいて、とくに重視されているのは、①国際的に優秀な「グローバル大学」の創出、②グローバリゼーションに対応する専門家の育成、③

学問の成果の社会への還元、④高等教育経費の自己調達、⑤生涯学習社会形成への貢献、などである。競争的環境を重視する文科省の政策で日本の大学は、世界的研究大学、国内的拠点大学、地域的貢献大学の3つに類型化・序列化されつつあり、そうした中でそれぞれがみずからの立ち位置を不断に確認・表明しながら対応することが迫られている。

　上記のような動向は、もちろん、北海道においても同様にみられるが、より厳しい状態にあると言える。少子化の中での大学等進学率の増大という傾向は全国でも北海道でも見られたが、進学率には格差がある（全国のピークは2010年の54％、北海道のそれは09年の41％）。北海道の4年制大学への進学率は2000年の40％から10年の51％へと拡大したが、その後は停滞している。短期大学へのそれはすでに前世紀後半から減少し続け、21世紀に入ってからも00年の17％から12年には10％を割るようになってきている（短期大学そのものが5校に減少）。こうして、13年には全国と北海道の大学等進学率の差は13％あまり、東京都との差は26％にまで広がっている。学生数が減少しつつある中で、大学等の札幌集中と地方からの撤退という傾向がみられるが、在札私立大学でも学生確保難からの経営の厳しさが見られ、最近では無理矢理の経営合理化、「ブラック大学化」と呼ばれるような状況すら現れてきている。こうした中で「大学の地域社会貢献」が見直されつつあるのである。

　ちなみに、筆者が勤務している大学（札幌国際大学）が「平成25年度教員地域貢献活動報告」として提示した調査項目は以下のとおりである。人文学部・観光学部・スポーツ人間学部から成る小規模私立大学（他に短期大学部を持つ）の特徴もあるであろうが、大学の地域貢献として理解されているものの具体的内容と現段階的特徴が現れていると言えよう。

① 地域における社会貢献事業。地域社会への貢献を目的とした各種イベント・取組。
② 学生と地域の協働企画（地域イベントの企画等）。学生が主体となり、地域振興のため、地域の自治会・商工会・自治体等の団体と協働で企画するイベント（プロジェクト）の実施。

③ 自治体、企業等からの受託研究。
④ 公開講座。地域社会一般の教養の啓発を目的に、計画的に講座を実施しているものに講師として参加。
⑤ 大学・自治体・企業等との連携の推進（共同研究の実施）（協定有り）。産業界や国内外の国公私立大学等と教育研究に係わる協定の締結等を行い、特定の研究課題について共同研究を実施しているもの（科研費は除く）。
⑥ 大学・自治体・企業等との連携の推進（共同研究の実施）（協定無し）。協定の締結等は行わず、大学・自治体・企業等と共同研究を実施しているもの。
⑦ 国、公共団体、それに準ずる団体の主催する会議、委員等の座長・委員長・委員としての活動。
⑧ 公共性のあるメディア（新聞、雑誌、TV等）での執筆・発言。
⑨ 学術講演会・シンポジウム・フォーラムなどの講師・パネラー等。
⑩ 小中高校生向け講座。
⑪ 出前講座の講師。
⑫ 本学キャンパスを利用したイベント。
⑬ 商品・サービス等の開発。大学の研究や実習で得た成果をもとに、地域の素材を活用したり、地域の企業・自治体等と連携・共同して開発した商品・サービス。
⑭ 産学（官）連携による研究開発、技術開発。
⑮ 企業への技術指導・技術コンサルティング（民間企業等へのコンサルティングや技術・学術指導・技術相談）。
⑯ 企業等への経営指導や起業支援。
⑰ 研究内容の対外的な発信（公開講座を除く）。
⑱ 地域医療への貢献。
⑲ 社会・地域貢献活動に対する国・自治体・独立行政法人等からの補助金（助成金・交付金等を含む）。
⑳ その他（上記のいずれにもあてはまらないもの）。

ここでは個々の具体的内実に立ち入らないが、このような細部にわたる調査項目に上述のような動向の反映をみることができるであろう。研究中心の大規模国立大学であれ教育中心の小規模私立大学であれ、地域社会貢献が企業や政府・行政との関係強化、競争的な教育・研究資金による選択的集中、自由選択と結果責任といった大学政策によって促迫されている。これらに性急に対応しようとするならば、大学の地域社会貢献はせいぜいのところ、まさに「貢献」＝サービスとして理解されるだけで、それらに忙しくなり、大学本来の役割からずれてしまうということになりかねない。

　新教育基本法（2006年）では第7条で「大学」を位置づけた。そこで大学は「学術の中心として、高い教養と専門的能力を培うとともに、深く真理を探求して新たな知見を創造し、これらの成果を広く社会に提供することにより、社会の発展に寄与するものとする」と規定されている。そして、その第2項では「大学については、自主性、自律性、その他の大学における教育及び研究の特性が尊重されなければならない」としている。この自主性・自立性そして大学の特性を尊重した「地域社会貢献」となっているかどうかが問われているのである。

　ESDについては、これまで述べてきたように、それが単なる「地域社会貢献」だけではなく研究と教育、とくに新しい学問の創造につながる実践だと理解される必要がある。ESDはまさに地球的課題、グローカルな課題に応えるものであり、近代科学に特有な実証主義や専門主義、たこつぼ的研究や「学際的研究」の限界を乗り越えようとするものである。そしてESDは、自然・人間・社会の総体を捉えつつ、関連する諸学を「人間の自己関係」としての教育実践に集約して統一するものである。その意味で教育学は人間にとって「最後の学問」であり、いまグローカルな視点からその発展が求められているということが理解されなければならない。そうした課題への取り組みがなければ、考えうる個々の関連諸要素にバラバラに対応するだけで、ESDに取り組むことの意義はもちろん、そもそも大学の自主性・自立性そして特性を生かした「地域社会貢献」となることはないであろう。

第3節　地域ESD実践の多次元性と重層性

　さて、それでは**表3-1**のようなESDの位置づけから始まり、**表7-1**のような人間活動の全体を視野におきつつ、**表7-3**でみたような人格の主体形成過程にかかわる自己教育活動とそれを援助・組織化するESDに向けた地域教育実践（「地域ESD実践」）を、大学の活動も含む地域の中でどのように捉えていけばいいのであろうか。

　ESD研究における「地域」理解のあり方にこだわった研究は少ない。そうした中で小栗有子は、ESDにおいては地域がキー概念となってきており、地域がなぜ問題なのかを明らかにしなければESD研究の全体的見取り図が見えてこないことを指摘しつつ、「地域」概念の明確化と「地域」との向き合い方の研究方法を明らかにすることを今後の課題として挙げていた。その際、大学に所属するESD研究者として、垂水市で取り組んだ（1）アクションリサーチ（行動的調査）から、（2）風土をふまえた「持続可能な地域づくり」の（地域住民による）課題理解を経て、水俣市を舞台とする（3）地域を掘り起こして価値創造型の解決につなげる「地元学」の重視に至ったみずからの個人研究史を提示していた[6]。こうした提起と経験は、地域ESD実践の中でどのように位置づけて考えていったらいいのであろうか。

　また、同じように内発的な地域づくりにかかわる学びを重視して「内発的ESD」を提起した岩佐礼子は、自然生態系農業で知られる宮崎県綾町の上里地区における、歴史的伝統を受け継ぐ生活機能にまで及ぶ実態調査をふまえて、それがESD一般と異なる次のような特徴をもっていることを指摘している[7]。すなわち、内発的ESDは①一定の構造をもっており、それらは環境的持続性と社会的公正、そして「存在の豊かさ（精神性）」という根源的な課題と重なっ

（6）小栗有子「ESD研究における『地域』との向き合い方」『環境教育』第20巻第1号、2010。
（7）岩佐礼子「持続可能な発展のための内発的教育（内発的ESD）―宮崎県綾町上畑地区の事例から―」『環境教育』第22巻第2号、2013。

ていること、②地域づくりのベースとなる潜在的な力、とくに「集団の力」を育むようになっていること、③「いま、ここ」の一時的な教育体験では学べない、循環し継承する学びがあること、である。それでは、このような特徴をもった学びとそれに関る教育実践の展開構造はどのように理解したらいいのであろうか。

これまで見てきたことから推測されるように、地域教育実践は総合的時空間として、多次元性と重層性をもっており、自由な実践がほんらいもっている創造性や創発性を含んだものとして理解されなければならないであろう。それらの積極的位置づけと具体的検討は、旧来の社会科学の先に問われる「実践の学」の重要な特徴である。

ESDの理解をふまえた地域教育実践は、第1に、グローバルな関連の中にありながら、歴史的に蓄積されてきた風土をもったバイオリージョン（生態域）を基盤にしているものとして考える必要があろう。第2に、社会経済的に捉えようとするならば、矛盾を持ちながら関連し合っている政治的国家・市民社会・経済構造の理解を前提として、表2-1で見たような学習諸領域の展開をふまえつつ、それらを地域住民が自治的に再構成して行くことが可能な対象に着目する必要がある。日本の現状では、それはさまざまな集団や地区での活動が展開されている基礎自治体を念頭におき、バイオリージョンにかかわる問題は、必要に応じて関連自治体で連携して取り組んで行くということが想定されるであろう。その上で、第3に、前章第4節で述べたように、ハーヴェイの提起を受け止めつつ批判的に捉え直し、実践的時空間としての地域教育実践の総体を把握することが必要になる。

ここでは、これまでのわれわれの調査研究をふまえて、ESDへの地域教育実践のマトリックスとして表8-1を挙げておきたい。

この表は、東日本大震災発災初年度に提示した表1-2をその後のESDの視点から見た展開をふまえて拡充させたものである。ここでは、地域教育実践の時空間を表頭・表底・左表側・右表側に示した4つの視点から捉えようとしている。本来このような表で表すことができるのは、ハーヴェイの表7-2にも見るように、2つの視点に限られるが、ここでは活動する時空間を創造していく地

表8-1　ESDへの地域教育実践マトリックスと調査研究モデル

	地域住民に開かれた教育	地域住民のための教育	地域住民による教育	地域住民とともにある教育	実践総括
定型教育 Formal Education	環境講座 ESD普及	アウトリーチ教育	学習・文化活動条件整備	地域リーダー養成教育	自治体ESD計画
	要求調査	条件調査	学習情報提供	実践の反省的分析	公的策定会議
不定型教育 Non-Formal Education	企画委員会型講座	環境セミナー・調査学習	地域環境調査支援	地域社会発展教育、ESIC ／ 地域SD計画づくり	生態域教育計画
	必要調査	行動的調査	「状態調査」	参画的協同調査	組織的調査
非定型教育 Informal Education	諸環境・ESD学習サークル	自然体験学習、地域課題学習	健康・子育て・食農教育 ／ 環境ボランティア	自然再生学習、環境NPO/NGO、協働取組（「地域をつくる学び」）	各グループ／団体学習計画
			参画型調査 ／ 自己調査		
自己教育過程	自然教育（意識化）		生活環境教育（自己意識化）	地域環境創造教育（「現代の理性」形成）	地域環境教育（自己教育主体形成）

域教育実践を検討して行くために必要な4つの視点を組み込んでいる。内部のセルには、これら4つの視点によって位置づけることが可能な、環境教育からESDへの実践展開を念頭においた代表的実践例とそれらにかかわる調査研究の方法を示している。

4つの視点からみた諸活動はそれぞれ独自の目的・内容・方法をもって展開され、相対的に独自の自由度をもった、独自の時間と空間において組織される次元をもっている。それぞれの次元も独自の展開論理をもっており、たとえば、地域住民（大学関係者を含む）の主体的な学習活動＝自己教育過程の「諸実践領域 domains」はそれぞれが積み重なって行くかたちの重層的構造をなしており、ひとつの実践例においては、大なり小なり、どの領域も含まれている。表頭の教育実践は、「学習者による教育」を展開軸として折れ曲がっていると言える。左表側の教育形態では、定型教育と非定型教育が、不定型教育によって媒介され構造化されるかたちになる。同じように、右表側は「生態域環境計画」が、自治体ESD計画と各集団学習計画を媒介している。

教育実践そのものが「反省的実践」であるが、4つの次元それぞれが固有の総合的論理をもち、とくに「実践的総括」ではいわば「メタ・メタ論理」が要

求されるのであるから、さらにこの表の全体を理解するためには、近代科学やそれを批判してきた現象学や解釈学や諸批判学、あるいはシステム論や諸政策科学、そしてポスト・モダン論やポスト・コロニアル論などを超えた、「新しい実践の学」が必要となるであろう。

　大学の諸講義はこの表の中の諸実践のうち、左上隅に位置づけられている。大学がそこからさらに地域社会貢献をしようとする際には、この表で示した実践の総体を念頭におかなければならない。その基本的活動は地域住民の自己教育活動を援助することであるが、そのためには、旧来の学校型の「定型教育 Formal Education」だけではなく、学習者が学習ネットワークを基盤に自己教育活動を展開する「非定型教育 Informal Education」と、学習者と教育者が協同で組織化する「不定型教育 Non-Formal Education」を必要とする。そして、これらの実践は不断に反省され、総括され、計画化されて次の新しい実践への取り組みを進めることになる。

　これらの実践は全体として、地域環境学習からESDへの実践的時空間を形成する。内部にある各セルは、具体的な実践モデルを示しているが、これらはあくまで事例にすぎず、多様な形態があり得る。そこには偶然性や創発性が存在し、一元的な規定関係や決定論的な性格はまったくないし、実践はどこからでも開始しうる。それゆえ、全体的関連をどのように捉え、どこからどのように展開するかが、環境教育・ESDを推進する実践者に問われるのである。したがって、ESDにかかわる地域社会貢献をしようとするならば必然的に、上述の「新しい実践の学」を創造する必要性に出会うことになるのである。

　ここであらためて、地域教育実践全体におけるESICの位置づけについてふれておくならば、それは①不定型教育、②現代の理性形成、③地域住民とともにある教育、④生態域教育計画づくり、の4つが重なり合うところに位置づけられるであろう。それゆえにESICは、地域で展開されている環境教育・ESD実践の全体を実践的に関連づけ、「構造化する実践」と考えることができるのである。ただし、ここで4つの視点から見たように、地域ESDの実践は多次元で多面性・複合性をもっており、まさに偶発性・創発性を含む「多声的な交響」として展開されるもので、単声的・一元的・決定論的あるいは単線的・段階的

に理解されるものではない。このことをふまえつつ、「持続可能で包容的な地域づくり教育（ESIC）」を提起し、その実践を「地域ESDの中核」と位置づけるのである(8)。

第4節　地域調査研究の展開とESIC

　次に、地域教育実践にかかわっていく際に求められる調査研究のあり方から地域ESDとESICの特徴と性格をみていこう。

　ここでまず指摘しておかなければならないのは、**表8-1**の各セルに例示した諸実践によって必要な調査研究の方法が異なるということである。表に示したように、ESICはほんらい、（第3節の冒頭で紹介した小栗有子が最初に取り組んだ）「行動的調査 action research」や「参加型調査 participatory research」を超えた、地域住民と関連職員あるいは専門家との「多元的・協同的・組織的調査 multi-lateral, cooperative and organizational research」を必要とする。

　具体的には、ESICそのものの展開構造をふまえて、どの実践にどのようにかかわるかが検討されなければならない。それは、前節で取り上げた岩佐礼子が提起する「内発的ESD」の展開構造にかかわるであろう。ESICの理論的枠組みについては別にふれているのでここでは説明を省略するが(9)、これまで筆者は地域づくり教育としてのESICに不可欠な実践領域として、①地域課題討議の「公論の場」の形成、②地域研究・地域調査学習、③地域行動・社会行動、④地域づくり協同実践、⑤地域社会発展（SD）計画づくり、⑥地域生涯教育（ESD）計画づくり、の6つを考えてきた。ここであらためて小栗有子の課題提起にふれることができるであろう。

　すなわち、ESICは小栗の言う（1）アクションリサーチを乗り越えるもので

---

(8) 環境教育・ESDとESICの実践例については、拙著『持続可能な発展の教育学』東洋館出版社、2013、および鈴木敏正・佐藤真久・田中治彦編『環境教育と開発教育―実践的統一への展望―』筑波書房、2014。後者は「ESD＝環境教育＋開発教育」という視点にたって両者の実践的統一を進めるESICを理論的・実践的に分析したものである。
(9) 拙著『持続可能な発展の教育学』前出、第7章、を参照されたい。

ある。それはまず (2) 地域住民による地域課題理解の発展を必要とするが、とくに学習ネットワークに支えられた①地域課題討議の「公論の場」の形成、そこにおける「地域課題の共有化」と「課題解決への主体者意識の形成」がどの程度なされたかが吟味されなければならない。その上で、その先に進もうとする際に必要となる (3)「地元学」による調査活動（②地域研究・地域調査学習）が位置づけられることになる。地域の「あるもの探し」と「絵地図づくり」で知られる水俣発の地元学の手法は「調べる・考える・まとめる・つくる・役立てる」であり、地域住民自身が主体となってみずからの地域について学習する実践が進められている(10)。それはESICに不可欠な地域研究・地域調査学習であり、代表的産業公害地域が「環境モデル都市」として再生して行く上で大きな力となった。

　この展開は小栗の「個人研究史」を説明するものであるが、そこから始まる「持続可能で包容的な地域をつくる学び」を推進するESICこそが水俣市の地域再生に繋がって行ったと言えるであろう。もちろん、環境モデル都市としての実質がどの程度であるかは、ESICを支える地域住民（とくに水俣病の被害者たち）の「意識化」と「自己意識化」の自己教育過程のひろがりとふかまりの程度によって規定されるが、何よりもESICの他の実践領域への発展いかんが検討されなければならないであろう。垂水市では持続可能な地域づくり計画が、水俣市では環境モデル都市に向けた計画づくりが行われており、それらの計画の根拠となり、また具体化ともなる地域づくり協同実践も展開されている。そうした実践を地域住民の自己教育活動の視点から捉え直し（上述の⑤および④の実践）、地域の全体にわたって展開されている教育実践をESDの視点から「未来に向けて総括」するような地域ESD計画づくり（同じく⑥）を進めることが新たなESDの諸実践を創造することとなり、そうした往還関係の展開が、ESDにおいて「地域」に向き合うことの意味を明らかにしていくことになる。

　ここでESICにかかわる諸実践は、21世紀とくに「3.11後」に求められる現代

---

(10) 吉本哲郎『地元学をはじめよう』岩波書店、2008、とくに2章。地元学については、結城登美男『地元学からの出発—この土地を生きた人々の声に耳を傾ける—』農山漁村文化協会、2009、も参照。

的教養、積極的には「現代の理性」[11]にかかわる新たな知の創造を必要としていることにふれておくべきであろう。20世紀には近代的な科学主義的知あるいは合理主義的理性＝悟性による実証主義やプラグマティズムが支配的となり、これに対して、現象学や解釈学による知、批判学さらには生活世界からの「コミュニケーション的理性」も提起されてきた。しかし、21世紀に求められているのは、近現代の二元論的対立、すなわち主観と客観、そして個別主義と普遍主義の対立・矛盾を克服しながら、「持続可能で包容的な社会」づくりを進める創造的な実践知である。それらは、第1章第1節で述べた21世紀型学習を、地域に即して具体化するものでもある。

「公論の場」での討議による「コミュニケーション的理性」の形成は、厳密には①の実践領域にかかわるものである。これに対して②と③は、主体と客体との矛盾をそれぞれ客体の側（②）と主体の側（③）から克服しようとする実践領域で、今日的には、人間と環境の「作り作られる関係」を理解しつつ、あわせて自然主義と人間主義の対立を理論的・実践的に克服していくような「環境的理性」（観察的・行為的理性）の形成が求められる。また④と⑤は、個別（個人）と普遍（社会）の矛盾を克服しようとするような「現実的理性」としての、協同的理性（④）および公共的理性（⑤）の形成にかかわる実践領域である。今日では、NPOやNGOそして自治体の活動を視野に入れて、グローカルな視点からの市民的精神やコスモポリタニズムの根拠となるような枠組みの提起につながる領域である。⑥の実践領域はこれらにかかわる学習・教育活動を総括するものであり、より高度の計画的理性を必要とする。

このように見るならばESICの実践諸領域は、いずれも、現代的教養＝理性とあらたな学の創造にかかわるものであると言える。これまでの大学によるESICの諸実践は、大学の一部の組織や心ある研究者や学生・院生たちによって進められていて、かならずしも大学全体として取り組まれているわけではない。ESICはしかし、社会的に排除されがちな地域と地域住民において共通に求められているものであり、その必要性は今日、日本中（さらには世界中）の

---

(11) 拙稿「『現代の理性』を求めて―グローカルな時代の『地域をつくる学び』―」『札幌唯物論』第48号、2003、を参照されたい。

どの地域にも存在している。それぞれは地域固有の脈絡の中で個性的に展開されているし、そうしなければならないが、同時に21世紀的課題である「持続可能で包容的な社会」づくりに向けた「多元的普遍性」を求めている。ESICは既存の枠組みを超えた高度でホリスティックな理論と実践を必要とするがゆえに、ポスト・グローバリゼーション時代の現局面において、まさに各大学こそが率先して、最先端の教育・研究領域として組織的に取り組み、その経験を交流し合い、理論と実践のネットワークを築いて対応すべき基本課題となっているのである。

ESICの実践構造は、第2章で示した図2-1に見ることができる。同図で挙げた実践事例は、筆者がヒアリングで得た情報にその他の諸報告を加えて、東日本大震災後の被災地での復興の動向を示している。大震災と原発事故がもたらしたものは（大震災そのものによって、あるいは第2次・第3次被害によって亡くなられた方々はもとより）被災者の基本的人権をも脅かす貧困・社会的排除問題と、地震と津波に加えた過酷な原発事故による最悪の地球的環境問題であり、そこからの復興はまさに「双子の基本問題」の同時的解決を必要としているという意味で、ESDのあり方が根本から問われている。復興過程についてはもちろんESDだけでなく多面的な視点から検討されなければならないが、当初から「人間の復興」と「絆の復興」の重要性が指摘され、それゆえ教育学とりわけ社会教育学の視点からの検討が課題となった。そして、「人間の復興」と「絆の復興」を土台とした地域再建をはかろうとする時に求められるのがまさにESICにほかならないのである。

その具体的な実践に「社会教育としての生涯学習」の立場からどうアプローチするかついては、第Ⅰ編をとおしてくわしくみてきたところである[12]。次章では、それらをふまえて、現局面における大学のあり方について考えてみることにしよう。

---

[12] 東日本大震災後の教育の課題については、日本環境教育学会編『東日本大震災後の環境教育』東洋館出版社、2013、教育科学研究会編『3.11と教育改革』かもがわ出版、2013、も参照。

第9章

グローカルな「実践の学」へ

第1節　ポストDESDの大学のあり方

　2015年に目標達成期限を迎える国連のミレニアム開発目標（MDGs）は新たな開発目標（「ポスト2015開発アジェンダ」）策定に取り組んできた。そこでは、旧来の8分野を拡充した11の関連テーマが議論の焦点となっていた。すなわち、紛争と脆弱性、教育、エネルギー、環境的持続可能性、食糧保障、健康、ガバナンス、成長と雇用、不平等、人口変動、水、である[1]。2015年9月の国連サミットでは、MDGsの後継として、地球的環境問題対策と格差是正・貧困対策を中心に、さらに17分野に広げて取り組む「持続可能な開発のための2030アジェンダ」が採択された。先進国も当事者として取り組むべき課題として、再生可能エネルギー利用拡大、児童虐待撲滅、食品廃棄物半減、海洋資源保護などが加わったことが特徴的である。日本ではとくに3.11後において重要な課題となっている、グローカルな「地球的問題群」である。

　これらのすべてにかかわってESDは重要な位置にあり、新たな発展が期待されている。「ポスト2015開発アジェンダ」については、2012年の「国連持続可能な開発会議（リオ＋20）」で「持続可能な開発目標（SDGs）」を打ち出すと同時に、とくに教育分野での新たな戦略を検討するための「国連グローバル教育ファースト・イニシャティブ（GEFI）」を立ち上げていた。そこでは、(1)「万人のための教育（EFA）」を中心に取り組んできた「教育の公平性」、(2) ESDが推進してきた「教育の質」の向上とともに、(3)「地球市民教育

---

(1) 佐藤真久「ポスト2015開発アジェンダの策定にむけた国連教育協議」『環境教育』第23巻第3号、2014。

Education for Global Citizenship」の重要性が強調されている。こうした中で、日本を含む各地で、「ポスト2015のESD」の取り組みが進んできたのである[(2)]。

これまで見てきたことをふまえるならば、(1) ではまさに「持続可能な発展 (SD)」＝「世代間および世代内の公正」の基本が問われている。(2) は、ESDが「持続可能な開発の原則、価値観、実践を、教育と学習のあらゆる側面に組み込んで行く」という全体目標を推進する中で問われてきたことであるが、具体的な現場においては、多次元性や重層性を含むホリスティックな実践理解にかかわる高度な「実践の学」の創造を必要とするものである。そして (3) では、普遍主義にも共同体主義にも、そして相対主義にも陥ることがない「多元的普遍性」創出の課題に応えて行かなければならない。いずれも、これからの大学の教育と研究に対する挑戦として理解されるであろう。

これらと本編でみてきたことを念頭におきながら、ポストDESDのESD推進における大学の課題についてふれておきたい。

第1に、各大学が組織全体としてESDに取り組むことの重要性はもちろん、その活動の成果を大学の教育・研究のあり方に反映させることの意義が理解されなければならないであろう。これまで見てきたように、大学が地域社会貢献にかかわっていくことは、単にそれまでの教育・研究資源をもって「貢献＝サービス」することに留まらない、新しい学問と教育実践を創造することにつながっているのである。とりわけ、ESD中でも「持続可能で包容的な地域づくり教育 (ESIC)」にかかわっていくことは、ポスト・グローバリゼーション時代＝3.11後社会の自然・人間・社会のあり方を問うことであり、21世紀に求められている人類的諸課題に取り組むことを意味しているのである。

前章第4節で述べたようにESDとくにESICは、「現代の理性」の創造の実践である。ESICにかかわっていくことは、大学がほんらい求める批判的で自立的な思考として、21世紀に必要な「現代的教養」を形成することにつながる。それこそ、日本はもとより世界史的な大転換点にあると考えられる今日、大学の教育が追求すべき基本的な活動であり、「地球市民教育」にもかかわる活動

---

(2) 鈴木敏正・佐藤正久・田中治彦編『環境教育と開発教育—実践的統一への展望：ポスト2015のESDへ—』筑波書房、2014。

であろう。もちろん、これまで述べてきたようにESICが求める「実践の学」は、近代諸科学とそれへの批判を超えて「新しい学」を創造する諸研究に開かれていることが強調されなければならない。それは、大学の教育・研究者が学生・市民とともに、学び合いつつ新たな学を創造することを位置づけた教育実践となるであろう。いまや、政策担当者や研究者の都合を第一とするいわゆる「収奪的調査研究」は成り立たないと言える。

　第2に、本書第3章で述べたように、ESDは生涯学習として取り組まれているのであるから、生涯学習（日本の脈絡では「社会教育としての生涯学習」）の視点から高等教育・大学のありかたを捉え直すことである。これまでにも生涯学習・社会教育の側からの高等教育の位置づけがあり[3]、すでに生涯学習の一形態として高等教育を位置づけることは一般化している。それをこれまでみてきたような「新しい生涯学習の教育学」の視点から再検討し、その中で高等教育の今後のあり方を考えてみるということである。

　たとえば、最近の高等教育でもキャリア教育などの脈絡で強調されている、今日を生きていくための「キー・コンピテンシー」である[4]。それは日本でも「生きる力」から「コミュニケーション能力」や「人間力」まで、政策的にも多様に提示され、現行の「第2期教育振興基本計画」では「社会を生き抜く力」が強調されていることは序章第1節でみてきたところである。しかし、それらの内実は、グローバリゼーション時代の大競争に打ち勝つべく、とくにエリート形成に焦点をおいたものであり、その反省（それが十分であったかどうかは別にして）から、最近では、「被雇用能力（エンプロイヤビリティ）」を重視する就職支援やキャリア教育が政策的にも現場でも推進されている。しかし、コンピテンシーやエンプロイヤビリティの議論は先進国型、とくに欧米型それもOECDの議論である。しかも、前者は国際競争を勝ち抜くグローバル人材を求め、後者は専門的職業人育成に焦点化されていて、いまや日本の若者の半数を越える非正規労働者あるいは半失業の人々や、地域的・空間的排除の状態に

---

(3) たとえば、日本社会教育学会編『高等教育と生涯学習』東洋館出版社、1998。
(4) 最近では、生涯学習論にまで拡充されている。笹川孝一『キャリアデザイン学のすすめ―仕事、コンピテンシー、生涯学習社会―』法政大学出版局、2014。

ある諸地域の実態をふまえたものとは言えない。もちろん、東日本大震災の被災地・被災者の現実の上に立ったものではない。

SDの経過からみるならば、1990年代の「人間的開発論」が前提としていたのはA. センやM. C. ヌスバウムの「潜在能力 capability」論であった[5]。教育学的にみるならば、それは表7-3で示した「類的諸能力」の「諸力能」の一環に位置づけられるべきものであり、彼・彼女らのケイパビリティ論がもつカント主義的倫理の問題点を克服して、表7-1で示したような人間活動の全体にわたる学習を視野に置きつつ、21世紀の教育学＝ESDの実践の中で創造的に展開していくことが求められているのである。こうした課題に応えて行かなければ、「キー・コンピテンシー」論や「潜在能力」論は、「選択の自由」を一面的に強調する市場主義的な新自由主義の論理、それによって推進されているグローバリゼーションの波に飲み込まれて行くことを避けることはできないであろう。ここで展開する余裕はないが、人間的能力は（1）可能性としての力、（2）活動としての力、（3）結果としての力の全体として、そして①諸力能 Vermägen→②諸能力 Fähigkeit→③現実的諸力 Kraftの総体において把握されるべきものである。こうした視点に立てば、capabilityは（1）と（2）あるいは①と②、competencyは（2）と（3）あるいは②と③をそれぞれ架橋しようとするものとして位置づけることもできるであろう。しかし、そうした位置づけの努力無しに、ましてやそれらが提起されてきた歴史的・社会的脈絡を無視して、人間的能力の全体に普遍化しようとすると、それらの一面性を露呈せざるを得ない。ここでも、大学の教育と研究のあり方が問われている。

第3に、海外の大学における地域社会貢献の事例から学ぶことである。たとえば大学成人教育の歴史が長く、高等継続教育といったかたちで豊かな理論と実践を展開してきたイギリス[6]をはじめとする欧米先進国（とくに北欧諸国

（5）その特徴と発展課題については、拙著『持続可能な発展の教育学』東洋館出版社、2013、第5章第3節。
（6）矢口悦子『イギリス成人教育の思想と制度―背景としてのリベラリズムと責任団体制度―』新曜社、1998、姉崎洋一『高等継続教育の現代的展開―日本とイギリス―』北海道大学出版会、2008。

やアメリカ）の経験である。また、「平生教育＝生涯学習」として日本以上に大学の位置づけが高い韓国をはじめ、東アジア諸国と交流・連携することも重要な課題である。

最近では、3.11後の持続可能な社会経済を探求するような国際協同研究の成果も報告されているが[7]、本書で述べてきたようなESD/ESICに関しては今後の課題である。その展開において重要なことは、グローバル資本主義の全体的システムの中でそれぞれの実践を位置づけること、とくにESD/ESICについては環境教育と開発教育のそれぞれの国・地域での実践の固有の意義をふまえつつ、「多元的普遍主義」の視点にたって、実践的には「グローカル公共圏」を創造するネットワーク活動を推進することである[8]。

関連して第4に、地域との組織的連携の課題にもふれておきたい。たとえば、内発的発展の町として知られる下川町や飯田市などが「環境モデル都市」として発展しているように（本書第Ⅱ編）、地域自治体レベルでも「持続可能な発展（SD）」をめざす取り組みが展開されている[9]。RCE（ESD推進拠点）としてESDプロジェクトを推進しながら、自己教育活動を推進する公民館を核として「共生のまちづくり」を進める岡山市（DESD総括世界会議の一環として「ESD推進のための公民館―CLC国際会議」が開催された場所）のような事例もある[10]。今後は、こうした活動の各地域における発展を支援しながら連携して行くことが大学の地域貢献活動の重要な役割となるであろう。

（7）たとえば、川村哲二・陣内秀信・仁科伸子編『持続可能な未来の探求：「3.11」を超えて―グローバリゼーションによる社会経済システム・文化変容とシステム・サステイナビリティ―』御茶の水書房、2014、村上勝三・東洋大学国際哲学研究センター編『ポストフクシマの哲学―原発のない世界のために―』明石書店、2015。
（8）この点、拙編『排除型社会と生涯学習』前出、序章、および鈴木・佐藤・田中編『環境教育と開発教育』筑波書房、2014、序章、などを参照されたい。
（9）これら北海道の動向については、拙著『持続可能で包容的な社会のために』前出、第4章などを参照されたい。下川町は最近「自然資本宣言」（2013年）でも注目されているが（たとえば、『環境白書　平成26年版』環境省、p.146）、それを「自治体"経営"」論に押し込めてしまうことはできない。
（10）内田光俊「共生のまちづくりの拠点としての公民館」『月刊　社会教育』No.702、2014。

第2節　東日本大震災からの復興とESIC

　東日本大震災からの復興をめぐる対抗関係、そうした中での「人間の復興」に向けてどのような動向がみられるかは本書第Ⅰ編でみた。この復興過程には、大学の研究者・教員がその多様な分野での蓄積を生かして、多様にかかわり得るし、かかわってきた[11]。ここでは、これまで見てきたESDの中核であるESICの視点から、注目すべき福島県の諸実践を中心にして大学の役割について考えてみよう。あらためて、第2章で示した図2-1を参照いただきたい。

　たとえば、そこで紹介した「かーちゃん（妻・母・女性）の力」プロジェクトは、表2-1で示した社会的協同の諸実践へと発展していると言えるが、そのプロセスにおいては福島大学の小規模自治体研究所の支援が大きな役割を果たしている。また、多様なネットワーク活動から生まれた「地域づくり基礎集団」は多くの場合、実践共同体＝学習共同体（自己教育組織）であり、その点で、たとえば「東和ふるさとづくり協議会」の活動を背景に、「あぶくま農と暮らし塾」（農学コース、地域文化コース、コミュニケーションコースの3コースをもつ）という、研究者・専門家も参加する「地域住民大学」ともいうべき学習組織が生まれてきていることも注目される。これらの動向を視野に入れながら、第2章第3節に重ねて、大学がかかわる諸実践にふれておこう。

　なお、福島県には唯一の国立大学・福島大学がある。同大学は東日本大震災後、「うつくしまふくしま未来支援センター」を設立した。学問・研究を第一とする研究センターではなく、大震災からの復旧・復興に寄り添う実践的活動をする「支援センター」である。同センターは、子ども・若者支援、地域復興支援、産業復興支援、環境・エネルギーの4つの部門からなり、南相馬市と川内村に支援サテライトをもっている。企画コーディネート担当を加えて、正副センター長3名、アドバイザー3名の他、スタッフ研究者は54名、事務員が4

---

(11) そのことをよく示すひとつの事例として、早稲田大学・震災復興研究論集委員会編『震災後に考える─東日本大震災と向き合う92の分析と提言─』早稲田大学出版部、2015。

名(2014年3月現在)で精力的な活動をしている。このセンターの活動は大学が復興過程にどのようにかかわりうるかを直接的に示すものであるが、以下では本編の課題に限定し、図2-1を前提にした、地域での実践事例を見ていく。取り上げているのは、いずれも農村地域での内発的な地域づくりの実践を背景にしたものである[12]。

　内発的で持続可能な地域づくりを進めるためには、必ず地域住民の自主的・主体的な学習活動＝自己教育活動が必要となるし、実際に展開されてきている。大学の地域社会貢献は、そうした内発的地域づくりの実践を前提にしてはじめて有効性をもつ。ESDの視点から見た復興＝地域再建の実践事例としては、たとえば、「までいな村」づくりを進めてきた飯舘村とともに、「平成の大合併」時に自立の道を選択した鮫川村がある。

　同村は「まめで達者な村づくり事業」で知られてきたが、2004年度からは「里山の食と農、自然を活かす地域再生計画」に取り組み、さらに2008年度からは生産・生活・福祉・教育・文化にわたって、環境保全型・循環型・持続型の「バイオマス・ヴィレッジ構想」に基づく村づくりを進めてきた。その展開は、まさにESDによる地域づくりそのものである[13]。ここで注目すべきは大学等の教育・研究機関との交流・連携であり、とくに東京農業大学とは2010年から連携協定を結んでおり、これらのプロセスに必要な地域活動・相談活動そして学習活動・研究活動を推進してきたことである。こうした活動は飯舘村と福島大学との連携にもみられた。ともに、大学と地域との関係のひとつの典型的モデルということができる。鮫川村は、大震災後の住民間の分断や対立、とくに汚染物質の「焼却施設」設置問題などを経て、あらためて住民参加型の、持続可能な内発的地域づくりへの方向を歩もうとしている。しかし、「全村避難」に追い込まれ、そうした見通しさえもつことができないような飯舘村は、第

---

[12] 林業や漁業を含めた農林漁業全体にかかわる福島県の復興については、濱田武士・小山良太・早尻正宏『福島に農林漁業を取り戻す』みすず書房、2015、を参照。
[13] 鮫川村については、守友裕一ほか編『福島　農からの日本再生―内発的地域づくりの展開―』農山漁村文化協会、2014、第Ⅰ部第1章。同書第Ⅰ部では、伊達市霊山町小国地区、二本松市東和地区、そして飯舘村の実践も紹介されているので参照されたい。

3章でみたように、さらに大きな困難をかかえて復興への道を模索しつつある。

出発点となる①（以下、**図2-1**の番号参照）の地域課題討議の「公論の場」については、地域集会活動が注目される。飯舘村の地域集会活動は、震災前から地域づくりにかかわっていた福島大学の研究者たちの支援のもと、村民集会・地区集会のかたちで行われ、そうした実践の中から、世代間連帯の地域づくり基礎集団（「負けねど飯舘！！」）が形成された。復興過程でも住民参加の集会とワークショップの活動は続けられ、村民アンケートの結果等も加えて「までいな復興計画（第4版まで）」づくりがなされている。

②の調査学習の代表例としては、まず「負けねど飯舘！！」が当初推進した「健康手帳づくり」を挙げることができる。それは発災後の生活・行動記録で、被災者における自己の取り戻し、今後の学習・復興活動の基盤ともなるものでもあり、3.11後に創造された地域住民による自己調査学習のひとつとして注目すべき実践である。政府・行政あるいは東京電力が被害を過小評価する傾向がある中で、現在ひろがっている放射能の「市民測定所」の活動などとあわせて、地域住民みずからが自分たちの経験したこととおかれている実態を捉えようとする調査学習が復興へとつながることを示す重要な実践となっているのである。しかし、問題と課題の性格上、そこでは研究者・専門家の協力が不可欠となっており、実際にそうした活動が広がっている。

ここで注目されるのは、ひとつに、福島大学うつくしまふくしま未来支援センターがかかわった「特定避難勧奨地点」伊達市霊山町小国地区の活動である。その実践については第2章でも紹介したが、政府や行政が実施した省庁縦割り的で機械的な、目の粗い調査[14]ではなく、地域住民自身が「放射能からきれいな小国を取り戻す会」を組織し、100mメッシュの肌理の細かい調査をして放射線量分布マップを作成し、それをもとに具体的な復興支援や復興活動、そして復興プランづくり（⑥の実践）などを展開していった。自己教育活動から生まれる「知」と大学が形成する「知」とが協働して新しい未来を切り開く可能性を示している。

さらにもうひとつ、復興へとつながる調査学習として注目したいのは、東北大学教育学研究科の石井山研究室が大学院生とともに進めた「状態調査」であ

る。第2章では対話的共同学習の事例として紹介した。「状態調査」は高知女子大学教授（当時）の鈴木文熹らが公務労働者との連携で開発した調査活動であるが、その後長野県下伊那地域の地域づくり運動にも発展する一方で、保健師などの地域関連労働者の実践にも適用されて発展したものである[15]。仙台市三本塚地区の具体的な実践過程では、当初、研究者が被災住民に働きかける「行動的調査」であったが、次第に被災者が中心となり、被災者同士が聴き取りをし合う参画型調査・自己調査となっていき、そこから地域の復興と新しい地域づくりを模索されるようになった。それはまさに被災者による「地域調査学習」の展開過程であり、それに伴う調査研究者の変容過程である[16]。「自己調査」には、当事者たちがみずからの状態と悩みや課題、取り組みの状況を理解し合う「当事者研究」[17]が含まれる。こうした実践は地域住民のエンパワーメント過程を促進し、そのことを通して新しい調査研究を創造することにつながる。第3章第3節では、そこから広がった「東日本大震災復旧・復興支援みやぎ県民センター」の活動の一端をみたが、それらにおいては多様な専門

---

(14) この検査体制の不備が、食と農の「風評被害」をいつまでも解消することができない大きな要因となっている。日本学術会議は「検査態勢の体系化」に関する緊急提言を行い、①農地放射性物質分布マップの作成と認証制度設計、②移行率のデータベース化と吸収抑制対策、③自治体・農協のスクリーニング検査と国・県のモニタリング検査の連携、④消費者自身が放射能測定を実施できる機会提供、という4段階の体系化の必要性を指摘した（日本学術会議東日本大震災復興支援委員会福島復興支援分科会『提言　原子力災害に伴う食と農の『風評』問題対策としての検査態勢の体系化に関する緊急提言』同会、2013年9月6日）。具体的課題については、濱田武士・小山良太・早尻正宏『福島に農林漁業を取り戻す』前出、第2章も参照。

(15) 南信州地域問題研究所編『国づくりを展望した地域づくり—長野・下伊那からの発信—』やどかり出版、2004、保健婦状態調査研究会編『住民との新たな関係づくり—保健婦の状態調査の実践が示すもの—』やどかり出版、2002。

(16) 石井山竜平は最近、状態調査を「地域調査学習」として捉え直している。石井山「東日本大震災と地域学習」佐藤一子『地域学習の創造』東京大学出版会、2015。

(17) 当事者研究については、浦河べてるの家『べてるの家の『非』援助論』医学書院、2002、向谷地生良『統合失調症を持つ人への援助論—人とのつながりを取り戻すために—』金剛出版、2009、など。

分野の大学研究者・専門家がかかわるようになってきている。

　既にふれた③の地域行動は、多くの大学で展開されたボランティア支援からはじまったが、被災地住民がボランティアの主体となり、NPOなどを組織化するようなケースがみられるようになった。こうした中で、福島大学小規模自治体研究所が地域NPOとともに支援した上述の「かーちゃんの力プロジェクト」は阿武隈地域の5つの村にひろがるネットワークを作りながら、④の地域づくり協同実践を展開している。さらに高崎経済大学が中心となって組織した高崎市域復興支援委員会は被災地・浪江町と連携して、「復興まちづくり推進協議会」による復興計画づくりと人材養成の活動を支援している。それは既述の飯舘村「までいな復興計画」づくりとともに、地域SD計画づくりの代表的実践である。

　こうした中で、「有機の里」で知られる二本松市東和地区では住民自治組織NPO「ゆうきの里東和ふるさとづくり協議会」による「里山再生・災害復興プログラム」が推進されている。同NPOは、管理運営する道の駅「ふくしま東和」(および「東和活性化センター」)を拠点にした④「地域づくり協同」を展開している。その実践は、放射能汚染の実態と現状を調査して知り、公開することによって会員の安全と取り組むことが可能な実践を具体的に明らかにすることを基本としている。このような徹底した検査によって利用者からの信頼を獲得し、最近では農家民泊や新規就農者まで生まれるようになってきている。そこでは、営農継続を支援した日本有機農業学会の有志、多面的な線量測定活動やワークショップ活動にかかわった複数の協力大学など、具体的な復興プログラム展開過程で大学研究者が重要な役割を果たしている。

　⑤の地域SD計画に相当する「里山再生計画」は、2014年度から新たな5カ年計画に入っている。これまでと同様、農地の再生、山林の再生、地域コミュニティの再生という「3つの再生」を基本に、特産加工推進委員会、店舗委員会、ゆうき産直支援委員会、交流定住促進委員会、ひと・まち・環境づくり委員会という5つの委員会活動を核とした実践計画である。かかわる「災害復興プログラム」では、風評被害等の損害賠償請求、圃場再生、農産物測定、生産・販売出荷支援、そして会員家族の健康と絆を守ることが掲げられ、それぞれ取り組みつつある。

現段階では、⑥地域生涯学習・教育計画づくりとしての「地域ESD計画」づくりの実践はこれからの課題である。しかし、これまでの復興への諸実践をとおして、めざすべきは「持続可能で包容的な地域」づくりであり、そこに学習・教育活動が不可欠であることはどの被災地域でも理解されてきている。課題はそれらをどのように意識的・組織的に推進するかであり、そこに大学とくに広い意味での教育学研究・実践者の出番があると言える。

以上のような実践をとおして、3.11後におけるESICの意義と展開構造が明確になってきている。かかわる調査研究方法は、大震災からの復興過程で必要に迫られて開発されてきた実践であるが、大学が地域社会貢献をする際にどのような調査研究方法でアプローチすべきかに重要な示唆を与えるものである。これらにかかわる実践的調査研究は地域の状況に応じてどこからでも始めることができるが、ESIC全体の関連構造をふまえて、大学・高等教育機関が、あるいは諸機関の連携によって、より組織的・総合的に「持続可能で包容的な地域と社会」づくりを推進することが今後の課題となっている。本書では「多元的・協同的・組織的調査研究 multi-lateral, cooperative and organizational research」（第1章第8節および第8章第4節）を提起してきたが、ESDの中核であるESICにかかわるそうした調査研究を中心において、「持続可能で包容的な社会」づくりに向けた研究と教育を全面的・全体的に推進する必要があろう。

第3節　民衆大学との連携

ESICへの大学研究者をはじめとする専門家のかかわりが求められているのは、東日本大震災＝福島第一原発事故の被災地だけではない。たとえば、30年を越えた原発反対運動を展開してきた山口県上関町の祝島では、その過程で原発にかかわる研究者だけでなく、地域の稀少動物の保全にかかわる生物・生態学者、度重なる法廷闘争にかかわる法・行政学者などから、最近の自然エネルギー開発にかかわる市民的専門家まで、さまざまな研究者・専門家とのかかわりが広がっていった。

反対運動の中心となってきた「上関原発を建てさせない祝島島民の会」代表で祝島漁協組合長であった山戸貞夫によれば、地域ぐるみの運動継続の理由は(1) 島での住環境の根本的変化への嫌悪、(2) 放射能への拒否感、(3) 地域の主力産業（漁業）への危機感、(4) 離島という地域事情をふまえた不安の日常的継続、(5) 原発計画と向き合う過程での（推進派の）人心の荒廃である。本書の視点からみれば、運動の展開基盤となったのは漁民を中心とする地域住民による、運動をとおした学び、とくに体験と実践をとおした学びの積み重ねであるが、最近ではIターン・Uターン者も加わって、原発のない地域づくりをめざすようになってきている。具体的には①祝島自然エネルギー100％事業を中心としながら、②食の生産と提供を目的とするフード事業、③生活と介護の島づくりのためのライフ事業、④情報発信としての芸術・メディアによるアート事業、⑤滞在し学び遊べる自然あふれる島と海を活かしたエコツーリズム事業、を計画し展開しつつある[18]。これらがESICに繋がる事業であることは言うまでもない。いまや、こうした実践は原発事故被災地や立地予定地だけでなく、全国で多様に展開している[19]。

それは、すでに原子力開発が進んでいる青森県のような場合でも同様であり、青森県全体を「六ヶ所村」にしない、持続可能な地域づくりをめざした学習運動が進んでいる[20]。たとえば、「核燃・だまっちゃおれん津軽の会」は、2008年、六ヶ所村とは反対側の津軽地方で設立され、「自分たちの地域づくり」を課題とする学習活動を進めている。労働組合、生協、婦人団体、医療団体、年金者組合、自治体運動、政党、そして研究者など13団体が加盟し、原子力施設

---

[18] 山戸貞夫『祝島のたたかい―上関原発反対運動史―』岩波書店、2013、pp.8-10、152-153など。もちろん、海外の経験、とくに3.11後に脱原発の方向を明確にしたドイツの経験などに学ぶことは多い。青木聡子『ドイツにおける原子力施設反対運動の展開―環境志向型社会へのイニシアティヴ―』ミネルヴァ書房、2013。

[19] 高橋真樹『自然エネルギー革命をはじめよう―地域でつくるみんなの電力―』大月書店、2012、金丸弘美『実践！ 田舎力―小さくても経済が回る５つの方法―』NHK出版、2013、藻谷浩介ほか『里山資本主義』前出、などを参照。

[20] その背景と動向については、大坪正一『地域づくりと原発・核燃サイクル問題』弘前大学生活協同組合、2015。

で働く労働者の問題も視野に入れて、お互いが成長できるような学習活動を中心とした運動を進め、地域の様々な活動をつなげるような実践を展開している。

　ここではさらに、東日本大震災による大津波で甚大な被害のあった東北地方太平洋側沿岸部の中で唯一原発・原子力施設を持たない県となっている岩手県で、原発予定地とされながら、戦後からの長い時間をかけた学習活動によってそれを跳ね返したという事例を想起しておきたい。

　それは開拓保健婦・岩見ヒサを中心とした活動である。彼女は「陸の孤島」と呼ばれた田野畑村で、とくに筆舌に尽くしがたい困難をかかえた戦後開拓地で、地域住民の命と生活を守り支援する活動を粘り強く続け、のちに田野畑村婦人団体協議会会長をも務めるようになる。その活動は狭い意味での保健活動を超えて農村生活全体にわたる学習活動の推進＝社会教育実践を含んでいた。それらを通して、「物言わぬ農民」は「考える農民」、「発言する農民」、「行動する農民」になったのである。1981年、田野畑村が原発予定地となった時、彼女は知人をとおして入手した原発の本と新聞記事等でみずから精力的に学び、その本を数十冊購入して地域の有力者をはじめとする人々に配布し、婦人団体等の地域団体の会合ではみずからわかりやすい資料を作成して講師活動をするなど、学習を前面にすえた運動を展開していった。そうした学習活動の結果、婦人団体協議会役員会では全員一致で原発に反対し、村議会は原発を受け入れないことにしたのである[21]。われわれはここに、地域住民の学習活動とそれを援助・組織化する社会教育実践の意義と役割を確認できるであろう。

　3.11後、とりわけ福島第一原発事故後、大学のあり方が根本から問われているが、以上のような活動をみる時、むしろ大学の外から新しい研究・教育のあり方が提起されていることが注目される。たとえば、先端科学としての生命科学に携わっていた中村桂子は、科学者が人間であり、「人間は生き物であり、自然の中にある」という原点に戻り、「暮らしやすい社会づくり」につながる、日常意識と思想をもった科学・技術に変革して行く必要を強調している[22]。

---

[21] 岩見ヒサ『吾が住み処ここより外になし―田野畑村元開拓保健婦のあゆみ―』萌文社、2010、参照。
[22] 中村桂子『科学者が人間であること』岩波書店、2013、p.218、など。

それは、「生命誌研究館」というユニークな民間の教育研究施設＝博物館活動にもとづいた発言である。さらに、原発の危険性を問い続けてきた「市民科学者」として知られる高木仁三郎は、オルターナティブとしての「原子力資料情報室」の運動から「高木学校」と呼ばれる「市民の科学」の学校を生み出して行った。オルターナティブとしての「市民の科学」とは、「相互に抑圧的でないような、人と人、および人と自然の関係の社会」を念頭においた上で、(1)現代科学技術の支配的システムに独立な立場から批判的・対抗的な評価を提起し、(2)「たこつぼ専門家」ではなく、実際に生きる生活者の感覚や自然の高さでものを見て、(3)最終的政策決定者である市民の判断材料となる情報を提供し続ける、という3つの問題意識とアプローチに立つものである[23]。いまや、「持続可能で包容的な社会」づくりとESDの考え方につながるこれらの提起を無視することはできないであろう。

　福島第一原発事故後、官邸前デモなどの反原発運動が広まる中、2012年6月には「稼働原発ゼロ」となったが、7月には大飯原発が再稼働される。その大飯原発も13年7月に停止となり、その後「原発ゼロ」が続いていた。しかし、14年7月、原子力規制委員会は九州の川内原発が「新規制基準」を満たすとし、安倍政権はこれを受けて再稼働の方向を示した。これに対して、滋賀県知事選挙では前知事の政策を受け継いで「卒原発」を掲げる候補が自公民政権推薦候補を打ち破るなど、原発反対運動のひろがりもみられた。そうした中で注目されるのは、大学内外の研究者や市民・NPO活動家などが脱原発の方向を科学的・政策的に具体的に提起する活動が進んできたことである[24]。大学人一人ひとり、そして大学全体が、これらの提起にどのように対応するかが問われていると言える。

　以上でみてきたような動向をふまえるならば、今後の検討課題となるのは「民衆大学 People's College」との連携である。たとえばイギリスは宿泊型カレッジとしての民衆大学の歴史的蓄積があるが、それらはとくに社会的に排除され

---

[23] 高木仁三郎『市民の科学』講談社、2014、pp.60-61。
[24] 代表的なものとして、原子力市民委員会『これならできる原発ゼロ！　市民がつくった脱原子力政策大綱』宝島社、2014。

がちな地域と人々が主体的に学ぶ機会を創造してきたものとして、ESDやESICの今後を考える上でもおおいに参考になる[25]。地域教育実践の基本が地域住民の自己教育活動にあるとしたら、地域住民が主体となった学習・研究組織としての「民衆大学」が組織化され、それらと連携して大学の地域社会貢献活動が進められていくことが展望されるであろう。

　北海道では、行政主導の「道民カレッジ」や「札幌市民カレッジ」のようなものは存在しているが、地域に根ざした、住民主体の「北海道民衆大学」と呼べるようなものはまだ存在しない。それは、第Ⅱ編で紹介した「北海道社会フォーラム」の延長線上に考えられることかも知れない。しかし、第6章でふれたような「環境モデル都市」づくりにつながっていった「地域学・下川学会」のような地域学、あるいは水俣市などから生まれた「地元学」を展開するような運動や組織は全国的にみられる。求められているのは、それらの実践を、単なる「地域おこし」の手段とするのではなく、これまで見てきたような長期的かつグローカルな視点から捉え直し、今日求められている新たな「実践の学」を創造する可能性を開いて行くことである。その際に「社会教育としての生涯学習」の視点を加えてみることが重要である。福島県では、公民館関係者を中心とした「福島復興公民館大学」の運動が始まっている。最近では社会教育実践の領域としても、あらためて市民／民衆大学の意義が見直されてきている[26]。既存の大学は、これら現代の民衆大学的動きと連携していくことが求められていると言えるのである。

　その際に、「持続可能で包容的な社会」づくりに向けては、歴史に学ぶことも必要であろう。たとえば、日本の公害問題・反対運動の出発点とされる戦前の足尾銅山鉱毒問題に取り組み、「真の文明は山を荒らさず、川を荒らさず、

---

(25) この点、拙稿「第12章　英国民衆大学の地域成人教育に学ぶもの」鈴木・姉崎編『持続可能な包摂型社会への生涯学習』大月書店、2011。具体的実践分析としては、拙著『平和への地域づくり教育―アルスター・ピープルズカレッジの挑戦―』筑波書房、1994、および同『地域づくり教育の誕生―北アイルランドの実践分析―』北海道大学図書刊行会、1998、など参照。最近の提起としては、島田修一『社会教育の再定位をめざして』国土社、2013、第Ⅴ部。
(26)「特集　市民大学の課題と展望」『月刊　社会教育』2015年5月号、を参照。

村を破らず、人を殺さざるべし」という思想[27]を生み出して行った田中正造の大きな転機となったのは、（後に廃村となった）谷中村に根ざそうとする「谷中学」の展開であった。そこには、地域住民に教える・聞かせるというそれまでの姿勢から、地域と地域住民のありのままを受け入れ、そこから学ぶ・聴くという姿勢への転換がある。小松裕は、この転換から生まれた田中の「谷中学」の特徴を、①「読書の長者」批判と「実学」の重視、②知識人・官吏批判と経験知・現場知の重視、③「ねり殺す」初等教育の批判と「天性」の尊重という3つに整理し、とくに①に関連しては、「どれだけ現実の生活とその変革のために役立てられるか」を重視した「実践の学問」であったと評価している[28]。

　田中正造は、今日から見れば民俗学的な参加型調査研究、あるいは土地収用法にもめげずに残留民となった農民の存在そのものから学ぶ「谷中学」を追求しようとしたが、とくに鉱毒災害や洪水被害に対しては、被害者の協力のもと、徹底した踏破による地域調査を展開した。それは、同時期において神社合祀令に反対して鎮守の森を守ろうとした南方熊楠が、地域住民の参加のもとで展開した草木調査・地域生態調査と共通する側面をもつ。それらは、戦後の公害反対運動の典型としての三島・沼津コンビナート阻止運動の中で創造された市民参加の「鯉のぼり調査」や「牛乳瓶調査」、そして、前述の水俣の「地元学」や、福島第一原発事故による汚染地域で進められてきた当事者による「汚染マップ」

---

(27) 田中の最晩年の思想を示す日記や書簡等を収録した『田中正造選集』第六巻（岩波書店、1989）のタイトルは「神と自然」であり、その最終章（第四章）は田中の基本理解である「人ハ天地に生まれ天地とともにす」とされている。解説をした花崎皋平は、田中の言う「天地」や「天然」は、キリスト教的な人格神とは異なる「無形の霊性」としての神によって造られたものであると述べている（同書、p.306）。「神」の理解はともかく、人間が「天然（活きた自然）」を支配したり、賢く利用したりすることを超えて、「天地とともに」あることを根底から理解することの重要性が今ほど高まっている時代はない。

(28) 小松裕『田中正造—未来を紡ぐ思想人—』岩波書店、2013（初出1995）、pp.153-155。これらの特徴は、人権、憲法、自治、自然環境から宗教まで、田中の思想全体とかかわっているのであるが、同書では、田中には「どこまでもじぶんでやるせいしん」、すなわち、「自立した地域住民の手による自立した地域づくり」をめざすという生涯にわたる主張があったことも指摘されている（p.76）。

づくりなど、今日にまでつながる公害地域での「調査学習」の原点である。そこから始まる「谷中学」の教育学的発展可能性をふまえつつ、地域学や地元学といった内発的地域づくりの学習実践＝地域自己教育運動を、「持続可能で包容的な地域をつくる学び」を援助・組織化するESICとして、図2-1で示した実践領域全体にわたって展開して行くことが求められることになるであろう。

　近現代の学問のあり方への批判を含んだこれら「民衆大学」的展開が、大学の研究と教育を豊かにすることとつながっていくような関係づくりが望まれているのである。

第4節　近現代を超える「実践の学」

　ESDは全地球的課題とされる一方で、現在取り組まれている「ESDに関するグローバル・アクション・プログラム（GAP）」の原則（e）が強調しているように、「地域の特性に対応し、文化的多様性を尊重する」とされている。そこでは地球科学的知見や「サステナビリティ学」の成果に学ぶと同時に、民俗学や人類学、あるいはカルチュラル・スタディーズやポスト・コロニアル理論からの知見をふまえておく必要もあろう。しかし、問われているのは、これらを睨みつつも、それぞれの地域において実際に「持続可能な発展」を進めるための教育実践であり、それらのネットワーク化をはかることである。第4章で述べたように、焦点となっているのは、グローバルな視点をふまえた上での「地域環境創造教育」なのである。このような意味でのグローカルな視点が、「国民国家」とその下で展開してきた諸科学の批判的乗り越えを求めていることは言うまでもない。

　ESDには環境教育論の発展と言う側面があるが、それらを支えていたこれまでの環境思想には、おおきく自然主義と人間主義の対立があった。この対立を乗り越えて行こうとするならば、旧来の科学や技術の基盤となった近代思想そのもの、すなわち「主観と客観」あるいは「精神と身体」の二元論、それらから生まれる諸問題を解決しようとしてきた現象学や解釈学、そして多様なポスト・モダン論をも乗り越えて、ポスト・ポストモダン時代の「新しい学」を創

造することが必要になる。

　ポスト・ポストモダンの教育学の必要性について筆者は、I. ウォーラーステインが主張する脱社会科学＝「新しい学」[29]を考慮しながら批判的に捉えつつ、ユネスコ成人教育会議の「ハンブルク宣言」(1987年)の意味を再考し、「新しい社会運動」と社会理論の到達点をふまえ、とくに「地域づくり教育」の意味を考察することをとおして提起した[30]。これをふまえて、とくに社会的排除問題に取り組む社会的協同実践と「教育の公共化」にかかわる教育実践を位置付けるためには「新しい教育学」が求められることを指摘した[31]。「新しい教育学」は、これまでの教育学の諸領域のうち、とくに遅れていた「教育計画論」を展開しようとする時に不可欠のものとなる[32]。

　これらの議論を繰り返すことはしない。ここでは、この「新しい教育学」を中心とする「新しい学」は、人間が「客体としての(外的・内的)自然」にかかわる近代以降の諸科学を超えて、相即的・共生的・共進化的な人間―自然関係にかかわる理論と実践において不可欠のものとなるということを指摘しておきたい。その理解が、「持続可能な発展(SD)」と「持続可能な発展のための教育(ESD)」を考える際の基本的姿勢にかかわるものであるからである。

　まず前提として、表3-1によってESDの位置を示したように、ESDを含む教育学は「人間の自己関係」にかかわるものであり、自然理解にかかわる物理・化学・生物学あるいは生態学・地球科学などの自然科学や、社会理解にかかわる経済学・社会学・政治学あるいは民俗学・人類学などの社会科学とは区別される独自の位置と論理をもっていることがふまえられなければならない。それ

---

(29) I. ウォーラーステイン『新しい学―21世紀の脱＝社会科学』山下範久訳、藤原書店、2001(原著1999)、同『社会科学を開く』山田鋭夫訳、藤原書店、1996(原著とも)。
(30)「ポスト・ポストモダン」については、拙著『エンパワーメントの教育学―ユネスコとグラムシとポスト・ポストモダン―』北樹出版、1999、とくに終章、拙稿「地域づくり教育のポスト・ポストモダン的性格について」『日本社会教育学会紀要』No. 34、1998、を参照されたい。
(31) 拙著『教育の公共化と社会的協同』北樹出版、2006、終章。
(32) 拙著『現代教育計画論への道程―城戸構想から「新しい教育学」へ―』大月書店、2008。

は、近現代の客観主義的・実証主義的諸科学（社会科学を含む）を超えて、「人間の自己関係」の展開としての人間的実践にかかわる「実践の学」である。

　この理解の上ではじめて、旧来の自然科学や社会科学の諸成果をどのように取り込んでいくかが課題となる。DESDやその後継として現在取り組まれている「グローバル・アクション・プログラム（GAP）」では、総合科学を標榜するサステナビリティ学だけでなく、それらを超えた「全体的（ホリスティックな）」視点が必要とされている。環境哲学の領域では、社会科学や人間学との架橋の取り組みがなされつつある[33]。そうした取り組みを進める際には、第7章でもふれたように、人間＝人格と人間的活動そのものがホリスティックなものであることから出発しなければならない。これらをふまえた上で、「持続可能で包容的な社会」づくりにかかわる「実践の学」を創造していくことが求められているのである。

　第4章で述べたように、環境教育の実践とくに「自然教育」と区別された「生活環境教育」においては、現象学的・解釈学的知見も有効性を発揮する。しかし、現段階で強く求められている「地域環境創造教育」で問われるのは、自然環境とともにありながら、より生態保全的・共生的な環境を実際に創造し、そこで豊かに生きていくための「実践の論理」である。環境教育・ESDとしては、第3章第1節で述べたように、"for" educationをふまえつつ超えた "with" educationが求められているのである。固有の教育目的にかかわる「自己教育主体形成」については、人間の自己実現を目的とする「自己教育」と相互承認を目的とする「相互教育」を意識的に編成するという、まさに人間に固有な実践（「人間的実践」、表7-1および表7-3参照）の展開論理が求められる。

　環境教育やESDの具体的現場においては、近代以前に生まれた環境理解、自然環境とかかわってきた生活倫理や宗教思想、あるいは先進国以外の諸地域の生活論理、とりわけ先住民族の環境倫理などの重要性も理解されている。それゆえSDについては、先進諸国と発展途上諸国との協調によって取り組まれる

---

(33) 上柿崇英・尾関周二編『環境哲学と人間学の架橋―現代社会における人間の解明―』世織書房、2015、尾関周二・武田一博編『環境哲学のラディカリズム―3.11をうけとめ脱近代へ向けて―』、2012、学文社。

べきものとされ、西欧と東洋の研究者レベルでの対話も試みられてきた[34]。具体的な行動においても、グローバルにしてローカル（グローカル）な視点にたったESDとその中核である「持続可能で包容的な地域づくり教育（ESIC）」の展開が求められているのである。

　グローカルな実践は、「国民国家」とその下で展開してきた諸科学の批判的乗り越えを求めている。地域での実践を進めつつ、グローカル・ネットワークとグローカル公共圏を創造することが課題となるのである[35]。その推進のためには、世界各地に共通する実践論理の理解が必要である。ESDはその一般的共通項となりうるが、さらに立ち入った「地域環境創造教育」、そして「持続可能で包容的な地域づくり教育（ESIC）」の相互理解が必要である。新しく求められている理論と実践の基本については、東日本大震災から復興しようとする福島県の実践にかかわる図2-1と、森林未来都市・下川町の内発的地域づくりにかかわる図6-1で示したESICの展開構造を振り返って欲しい。

　学習ネットワーク活動を基盤とした①は、国家・行政や外部の大資本によるトップダウンではなく、地域住民が中心となって、ボトムアップでそれぞれの地域課題に取り組んでいく際に不可欠な実践である。②と③は、近現代の根本的特徴とされてきた「主体と客体の分離」（地球的環境問題と持続不可能性をもたらした根本的原因だと考えられてきたもの）を、前者は客体の側から、後者は主体の側から乗り越えていく実践である。たとえば、第3章第4節で飯舘村の最近の取り組みとして紹介したように、②と③の相互豊穣的展開の中に、近現代を超える実践の論理がみられるのである。

　④と⑤は、近現代社会の基本的矛盾である「私的個人と社会的個人の矛盾」および「公民と市民の分裂」を、前者は協同性の形成、後者は公共性の形成をとおして克服していこうとする実践である（表2-1参照）。そして⑥は、以上

---

[34] たとえば、竹村牧男・中川光弘編『サステイナビリティとエコ・フィロソフィ』ノンブル社、2010。

[35] この点、鈴木敏正・佐藤正久・田中治彦編『環境教育と開発教育』前出、北野収『南部メキシコの内発的発展とNGO―グローカル公共圏における学び・組織化・対抗運動―』勁草書房、2008、を参照されたい。

の諸実践の意義を理解し、これまで取り組まれてきた実践を反省的に捉え直し、新たな社会づくりと人間形成に向けて意識的・計画的に取り組む実践である[36]。それぞれの教育実践自体がほんらい「反省的（省察的）実践」[37]であり「メタ理論」が求められるのであるが、それぞれは固有の論理をもって展開している。

　正確に言えば、教育実践が対象とするのは人間＝学習主体＝自己教育主体であり、自己教育主体としての地域住民自身が反省的実践者であるから、教育実践はほんらい「メタ・メタ理論」を必要とする。したがって、多様な学習活動に含まれる複雑性や不確定性、そこに生まれる創発性や創造性をふまえながらも、それらを「未来に向けて総括」する地域生涯教育計画（ESD計画）づくりの実践理論はいわば「メタ・メタ・メタ理論」にならざるをえない。そこでは、多様性・複雑性・不確定性を前提とする、きわめて高度な人間的実践としての計画づくりにかかわる新しい理論を必要とするのである。

　以上のことは前章第4節で大学の教育・研究において求められている「現代の理性」形成にかかわる点として述べたことに重なるが、高度で複雑な「実践の論理」が求めるものとしてあらためて確認しておきたい。①から⑥の実践は、いずれも近現代社会の限界があらわになった「3.11後社会」において、持続可能で包容的な「将来社会」づくりをしていくために、ひとつとして欠けてはならない、相互に不可分な実践である。それらの理解はいずれも旧来の教育学・社会科学の狭い範囲を超えている。それらは、**表3-2**や**表8-1**で示したような地域での実践全体の中に埋め込まれなければならない。しかし同時に、それらの理解はグローカル・ネットワークの中で、相互に学び合いながら発展するものとして、開かれた実践でなければならない。

　それゆえ、それらの相互規定的な実践論理の体系的展開＝「新しい学」が求められるのである。それは多元的・複合的・重層的な展開構造をもつものとして、理論と実践のスパイラル的展開によって「過程志向的」に形成されるもの

---

(36) 拙著『持続可能な発展の教育学』前出、第7章。
(37) D. A. ショーン『省察的実践とは何か―プロフェッショナルの行為と思考―』柳沢昌一・三輪建二監訳、鳳書房、2007（原著1983）。

である。かくして、「将来社会への学び」はこのような性格をもつ「新しい学」の創造を求めるのであり、それによって支えられるものなのである。

　国連の21世紀国際委員会報告書『学習：秘められた宝』（1996年）をふまえた国際成人教育会議「ハンブルク宣言」（1997年）は、成人教育（定型的・不定型的・非定型的そして偶発な学習の全領域を含む生涯学習）は権利以上のものであり、「21世紀への鍵」となるものだとした。同宣言は、学習活動は人々が「なりゆきまかせの客体から、みずからの歴史を創る主体に変えるもの」だとした「学習権宣言」（1985年）を前提とし、生涯的な過程である青年・成人教育の目的は「人々と地域社会が当面する課題に立ち向かうために、みずからの運命と社会を統制できるようにすること」だと提起していた。第1章第1節でもふれたように、『学習：秘められた宝』が提起した学び、とくに「人間として生きることを学ぶ」と「ともに生きることを学ぶ」は21世紀にますます重要になってきた現実的課題であり、実際に世界各地で展開されてきた。「3.11後社会」では、これらを基盤にして「人々がみずからの運命と社会を統制」できるような、「ともに世界をつくる学び」を展開することが求められている。

　この主体的学びは「自己決定学習」すなわち、「何のために何をどのように学ぶか」を学習者がみずからのものとしていくような学習である。それは戦後日本で「社会教育の本質」と考えられてきた自己教育活動（自己教育・相互教育）に相当するものであり、それを援助・組織化する社会教育実践を今日的に拡充・進化させることが「将来社会への学び」において重要な課題となってきている。かくして、「社会教育としての生涯学習」が「将来社会への鍵」となってきているのであり、求められる新しい「実践の学」には「自己教育と社会教育の論理」が不可欠のものとして含まれていなければならないのである（終章補論Bも参照されたい）。

終章
将来社会へ

　本書は「3.11後社会」の現実、とくに東日本大震災の復興に取り組む「3.11後社会教育」をふまえ、北海道の事例を中心とした地域社会教育実践、そして大学の社会・地域社会への貢献のあり方を検討することを通して、「将来社会」に向けた学習・教育を「社会教育としての生涯学習」の視点から考え、グローカルな「実践の学」の必要性を提起してきた。この終章では、これらをより広い視野から、さらに深めていくための課題を述べておく。

　まず第1に、「将来社会への学び」の組織化をどう進めるかという、当面する実践的課題である。それは教育計画論の視点からの検討ということになる。一般に、教育計画は「教育実践の未来に向けた総括」であり、そこに現状における「将来社会への学び」が表現される。序章第1節で見た「第2期教育振興基本計画」による「生涯学習社会」に向けた国家的教育計画と、東日本大震災被災地や他の地域での生涯学習計画づくりへの取り組みの実践、そして**表3-2**で示した地域社会教育実践の全体をふまえて、どのように「持続可能で包容的な社会」にむけた「地域ESD計画」づくりを進めるかが課題となるであろう。

　第2は、将来社会論の歴史的検討である。本書の視点からは、とくに近代以降の将来社会論が「教育と労働と協同」を結合する社会計画として展開してきたという経過をふまえる必要がある。それは、序章で紹介した韓国のプルム学校の実践を再評価するためにも、第Ⅱ編でみた自然エネルギー社会を実現していくためにも、そして第3章でふれたように、東日本大震災からの復興を考えるためにも必要な作業である。

　第3に、現代「将来社会」論の批判的検討という課題である。本書では、将来社会は何よりも「持続可能で包容的な社会」でなければならないとしている。しかし、現代の将来社会あるいは未来社会論については、すでに多様なものが

存在している。したがって、それらとの関連で「持続可能で包容的な社会」を提起し、そこにおける教育学とくに「社会教育としての生涯学習」の視点の重要性を強調することの意味を明らかにしておく必要がある。

　第4に、以上をふまえて、本書で見てきた「将来社会への学び」を現代社会構造の中に位置付けて、それを推進する教育（「社会教育としての生涯学習」）の役割を確認しておく必要がある。その作業を経てはじめて、現局面で「将来社会への学び」を提起することの意義が明らかになるであろう。

　この終章では、本書の視点である「社会教育としての生涯学習」の実践的総括にかかわる第1の点と、理論的総括にかかわる第4の点について取り上げる。そして、将来社会論としてやや立ち入った検討が必要な第2および第3の点については補論Aおよび補論Bを設け、それらを展開する上でも「社会教育としての生涯学習」の視点が不可欠であることを主張することに焦点化して述べておくことにする。

第1節　「未来に向けた実践総括」＝地域生涯教育（ESD）計画づくり

　本書では、**表3-2**で示したような3.11後の地域社会教育実践全体の動向をふまえつつ、東日本大震災からの復興過程（**図2-1**）や、自然エネルギー社会への取り組み（**図6-2**）などにおいて取り組まれている「持続可能な発展のための教育（ESD）」とその中核である「持続可能で包容的な地域づくり教育（ESIC）」の展開をみてきた。もちろん、それぞれの実践領域の発展課題は多く、多様で複雑である。しかし、これまでの到達点をみて残された主要課題としては、まず第1に、地域生涯学習（教育）計画としての地域ESD計画づくりの必要性を指摘できるであろう。そのためには、第2に、その内実を支えるために、**表2-1**で大震災からの復興過程で求められている実践として示し、さらに第4章で自然エネルギー社会にむけた実践として述べたように、「社会的協同実践」の諸領域を相互関連的・有機的に発展させる必要がある。そして第3に、学びをとおした「将来社会」づくりのためには、とくにESIC展開にとって基本課

題となっている地域づくり協同実践や地域社会発展計画づくりの実践を「学習実践」として位置づけ直すことが不可欠の課題となっている。

　たしかに、本書で具体的にみてきたように、地域づくり協同実践や地域社会発展計画づくりの実践は進んできている。そこには重要な学習実践が含まれているのであり、それらはとくにESICを展開する上で不可欠な学びである。一般に、「生涯学習の教育学」の立場にたつならば、学習は社会的実践であり、社会的実践の中にある、あるいは社会的実践とともにある学習の意味が理解され重視される必要がある⁽¹⁾。しかしながら、学習の母体というべき「社会的協同実践」は地域づくりや環境保全・地域福祉、あるいは震災からの復興のために取り組まれているのであって、学習や教育の発展が主目的ではない。

　現実には、行政的縦割りや民間を含む領域的分断があって、ESICの諸領域のそれぞれの実践は社会教育・生涯学習の専門的職員やNPOの活動家においてすら「社会教育実践」として理解されてないことが多い。より大きな枠組み的要因としては、これまでの「教育計画」が省庁縦割りで行政的・トップダウン的に進められてきたということがあるであろう。ESDに関しては、一般にはもとより、大学においてさえ理解が不十分であることは第Ⅲ編で見てきた。行政的には、環境省主導の中での文科省との対応のズレが目立つ。文科省ルートから考えても、学校教育と社会教育の位置付けの大きな差異がある中で、教育基本法改定（2006年）以降はまず国家の「教育振興基本計画」があり、それを斟酌しながら「自治体教育基本計画」が策定されるという傾向がある。「第2期教育振興基本計画」の特徴は序章第1節で見た。

　このような現実が、地域生涯教育計画としての「地域ESD計画」づくりが進んでいない大きな理由である。しかし、そもそもこれらの縦割りや分断を乗り越えていかなければ地域課題は見えず、地域づくり実践は展開し得ないのである。そして、地域課題の討議や地域調査、地域行動はもとより、社会的協同実践や地域社会発展計画づくりに伴う学習の意味が理解されなければ、「地域生涯学習（教育）」計画は実質のない、形式的なものになってしまうであろう。

（1）この点、拙著『増補改訂　生涯学習の教育学―学習ネットワークから地域生涯学習計画へ―』北樹出版、第Ⅰ章第3節および第Ⅳ章第1節参照。

本書で紹介してきた大震災からの復興過程や北海道の地域での諸実践を振り返ってみるならば、それらの学びが「持続可能で包容的な地域づくり」に不可欠なものであり、その発展のための働きかけ、さらには地域生涯教育計画が必要であることが明らかになってくるであろう。

　一般に、地域教育計画は「教育実践の未来に向けた総括」である。そこに地域の「未来」が明示されなければならないし、たとえ一面的であっても、表現されているのである。本書で述べてきたような「持続可能で包容的な地域づくり」に向けての学び、それを住民主体で推進するような教育計画づくりが求められている。その課題については、とくに東日本大震災の被災地で進んでいる復興への活動に即して第Ⅰ編で述べた。第Ⅱ編では、北海道の事例によって、誰もが安全・安心に生きていけるような地域づくりをめざした協同実践が取り組まれていることを見た。また、飯田市や下川町の事例によって、自然エネルギー社会を実現する上でも不定型教育としての「持続可能で包容的な地域づくり教育（ESIC）」の諸領域にわたる実践が重要であることを示した。

　これらの実践は、地域生涯教育計画の内実をつくるものである。これらを基盤にして、意識的・組織的に地域生涯教育計画としてのESD計画づくりを進めることが課題となっているのである。しかし現状では、これらの諸実践が相互に関係づけられることなく、それぞれ独自の論理でバラバラに展開していることがしばしばである。それらの全体を捉え、将来社会づくりに向けて展開することが大きな実践的かつ理論的な課題となっている。

　こうした課題に取り組むためには、より長期的視点にたって、世界史的経験から学ぶことも必要であろう（たとえば、補論A）。教育計画論は教育学においてもっとも立ち遅れた領域である。しかし、そうした中で戦後日本においても貴重な理論的・実践的蓄積があったのであり、それらから学ぶことが必要である[2]。とくに社会教育学・生涯学習論的視点から見た場合には、1990年代以降の「地域生涯学習計画づくり」の実践的蓄積に学びながら、今日的課題を

（2）さしあたって、拙著『現代教育計画論への道程——城戸構想から「新しい教育学」へ——』大月書店、2008、を参照されたい。

考える必要がある⁽³⁾。

　その際、教育計画は教育における「公共性」を具体的にするものであることをふまえておく必要がある。公共性をめぐっては、これまでに国家的公共性と国民的公共性あるいは市民的公共性の対立があり、21世紀に入っては多様な「新しい公共性」が提起されてきたという経緯がある。とくに新自由主義的改革によって「市場的公共性」がはびこることによって公共性の基準すらあいまいになっている。筆者は、公共性の基本基準として公開性・人権性・共有性・計画性を提起し、実践的には協同性を基盤とする「住民的公共性」を提起してきた⁽⁴⁾。

　現局面では、本書で見てきたような社会的協同の実践（「協同・協働・共同の響同関係」の形成）を基盤として生まれる「公共性」を現実化する「地域自治」＝住民自治活動が求められている。「平成の大合併」が進展する中で「基礎自治体」を強化する「地域主権」が課題とされてきたが、「地域主権」は「団体自治」とともに「住民自治」を不可欠のものとし、それはより狭域的な「地区自治」を基盤に多様なコミュニティネットワークに支えられたボトムアップ的なものであってはじめて現実的なものとなる⁽⁵⁾。

　それは、地域社会経済再生の課題にもつながる。たとえば、東日本大震災被災地では協同組合による雇用創造が取り組まれている。協同組合的形態による自然エネルギー開発への取り組みも雇用創造機能をもつことが明らかになってきている。そして、国際的な「連帯経済」の提起の中で、これらを「雇用連帯社会」という考え方で捉え直すような議論も生まれてきている⁽⁶⁾。最近では、

（3）この点、拙著『増補改訂　生涯学習の教育学―学習ネットワークから地域生涯学習計画へ―』前出、終章を参照されたい。
（4）拙著『教育の公共化と社会的協同―排除か学び合いか―』北樹出版、2006。
（5）鈴木敏正・玉井康之・川前あゆみ編『住民自治とコミュニティネットワーク』北樹出版、2010。
（6）ジャン＝ルイ・ラヴィル編『連帯経済―その国際的射程―』北島健一ほか訳、生活書院、2012、池本幸生・松井範惇編『連帯経済とソーシャルビジネス―貧困の削減、富の再分配のためのケイパビリティ・アプローチ―』明石書店、2015、井手英策編『雇用連帯社会―脱土建国家の公共事業―』岩波書店、2011。

「災害時経済」を「モラル・エコノミー」や「ボランティア経済」の視点から捉え、〈市民共通材（ニュー・コモンズ）〉＝「連帯経済」の仕組みづくりを提起するものもある[7]。われわれは、これらを本書の表2-1に示した「連帯権」にはじまる現代的人権を具体化する諸実践として捉え直し、そうした諸実践に不可欠な学習諸領域の展開論理を探っていく必要がある。

　「教育改革」はほんらい「社会改革」と一体のものであり、教育計画は社会計画をともなって現実的である。今日、地域の現場では教育再生（学校再生）が問われ、たんに「開かれた学校」づくりというだけでなく、「学校づくり＝地域づくり」の実践が展開しつつある。協同組合運動は教育活動を重視してきたが、いまや21世紀的課題に取り組み、「地域社会との協働」という脈絡での学習・教育活動を展開することが求められている（補論A）。本書でいくつかの実際例を見てきたが、NPOや社会的企業の活動で学習活動・社会教育活動を位置付け、とくに社会的に排除されがちな人々を対象にして支援・教育活動をする実践が重視されてきている。地域における教育的自治の方向性をもった「地域生涯教育計画」づくりを進めつつ、これらを結び付け、「持続可能で包容的な地域づくり教育（ESIC）」を展開することが求められている。新教育基本法（2006年）にもとづく「教育振興基本計画」のもとでの「自治体教育振興基本計画」づくりや、地方教育行政法の改定実施（2015年4月）に伴う「総合教育会議」による「教育大綱」づくりが焦点的課題となってきている現在、その必要性はとりわけ高まっていると言える。

第2節　現代の社会変革と「将来社会への学び」

　以上のような実践的課題を念頭におくならば、「将来社会への学び」の組織化としての地域ESD計画づくりは、現代の政治・経済・社会構造の全体を見通して考えていく必要があるであろう。すなわち、地域ESD計画の基盤となる市民社会における社会的協同実践だけでなく、一方における経済構造に規定され

---

(7) 似田貝香門・吉原直樹編『震災と市民　1　連帯経済とコミュニティ再生』東京大学出版会、pp.3-4。

表終-1 現代社会の構造と「将来社会への学び」

現代国家	法治国家（自由主義 vs 人権主義）	開発主義国家（残余主義 vs 社会権主義）	企業国家（新自由主義 vs 経済民主主義）	危機管理国家（新保守主義 vs 平和主義）	グローバル国家（大国主義 vs グローカル主義）
公民形成	主権者	受益者	職業人	国家公民	地球市民
現代的人権（社会的協同）	連帯権（意思連帯）	生存＝環境権（生活共同・共生）	労働＝協業権（生産共働）	分配＝参加権（参加協同）	参画＝自治権（地域響同）
学習領域（ユネスコ教育原理の学び）	教養・文化（知ること）	生活・環境（人間として生きること）	行動・協働（なすこと）	生産・分配（ともに生きること）	自治・政治（ともに世界を創ること）
市民形成	消費者	生活者	労働者	社会参画者	社会形成者
社会の形成過程＝経済構造	全生活過程＝商品・貨幣関係	人間的諸能力＝労働力商品	人間の活動＝営利活動	生産物・作品＝商品・労賃	人間的諸関係＝階級・階層
自然－人間関係	物質代謝過程	生態系サービス	自然循環媒介	生産力形成	生態域循環

(注) 現代人の社会的形成過程と生涯学習の構造については、拙著『増補改定 生涯学習の教育学』前出、第Ⅳ章および第Ⅴ章。表中の「グローバル国家」とは国際的市場競争に打ち勝つことを第1優先とする国家であり、これに対して「グローカル主義」とは、本書で見てきたようなグローカルな諸課題に応えることを重視する考え方のことである。「自然－人間関係」については拙著『持続可能な発展の教育学』東洋館出版社、2013、第3章第2節および第6章第2節。

た現代人の社会的形成過程と、他方における現代国家の展開に対応した政策動向を視野に入れて考える必要がある。本書で見てきたことを、人間と人間的実践の視点から政治的国家・市民社会・経済構造を統一的に理解する「人間の社会科学」[8]の展望の中で捉え直し、第2章の**表2-1**を拡充した総括表として示したのが**表終-1**である。

本書は「将来社会への学び」をテーマとしてきた。そして、表中の現代的人権＝社会権を具体化する社会的協同実践の諸領域とそれらの相互豊穣的発展に不可欠な学習を組織的に発展させること、それが「将来社会づくり」につながっていくと考えてきた。表が示しているのは、そうした「将来社会への学び」が現代社会の矛盾的展開構造の中から生まれてきているということである。

この表では人間的活動としての「学習領域」を、第1章第1節や第9章第4

---

(8) 拙稿「『人間の社会科学』序論」『札幌唯物論』第56/57合併号、2012。

節でふれた国連の21世紀教育国際委員会報告『学習：秘められた宝』（1996年）で提起された4本柱によって示している。すなわち、①知ることを学ぶ、②なすことを学ぶ、③人間として生きることを学ぶ、④ともに生きることを学ぶ、である。これらはとくにユネスコの活動をとおして、「持続可能な発展のための教育（ESD）」として発展していったと考えられるから[9]、表では「ユネスコ教育原理」としてある。同報告は、旧来の①と②に対して、③と④を21世紀の「将来社会」に求められる学びとして提起した。③は②とあわせて人間としての自己実現にかかわる学び、④はおなじく相互承認にかかわる学びであり、両者を実践的に統一していくことが21世紀的課題であると言える。それらについては、「21世紀型学習」として本書第1章第1節でもふれ、第7章の**表7-1**では、「学習権宣言」（1985年）の6つの権利項目とあわせて、人間活動全体とそれにかかわる学習実践をホリスティックに捉えようとする視点として提示した。

　表ではこれらに、将来社会づくりのためのグローカルな実践、すなわち「地球市民」であることと「社会形成者」であることを「地域響同 glocal symphony」実践（地域における「協同・協動・共同の響同関係」の形成、補論Bも参照）をとおして統一していく際に不可欠な、⑤「ともに世界を創ることを学ぶ」を加えている。それは自己実現と相互承認の実践的統一を進める学びであり、そうした活動が社会全体に広がっていくのが、教育学的に見た「将来社会」にほかならない。ここでは、それらの展開論理を本書**表2-1**で示し、東日本大震災からの復興と北海道における諸実践で具体例を見てきた「社会的協同実践」と学習諸領域の展開構造の中に位置付け直してみた。

　本書では「持続可能で包容的な社会」としての将来社会に向けた学びを援助・組織化する教育実践として「持続可能な発展のための教育（ESD）」を捉え直し、その中核が「持続可能で包容的な地域づくり教育（ESIC）」にあるとしてきた。そうした視点からするとまず、この表全体の基盤に「自然―人間関係」の展開があることを強調しなければならない。

（9）本書第3章、第4章のほか、拙著『エンパワーメントの教育学―ユネスコとグラムシとポスト・ポストモダン―』北樹出版、1999、第2章、同『持続可能な発展の教育学―ともに世界をつくる学び―』東洋館出版社、2013、第Ⅲ編。

人間の全生活過程は自然との「物質的代謝過程」であり、その亀裂や切断が生じないことが生存の必要条件である。人間は自然から「生態系サービス」を受けて生活過程を営んでいるが、それだけでなく積極的に自然循環過程を媒介・調整する活動も行っている。本書ではこの過程の正常なあり方を自然エネルギーの再生的利用という視点から考え、そうした社会を「自然エネルギー社会」としてきた。人間の活動＝労働は「技術」と「文化」の発展を伴い、人間の生活・生産にとって必要な「生産力形成」をしている。そして、そうして蓄積された人間的共同体の「コモンズ（共有資産）」を媒介にして持続的に自然と人間の相互交渉をし、その結果形成される風土＝「生態域（バイオリージョン）」の循環過程の中で共同生活をしている。しかし、こうした過程はとくに近代以降、経済構造の資本主義的自己展開によって歪められ、しばしば破壊され、現代におけるグローカルな地球的環境問題を引き起こしており、その修復がとくに「3.11後社会」の主要課題となっている。

たとえば第Ⅱ編で課題として指摘し、飯田市や下川町の事例で見たように、自然エネルギー社会づくりに向けては、**表終-1**で示したそれぞれ5つの側面にわたる「**市民形成**」と「**公民形成**」が求められ、それらを実践的に統一する地域エネルギー自治の主権者となっていくためには学習・教育実践が不可欠となる。このように見てくると、市民社会において展開する「将来社会」に向けた社会的協同実践とそれらにかかわる学習・教育実践を豊かに発展させるためには、「市民形成にかかわる経済構造」および「公民形成にかかわる政治的国家」のあり方を視野に入れ、それらの転換の方向を考えなければならない。

表に示したように、経済構造に規定された現代人の社会的形成過程（自己疎外＝社会的陶冶過程）は、商品・貨幣関係および資本・賃労働関係に規定されたものとして2面性をもつ[10]。その理解は、将来社会論を現代社会の中で現実的に考えていく場合に不可欠なものである（補論B）。そのことをふまえた上で現代人の全生活過程を捉え直し、人間的諸能力が発揮される人間的実践、さらにその成果（作品・生産物）を相互に承認しあい、そのことが可能となる

---

(10) 拙著『自己教育の論理―主体形成の時代に―』筑波書房、1992、同『主体形成の教育学』御茶の水書房、2000、を参照されたい。

ような人間的諸関係を形成していかなければならない。本書では、そうした実践が東日本大震災からの復興過程や貧困・社会的排除問題に取り組む北海道の地域社会教育実践において取り組まれていることを指摘した。そしてもっとも困難な条件下にあって現段階では部分的ではあれ、当事者間の包容的承認関係を基盤にした世代間・階層間・諸組織間の「協同・協動・共同の響同関係」を形成しつつ、ESICの諸領域を発展させていることを見てきた。

こうした実践過程の推進にあたっては、本書で見てきたような地域での取り組みだけでなく、国家のあり方が問われる。本書では国家論について述べることはできなかったので、最後に今後の展望を兼ねてそのことにふれておく。

戦後の歴史的展開の集約として、現在の日本国家は「法治国家＋開発主義国家＋企業国家＋危機管理国家＋グローバル国家」の重層構造をなしていると言える。それぞれは、(自由主義vs人権主義)＋(残余主義vs社会権主義)＋(新自由主義vs経済民主主義)＋(新保守主義vs平和主義)＋(大国主義vsグローカル主義)の２面性を抱えている。ここで「残余主義」というのは、憲法的法治国家ののちにほんらい必要であった「福祉国家」の代わりに、日本ではとくに高度経済成長期以降「開発主義国家」の道を進んできたために、憲法にもとづく社会権の保障が立ち遅れ、社会権としての現代的人権の保障は「経済成長」の従属的位置におかれ、その「残余」の範囲内でなされてきたということを意味する（たとえば、日本の公教育費の対GNP比は先進国最低レベル）。

そうした政策も「低成長」から「構造的不況」の時代に入って国家の債務を世界最大規模に増大させて限界に到り、市場の論理に従うことを第１として（「新自由主義」）、企業社会との限りない融合を推進する「企業国家」の方向に舵をきることになった。その政策は、グローカルな自然的・社会的環境問題を深刻化させる「リスク社会化」と、先進諸国の中でも深刻な貧困化と「排除型社会化」を生み出す。それらに対する危機管理として「新保守主義」的政策が不可欠なものとなってきたが、それでも対応しきれない国民・地域住民の不満に対して「大国主義」の理念が持ち出されているのである。その背後には、経済的グローバリゼーションに対応する経済政策があり、際限のない「対米従属」の政治路線がある。

現段階の日本国家は「新自由主義＋新保守主義＝大国主義」の理念にもとづく「グローバル国家」であり、その理念は序章第１節で見た「第２期教育振興基本計画」にも現れている。政策的には〈（私的）自由主義＋残余主義＋新自由主義＋新保守主義＋大国主義〉の負の循環に陥り、その結果として地球的な環境問題と貧困・社会的排除問題をより深刻化させて、持続不可能な国家の道を歩んでいる。これらを克服して「持続可能で包容的な社会」を実現するためには、「人権主義＋社会権主義＋経済民主主義＋平和主義＋グローカル主義」という正のスパイラル的展開に転換しなければならない。それら２つの道が切り結んでいるのが現段階であるが、「持続可能で包容的な将来社会」は、後者の道の先に展望できるであろう。しかし、その道は「現実的ユートピア主義」による将来展望[11]や政治哲学における承認論的転回[12]といった動向だけではなく、市民社会で進展している社会的協同実践とそれにかかわる学習活動に目をやれば、「すでに始まっている未来」として見ることができるのである。われわれはそれらの中に「将来社会の姿」を探らなければならない。本書は、そのひとつの試みであった。

　しかし今日、その「将来社会の姿」を捉えるためには、**表終-1**で示したような展開構造の理解だけでなく、**表3-1**で示したような自然・人間・社会の全体を視野に入れた上で、人間的実践の意味と位置付けを考えることができるようなグローカルな〈実践の学〉を必要とする。その基本的性格については第９章第４節で述べたように、近現代の諸学を超えるものであり、超えたものとして展開されなければならない。

---

(11) A. ギデンズ『近代とはいかなる時代か？』松尾精文・小幡正敏訳、而立書房、1993（原著1990）。彼が、現代＝ハイ・モダニティ時代では「自己アイデンティティ」の問題が最大の課題であるとして、「自己実現の政治学」の重要性を強調していることは、本書でみてきた教育学的視点の一面を捉えていると言える。
(12) たとえば、N. フレイザー／A. ホネット『再分配か承認か？―政治・哲学論争―』加藤泰史訳、法政大学出版会、2012（原著2003）。とくにホネットの「承認一元論」は、本書で提起してきた「承認関係」（**表1-1**）の社会全体への拡充としてみることもでき、「人間の社会科学」のもうひとつの側面に位置付け、**表終-1**の中で展開することができるであろう。

補論A

「教育と労働と協同」の歴史と「将来社会への学び」

　序章第2節でドイツのエネルギー協同組合の実践にかかわってライファイゼン信用組合にふれたように、3.11後社会のことを考えるためには歴史的蓄積に学ぶことも必要である。

　たとえば、2015年3月、筆者らは漁業の復興活動に学ぶためにNPO「相馬はらがま朝市クラブ」(理事長・高橋永真)を訪ねた。高橋氏は相馬市原釜で水産加工会社を経営しており、津波で工場が被災して仮設住宅に暮らしていたが、みずから被災者支援に乗り出し、仮設住宅リヤカー支援事業・朝市活動を展開している。瓦礫処理と試験操業を超えた「働く喜び」を実感して、産業再生を目指し、水産加工品の新ブランド開発・ネット販売などに取り組んでいる。そのヒアリングをした場所が活動拠点＝「報徳庵」の喫茶コーナーであった。二宮尊徳が創始した報徳思想は、北海道の漁業協同組合等で聴く機会が多かったが（農業開拓でも重要な役割を果たした）、そもそも災害復興の実践の中で生まれてきたものであり、いままさに東日本大震災からの復興にも生かされるべきものであること[13]を再認識させられた。

　本書の視点から検討すべきは、「教育と労働と協同」を結びつけるような社会計画化の歴史である。ここでは、ロバート・オーエンの「協同村」実験、モンドラゴン協同組合複合体、そして現代協同組合運動について検討しておく。

---

(13) この点、池上惇『文化と固有価値のまちづくり―人間復興と地域再生のために―』水曜社、2012。「北海道における農業教育の軌跡」編集委員会編『北の大地に挑む農業教育の軌跡』北海道協同組合通信社、2013、も参照。

1　ロバート・オーエンの「協同村」実験

　ライファイゼン協同組合以前、協同組合による共同体づくりによって「教育と労働と協同」を結合しようとした近代以降最初の試みは、ロバート・オーエンの「協同村」建設であった。それは今日にいたるまで協同組合の原型モデルを提供している[14]。最近ではオーエンを、「半市場経済」としての「共創社会」時代を切り拓く「エシカル・ビジネス・アントレプレナー」（倫理経済事業者）の元祖であると評価するものもある[15]。ここでは、その思想の意味を「ラナーク州への報告」[16]によって考えてみよう。この報告は、1819年のイギリスの恐慌による失業者・貧民の増大に際し、その「救済策」についてラナーク州から依頼を受けたオーエンが、彼の「新社会観」にもとづき、1800年以来携わってきたニューラナーク村の「統治」と紡績工場経営の経験をふまえて作成した政策提言である。

　オーエンは、産業革命以後の急速な生産力（科学、機械力や化学力の増大）の発展にもかかわらず、労働者に有益な雇用が不足し、過剰生産が生まれているところに当時の基本的な問題点を求めている。彼は、それは社会全体の分配の在り方に欠陥（市場の不足、生産手段の量にみあった交換手段の不足）があるからであると考える（pp.110-111）。オーエンが基本的な対策として考えたのは金銀や貨幣・銀行券といった人為的価値尺度に代えて、価値の自然的尺度

---

(14) 武内哲夫・生田靖『協同組合の理論と歴史』ミネルヴァ書房、1976、など。もちろん、それは19世紀協同組合論の他のモデルを否定するわけではない。たとえば、サンシモン、フーリエ、プルードンなどの社会思想家・社会主義者が活躍した1830～40年代のフランスにおける「協同組織」（アソシアシオーンあるいはファランステール）運動や、マルクスの協同組合論の再評価などは重要であるが、別の機会での検討にしなければならない。竹沢尚一郎『社会とは何か―システムからプロセスへ―』中公新書、2010、田畑稔『マルクスとアソシエーション―マルクス再読の試み―』新泉社、1994、など。
(15) 内山節ほか『半市場経済―成長だけでない「共創社会」の時代―』角川書店、2015、第2章（細川あつし稿）参照。
(16) R.オーエン『社会変革と教育』渡辺義晴訳、明治図書、1977（原著1820）、所収。以下、引用ページは同書のものを示す。

としての「人間労働」(肉体と精神の諸力の複合)を重視することであり、それによって労働者階級に適当な教育をほどこす時間と手段を得られるようにすることである (pp.114-115)。それが貧困の原因を人口過剰に求め、解決の方向を「個人的競争制度」の強化と「個人的責任」に求めるマルサス主義者たちへの批判であることを考えれば[17]、今日のマルサス主義＝「新自由主義＋新保守主義」を批判する上でも有効性をもっていると評価できるであろう。

オーエンは、資本主義的農業が「利潤目当ての耕作」によって「動物の力」を重視するのに対して、「人間の力」を軽視していることを批判している。資本主義的農業が「土地生産性」を無視して「労働生産性」を一面的に追求した結果、多くの小農民・労働者たちを排除しただけでなく、「人間の性質」を無視しているからである。彼は「立派な習慣と性質」を身につけ、「技術と科学をもっとも有効に使用できる実践力」をもち、「貴重な経験的知識しかも多方面かつ一般的な知識にみちた頭脳」を備えた人々の可能性を生かそうとする。基本をおくのは「人間の労働」であり、「新しい富を創造する力をもった人間」、「公平な分け前をうける正当な権利」をもった人間 (p.130) である。

注目すべきは、それはひとり農業の改良だけでなく、「農業・貿易・商業・製造業をひとまとめにした制度」を作り指導していくという「総合的制度」を求めるものであったということである。その実現は、「環境の人間性におよぼす影響の科学と、これらの環境を容易に統制できる方法の知識をまってはじめて可能」である (pp.123-124)。実際的な制度については「協同組合」が考えられている。そして、組合員の適当な人数 (800～1,200人がのぞましいが、下限と上限は300人と2,000人) と耕作面積が考えられ、衣食住の世話をして子どもを教育する制度、必要な諸施設とそれを管理する制度、余剰農産物の処理と施設間の関係、これらと政府および一般社会との関係が検討されている。耕作者の協同組合にみあった住居施設と主要家庭内施設は、有名な「オーエンの平行四辺形」にそって配置される。その外部には庭園、農場、そして作業所・工場がひろがっている。協同組合員は工場・作業所の仕事と農耕園芸の仕事を交

---

(17)『オウエン自叙伝』五島茂訳、岩波文庫、1961、原著1857、p.234。

互に行うものとされた。

「平行四辺形」の配置と運営は、当時の環境によって支配されている「個人的利益中心の原理」から、科学的知見にもとづいて環境を統制できるような「団結と相互の協同」の原理へと転換するという方向で考えられる。ただし、それは一気にできないから、その転換のためには「中間的制度」が必要だとオーエンは言う。その基本的原理は、労働者諸個人の広い範囲にわたる「精神力と肉体力の結合」、「私的利益と公共的利益の一致」、自国の国力と幸福は他国のそれらと平等に増大することによって充分に本来的に発展すること（p.147）を納得していくことである。そのためにまず提案されることが衣食住、すなわち「共同炊事」と「共同食事」、暖房・冷房・換気を考えた住居設計、健康や性教育に配慮した衣服である。

彼が人間生活の経済のうちでもっとも重要な部分と考えるのは「子どものしつけと教育」である。そこには環境決定論に近い教育理解のもと、人間共同体の統治は「教育の力によってのみ可能」（p.159）であるという理解がある。基本にあるのは「性格は個人のために形成されるものであり、個人によって形成されるものではない」（p.175）という命題である[18]。そして、人間の性格形成にかかわる「人間生活の条件」を改善するためのこの実際的な制度を採用せずに、「個人の賞罰、競争の制度が人間社会の基礎をなしているかぎり」（p.173）、平和・善意・慈愛・博愛などは実現できないことが強調されている[19]。

「教育と労働と協同」にかかわるオーエンの思想は、これまでの協同組合論や教育学でもしばしば議論されてきたことである。その社会・教育観は、「空想的社会主義」として旧来のマルクス主義によって厳しく批判されてきた。し

---

[18] オーエンによれば、こうした考え方は紡績工場管理人をしていたマンチェスター時代に生まれ、それを広める活動をはじめたのは1802年からであった（『オウエン自叙伝』前出、p.64、p.144）。具体的経験については、同書第8章（「幼児教育と労務管理」）。それらは、「新社会観」の中核となる次のような積極的「原理」となる。すなわち、「適切な方法が用いられるならば、どのような地域社会でも広く世界全体でさえも、最も善良な性格をも最も劣悪な性格をも、最も無知な性格をも最も知性的な性格をも備えることができるようになる」(R. オーエン『性格形成論』斎藤新治訳、明治図書、1974、原著1813、p.27）。

かし、マルクス自身は『共産党宣言』における空想的社会主義者批判の対象にオーエンを含めず、『資本論』においてはオーエンが工場制度から社会革命を出発しようとしたこと、そしてその協同村での「労働と教育」の結合を評価していたこともよく知られている。もちろん、オーエンの近代科学主義的あるいは環境決定論的な側面などは、現代の視点からは再検討されなければならない。しかし、以上で見てきたことを考えるならば、彼の「教育と労働と協同組合」の思想は、3.11後の復興過程においても、というよりも3.11後社会においてこそ見直されてしかるべきであろう。直接的にはたとえば、大規模防潮堤建設、高台移転、コンパクトシティづくりなどの「創造的復興」政策と対比し、本書第Ⅰ編でみたように、それらを「人間の復興」の視点から批判的に検討してみる際にも有益な示唆を与えてくれるであろう。

2　モンドラゴン協同組合複合体とアリスメンディアリエタの思想

協同組合と教育の結びつきによるコミュニティ形成の方向は、オーエン以降もさまざまなかたちで追求されてきた。ここではひとつだけ、1920～30年代にカナダのノヴァ・スコッシア州で展開された「アンティゴニッシュ運動」をあげておきたい。貧困な農漁村地域の社会経済発展を協同組合と成人教育によって推進しようとする聖フランシス・ザビエル大学のJ. J. トンプキンス、とくにM. M. コーディをリーダーとする運動である[20]。

その運動は「個人の必要が第1義的である」、「社会改革は教育からおこる」、「教育は経済からはじまる」、「教育はグループ活動による」、「効果的社会改革は、

---

(19)『オウエン自叙伝』（前出）は、とくに子どもの教育について、自身がはじめたものは①無叱責・無懲罰、②教師・生徒間の情愛と信頼、③実物と会話による教育、④親切・合理的方法と教師の可謬性の承認、⑤正規の屋内時間をおかないこと（必要に応じた屋外教育）、⑥音楽・舞踏・軍事教練の位置付け、⑦子どもを喜ばせる範囲内の実習、⑧野外教育（庭園・果樹園・圃場・森林・家畜・博物学など）、⑨合理的な思考と行動の育成（生涯有益な実のある知識の獲得）、⑩性格形成院のような最良の環境、だと述べている（pp.403-405）。

(20) A. F. Laidlaw, "*The Campus and the Community: The Global Impact of the Antigonish Movement*", Montreal Harvest House, 1961.

社会・経済制度の基本的な変化を含む」、「運動の究極的な目的は地域社会のすべての人々の十全で豊かな生活である」という6つの基本原理のもと、協同組合と成人教育を両輪として推進されたものである。それは協同組合運動と「地域づくり教育」を結び付ける、21世紀に向けてのひとつの原型となる運動である[21]。

　ここでさらに「教育と労働と協同」を結び付ける実践として検討してみたいのは、スペインのモンドラゴン協同組合複合体[22]であり、そのリーダーであったカトリック神父アリスメンディアリエタの思想である。それらについてはすでに紹介があるが[23]、実践を通して展開してきた彼の思想のまとまった著書があるわけではない。ここではホセ・アスルメンディの整理・分析によって見ておこう[24]。

　アリスメンディアリエタは、カトリックの社会活動や協同組合運動の影響を受けながらも人格主義的協同主義の立場に立ち、経済革命と道徳革命を統一する方向を考えていた。その思想の源泉は、①キリスト教の社会教義、②人格主義＝人間主義の思想、③バスク社会主義の伝統、④協同組合主義の古典、の4つであるが、彼の強さは、「総合する力、実践的感覚、ユートピアを諦めない」ことである（p.60）。とくに重要なのは、マリタンやムーニエといったフラン

---

[21] 拙稿「協同組合運動と『地域づくり教育』」『生活協同組合研究』第256号、1997。地域づくり教育に関する国際的動向と具体的に実践については、拙著『地域づくり教育の誕生―北アイルランドの実践分析―』北海道大学図書刊行会、1998、も参照されたい。

[22] 後述のレードロー報告『西暦2000年における協同組合』でもモンドラゴン協同組合複合体は今日的な課題に応える典型的協同組合としてあげられている。とくに第2優先分野（生産的労働のための協同組合）の中で「高度な産業発展の新たな段階の労働者協同組合の姿」を示すものとされているが、他の分野とくに協同組合複合体の形成による「協同組合地域社会の建設」という第4分野でも注目されるべきであろう。

[23] 石塚秀雄『バスク・モンドラゴン―協同組合の町から―』彩流社、1991、など。未来社会論における位置付けについては、基礎経済研究所編『未来社会を展望する―甦るマルクス―』大月書店、2010、第5章（富沢賢治稿）。

[24] ホセ・アスルメンディ『アリスメンディアリエタの協同組合哲学』石塚秀雄訳、みんけん出版、1990（原著1984）。

ス人格主義の影響を受けた、経済面における人格主義体制実現モデルへの志向である。その具体化として、資本に対する労働の優位性、教育の緊急性、自治や人間主義的民主制を考え、とくに「労働者の自主管理能力」への信頼によって、人格主義や人間主義を乗り越えた実践を展開しようとしたことが彼の独自性を示している（p.62）。

そのことは、人格論における「主体としての人格」に対して、「実体としての人格」を捉え、より現実的な人格に迫ったたことを意味する。アリスメンディアリエタは、マルクスを引用して「人間は自然的な存在である。しかし、人間的自然という存在である。」と言い、「人間とは動物と違って自分の環境を変え、また環境を通じて自分自身をも変える能力をもった開かれた存在」であると考える（p.93、p.95）。ときとして環境決定論に近い議論を展開したオーエンに比して、環境と自分自身を変革する人間的実践を強調したのであった。

実際の活動は、フランコ独裁政権下の1943年に技術専門学校を設立したことからはじまった。「プルム学校」と共通するところがあって興味深い。アリスメンディアリエタの活動は学校にとどまらず、「社会アカデミア」（労働者の指導者養成機関）を設立すると同時に諸サークルを組織化し、48年にはその後援団体としての「教育文化連盟」を立ち上げた。それは「労働者は教育と自己自身の労働を通じてのみ自己を解放する」という思想の具体化であり、その後取り組むことになる協同組合の本質は「教育、労働、人間性の尊厳」だと理解されている（p.92）。

それは「人間的秩序の３つの要素」であり、アリスメンディアリエタにおいては、相互に浸透しあい形成しあっていると考えられる（p.108）。ここに人格主義的な「人間性の尊厳」の具体化として「教育と労働と協同」を統一する方向がみられるが、そこでは「人間性の尊厳」自体が生成するものと考えられている。それは「力による協同」や「必要性による協同」を超えた「自由な協同」（p.78）をめざす中で生まれるものである。そこで有用な役割を果たす学習は「社会的実践に開かれるもの」であり、教育とは「労働者が自分自身の考えで活動できるように総合的な受容力をまさにつくりあげること」にほかならないとされる（p.86）。

言葉を越えて「何か真実で積極的なもの、具体的なもの」を実現しようとした活動組織、それが「労働者の自主管理能力」を示す協同組合にほかならない。1987年、モンドラゴン協同組合会議はそれまでの活動と、ロッチデール原則やICA（国際協同組合連盟）の協同組合原則をふまえて、10の基本原則を採択した。それは、①自由加入、②民主的組織、③労働の優越性、④資本の道具的従属的性格、⑤管理への参加、⑥報酬（給与）の連帯、⑦協同組合間協同、⑧社会変革、⑨普遍的・国際的性格、⑩教育の重視、である。モンドラゴン協同組合に特徴的なのはとくに③であり、「労働は自然、社会、人間を変革する基本的要素」だという考えのもと、(1) 賃労働者雇用の原則廃止、(2) 労働の完全な優越性を追求、(3) 労働を基準とした富の分配、(4) 労働の機会の社会の成員全てへの拡大、を謳っている。以下の原則はそれにもとづいて規定されていると言える。ただし、⑧において、「バスク地域で活動し、経済と社会の再建、自由と公正と連帯のバスク社会の構築」をめざすとしていることは、あくまで地域に根ざし、地域社会の変革のために活動することを確認したものと言える。

協同組合は、その「官僚化・国家機関化傾向」と「商品化・資本化傾向」を克服することによってはじめてその本来の役割を果たすことができる[25]。モンドラゴン協同組合の以上のような基本原則は、これらの傾向を乗り越えようとするものであった。そうした視点からも、⑤以下の原則があらためて重要な意味をもつ。「管理への参加」では、組織活動のみではなく、「企業経営管理における組合員の自主管理・参加」を規定し、そのための (1) 適切な機構と方法の発展、(2) 管理情報の公開、(3) 組合員の経済・組織・労働上の決定への検討・交渉の方法の確立、(4) 組合員の組織的教育と専門教育の推進、(5) 内部昇進制度の確立、が挙げられている。

モンドラゴン協同組合複合体は、上記基本原則が確率された直後の1991年には、協同組合数は約160、労働者組合員は22千人となっている。協同組合の活動分野の最大部門は工業・サービス産業協同組合グループであり、とくに農業やその加工産業ではなく工業生産組合の分野に積極的に展開していることが拡

---

[25] 拙著『教育の公共化と社会的協同—排除か学び合いか—』北樹出版、2006、第Ⅳ章。

大を続けてきたひとつの重要な要因である。そして、モンドラゴン協同組合複合体の原点である教育協同組合グループ（乳幼児教育から高等教育レベルまで、46校）をはじめ、生活権の保障を重視した生活・社会保障グループ、そして諸協同組合拡大の推進力となった労働人民金庫などの財政協同組合グループ、さらには「労働の人間化」をめざす技術開発研究協同組合までを含んで総合的に展開していることがその強みとなってきている。

以上のようなアリスメンディアリエタの思想とそれを具体化したモンドラゴン協同組合複合体の展開は、オーエンとその協同村の思想と実践を受け継ぎながら、その限界を乗り越え、より持続的で、地域社会に定着する協同組合活動の現代的在り方を実例によって示してきたものであると言えよう。筆者は、「教育と労働と協同」を結び付けて考え、農業・農村生活とその関連事業を中心としながら、地域住民の「自主管理能力」を示す協同組合を総合的・複合的に展開しているところに、プルム学校を基盤とした地域づくり協同活動の大きな特徴をみており（〈図0-1〉参照）、そこにモンドラゴン協同組合複合体の実践と響き合うものがあると考えている。モンドラゴン協同組合複合体もホンドン地域再生協同組合連合も「学校」から出発した。前者ではとくに地域社会教育実践の展開が重要な前提条件となったが、後者ももともと学校教育を受けることができなかった青年・成人を念頭においた教育実践から始まった活動であった。

3　現代協同組合運動と「協同・協働・共同の響同関係」

東日本大震災の前年である2010年は、国際協同組合同盟（ICA）第27回大会でいわゆるレードロー報告「西暦2000年の協同組合」がなされてから30年になる。同報告は21世紀にむけた「人類的課題」に取り組むにあたっての協同組合の役割を示し、「４つの優先的課題」をあげたことで知られている[26]。すなわち、①世界の餓えを満たす協同組合、②生産的労働（Productive Labour）のための協同組合、③保全者社会（Conserver Society）のための協同組合、④協同組合地域社会（Co-operative Communities）の建設である。

---

(26) 日本協同組合学会編訳『西暦2000年における協同組合［レードロー報告］』日本経済評論社、1989。

新たな状況に対応してレードロー報告を具体化すべく、21世紀に向けた協同組合原則が議論され、1995年のICA総会では、協同組合のアイデンティティと宣言が採択されることになった[27]。すなわち、協同組合は「自治的な組織としての人々の結合体」であり、「自分たちの共通する経済的、社会的、文化的なニーズと願いをかなえること」を目的として、「一人ひとりが平等の権限に基づき、共同で所有し、民主的に管理する事業体」であるとされた。その基本的価値は、自助、自己責任、民主主義、平等、公正、連帯の6つとされ、協同組合員の倫理的価値としては、正直、公開、社会的責任、他人への配慮の4つが挙げられた。そして、新たに7つの協同組合原則（①自発的で開かれた組合員制、②組合員による民主的管理、③組合員の経済的参加、④自治と自立、⑤教育、研修および広報、⑥協同組合間協同、⑦地域社会への関与）が明示された。とくに従前（「1966年原則」）にはなかった④と⑦は、21世紀型協同組合の在り方を提起するものであった。

　2010年度の日本協同組合学会は「レードロー報告30周年」をテーマとし、その到達点と課題を問うている。実践的には、たとえば同学会春季大会において、澤口隆志市民セクター政策機構理事長は「4つの優先的課題」における具体例として次のような実践を挙げた。すなわち、第1分野においては、産消連携による生産―流通―消費―循環型の「生産する消費者」運動（国産種開発、飼料・油糧自給率向上、米の予約登録活動、飼料米による養豚、生産への労働参加など）である。そして、第2分野では、ワーカーズ・コープとワーカーズ・コレクティブ運動、「協同労働の協同組合」運動、第3分野では、遺伝子組み換え原料不使用と国産自給、合成洗剤追放と石鹸運動、循環型社会・代替エネルギー開発、参加型福祉のまちづくり運動など、第4分野では、協同組合地域社会に向けた生活保障制度の追求と「新しい公共」への参加などである。

　1995年のICA総会で採択された「協同組合のアイデンティティ」を保持しながら、その基本的価値・協同組合原則を具体化すること、持続可能な社会づくりを重視しつつ、とくに「自治と自立」、「地域社会への関与」を強化していく

---

[27] 日本協同組合学会編訳『21世紀の協同組合原則―ICAアイデンティティ声明と宣言―』日本経済評論社、2000。

ことが求められている。そこでは、協同組合をめぐる「官僚化・国家機関化傾向」と「商品化・資本化傾向」を克服しながら「協同組合のアイデンティティ」を発揮することが課題とされてきていると言える。

　その際、日本では1990年代以降、協同組合活動の広域化や合併などが進展してきたが、その一方では、地域での必要に応じた小規模組合（国際的にはミニ・コープや社会的協同組合）の展開もみられることに注目する必要がある。そして、1998年のNPO法成立以来、多様なNPOとくに「事業型NPO」が新しい協同活動を発展させてきている。それらは、国家や私企業に対して、市民社会で協同活動を展開する「社会的協同」の一環として理解する必要がある。そうすると「社会的協同」の多様性、そこにおける協同活動の質の違いをふまえた検討が必要となる。筆者は、社会的協同のハイブリッド的展開の必要性を提起してきた[28]。

　このことをふまえて地域再生の今日的在り方を考えるならば、質的に異なる協同活動の積極的連携、とくに諸個人の自由意志にもとづく連帯としての「協同」、地縁（ないし血縁）にもとづく「共同」、そして該当課題にかかわるステークホルダーの「協働」などが響き合い、相互豊穣的に発展していくような関係づくり、すなわち「協同・協働・共同の響同」関係の形成が求められていると言える[29]。最近では、協同・協働・共同の相互浸透・相互転化の動向（たとえば地縁団体による協同組織＝NPOや協同事業体の設立）も見られ、そうした中で旧来からある地縁的な共同の再生も重要な意味をもっている。相互信頼にもとづく互恵的・互酬的関係は一般に「社会関係資本 Social Capital」と呼ばれ、それらが地域社会発展に重要な役割を果たすものと考えられるようになってきたが、協同組合の発展もそれらと不可分のものである。

　もともと、たとえば日本の「総合農協」はその活動の中に、諸部会活動を含むだけでなく、生産組合や実行組合、そして多様な生産・生活の諸グループ活

---

(28) 拙著『教育の公共化と社会的協同―排除か学び合いか―』北樹出版、2006、第Ⅳ章。
(29) 拙著『増補改定版　生涯学習の教育学―学習ネットワークから地域生涯教育計画へ―』北樹出版、2014、第Ⅳ章第4節。

動と連携してその協同組合活動を活性化させてきた⁽³⁰⁾。共同購入グループを伴う生活協同組合もそうした側面をもっており、地縁的組織との連携の課題も浮かびあがってきている。したがって、それらを再活性化しつつ、協同組合間協同を進める現代的協同組合運動は、まさに「協同・協働・共同」の複合体であり、生産・流通・消費・信用だけでなく福祉・教育・文化にまで拡がる「協同組合複合体」として展開する方向が考えられなければならない。こうした時に、TPP推進とあわせた「総合農協解体」とも言える現政権の政策は大きな問題を含んでいると言える⁽³¹⁾。

以上で見てきたような社会的協同活動を基盤にして「地域社会（コミュニティ）再生」を提起することができるであろう。リスク社会化と格差社会化の先に生まれた「排除型社会」の問題に取り組むために、「コミュニティ再生」は地球的規模での時代的課題となっている⁽³²⁾。実体的コミュニティ解体の危機が叫ばれ、他方で、バーチャルな「ネット・コミュニティ」や「オンライン・コミュニティ」、あるいは一時的な「クローク型コミュニティ」の重要性が指摘されたりしている。しかし、求められているのは、むしろ実体的な「協同・協働・共同の響同」関係を基盤にした地域社会の再生である。これらにかかわる協同組合活動を、農村と都市をつなぐ「協同組合運動」として捉え直して⁽³³⁾、それらを含めた地域づくり協同実践をいかに展開していくかが課題となってきているのである。第3章第5節で述べたように、それは東日本大震災からの復興過程でも求められていることである。

---

(30) 日本の総合農協の「総合的方法」は、レードロー報告でも「協同組合地域社会」を考える際のモデルとして評価されていた（『西暦2000年における協同組合』前出、p.175）。
(31) 太田原高昭『農協の大義』農文協ブックレット、2014、田代洋一『農協・農委「解体」攻撃をめぐる7つの論点』筑波書房ブックレット、2014、参照。
(32) J.デランティ『コミュニティ―グローバル化と社会理論の変容―』山之内靖・伊藤茂訳、NTT出版、2006（原著2003）。広井良典『コミュニティを問い直す―つながり・都市・日本社会の未来―』ちくま新書、2009。
(33) 田中秀樹『地域づくりと協同組合運動―食と農を協同でつなぐ―』大月書店、2008。

補論B

現代「将来社会」論と「社会教育としての生涯学習」

　持続可能性への取り組みが課題となっている現代は、大きな世界史的転換点にある。戦後体制はもとより近代、そして自然・人間・社会の全体的あり方が問われてきた「危機の時代」であり、新しい体制への「移行の時代」、その担い手が求められる「主体形成またはempowerment」の時代である。それゆえ、単に未来社会をユートピア的に提示するだけでなく、「すでに始まっている未来」を捉え[34]、そこを基盤にして将来社会を構想することが重要な課題となっている。

　ここでは、現代社会論の中から将来社会論が生まれてきていることを確認した上で、とくに消費化・情報化社会論を基盤とする将来社会論と、成長経済の先に展望されている「定常型社会」論を批判的に検討し、それらを展開するためには「社会教育としての生涯学習」の視点が不可欠であることを指摘する。

1　将来社会への現代社会論

　ローマクラブの『成長の限界』（初版、1972年）以来、システム・ダイナミックスの手法などによる将来予測が、われわれの社会は持続不可能であることを示してきた。それは、地球レベルでも国家レベルでも、「あってはならない未来」であり、それに対して「あるべき未来」のあり方が提示され、そこから現在の課題を具体化するという「バックキャスティング」の視点が必要であるとされ、地球レベルでも国家レベルでも、具体化されてきた。しかし、それら

---

[34] たとえば、F. ジェイムソン『未来の考古学Ⅰ—ユートピアという名の欲望—』秦邦生訳、作品社、2011（原著、2005）、宇沢弘文・内橋克人『始まっている未来—新しい経済学は可能か—』岩波書店、2009。

は量的な指標にかかわることであり、その質を問うていないし、システム（とくに社会システム）内部にかかえている矛盾や多様性に視点をおくことがない。

そうした中で「持続可能な発展（SD）」が問われてきた。ローマクラブは地球の外的限界＝有限性を示したが、現代を後期近代と捉える諸理論は近代産業社会の「内的限界」を明らかにしようとした。いわゆるポスト産業（工業）社会論には新しい発展への変容の方向（知識基盤社会や生涯学習社会はそれらのひとつ）を強調するものが多かったが、それらに批判的な議論は、後期近代は「リスク社会」（U. ベック）や「排除型社会」（J. ヤング）であることを主張した。将来社会論としてのSDはこれらとどうかかわるかが問われる。

1970年代の「ポスト産業（工業）社会」論の中には、E. F. シューマッハー『スモール・イズ・ビューティフル』（1973年）をはじめとして、「将来社会を展望する現代社会論」があった[35]。それらを総括する位置にあるものとして、A. トフラー『第3の波』（1980年）がある。同書では、第1（農業）および第2（工業）の波を超える「第3の波」は、技術体系・社会体系・情報体系・権力体系さらには生物体系・心理体系をも包含する「新しい文明」の創造にかかわるものであり、再生可能エネルギー、新しい生産方式、新しい家族形態、未来の学校や企業から、より民主的な政府、そして全地球的な革命につながるものだと主張されている[36]。

トフラーは産業文明の基本的特徴を、「規格化・同時化・中央集権化・集中化」と捉え、それが「生産と消費の分裂」を基本的前提とすると言う。それゆえ彼は、生産と消費を結合する「生産＝消費者prosumer」を「明日の経済」の担い手と考えた。それはのちに見られるような、少品種大量生産体制に対して多品種少量生産体制を推進する「柔軟な専門化体制」を強調する『第2の産業分水嶺』（M. J. ピオリ／C. F. セーブル、1984）の提起、あるいは第3次（サービス）産業化をも超える経済民主主義的な「参加と連帯の組織（アソシアシオン）」を重視する『「第4次経済」の時代』（R.シュー、1997）の主張にもつな

---

[35] シューマッハーの思想の意味については、拙著『持続可能な発展の教育学――世界をつくる学び――』東洋館出版社、2013、第5章。
[36] A. トフラー『第三の波』徳山二郎監訳、日本放送出版会、1980（原著とも）、p.20-21。

がっている。いずれも新たな時代の「知識・技術と専門性」に着目しており、とくに後者は生産者＝消費者の現実化を重視している。

　しかし、これらの動向を明確に位置付けて検討するためには、まず、「生産と消費の分裂」をもたらす「販売と購買の分離・対立」（商品・貨幣関係）と、それを規定する労働力商品（資本・賃労働関係）の区別と関連を明確にする必要がある。より重要なことは、その後の多国籍企業主導の経済的グローバリゼーションの過程で進行した資本蓄積（富と貧困の蓄積）過程がもたらした諸問題（とくに空間的・社会階層的な貧困・社会的排除問題）に対応するものとして、生産と消費の結合、中小企業の生き残り戦略や「第4次経済」の諸実践が生まれてきたことの理解である。こうした経過をふまえ、資本主義的経済一般とグローバリゼーション時代の多国籍企業や投機的金融資本の性格を区別して理解するのでなければ、「プロシューマー（生産＝消費者）」の実践も反産業主義のリアリティを失うであろうし、消費社会化の中での企業の販売戦略の中に取り込まれて終わるであろう。

　また、アソシアシオン（アソシエーション）は経済活動としてだけでなく、社会的活動全体にわたる組織としての性格をもっている。したがって、ただ「第4次産業」として理解するだけではなく、まさにアソシエーションを経済・社会・政治そして文化の全体にわたる活動として位置付け、将来社会を再検討する必要がある。将来社会論として遡れば、アソシエーション＝「労働する自由人の連合」は19世紀後半におけるK.マルクスの提起にはじまるものであり、今日でもその新たな原理的考察が試みられている。20世紀のA.グラムシ理論を含めて現代社会へ適応して、発展させようとする動向もある。もちろん、本書のテーマにとって重要なことは、それらアソシエーション論を学習論・教育学的視点から現代に生かしつつ、将来社会を展望することである[37]。

---

(37) 大谷禎之助『マルクスのアソシエーション論―未来社会は資本主義のなかに見えている―』桜井書店、2011、田畑稔ほか編『アソシエーション革命へ』社会評論社、2003、佐藤慶幸『アソシエーティブ・デモクラシー―自立と連帯の統合へ―』有斐閣、2007、拙著『エンパワーメントの教育学―ユネスコとグラムシとポスト・ポストモダン―』北樹出版、1999、同『現代教育計画論への道程―城戸構想から「新しい教育学」へ―』大月書店、2008、など参照。

2　情報化・消費化社会の先の「交響体」

　さて、アメリカ社会あるいはヨーロッパ社会をモデルとして議論されてきた現代社会論は、1980年代後半のいわゆる「バブル経済期」（日本的消費社会の隆盛の時期）をくぐって、日本にも適用されるようになる。未来社会への方向を見据えた現代社会論の日本における代表例としては、見田宗介『現代社会の理論』（1996年、岩波新書）を挙げることができる。

　見田は現代社会を「情報化/消費化社会」だと捉え、その転回によって「自然収奪的でなく、他者収奪的でないような」社会（本書で提起している「持続可能で包容的な社会」に相当）が可能であると主張する。転回とは「生産の自己目的化」や「マテリアルな消費に依存する幸福のイメージ」の転回＝変革である。見田は財貨を商品として購入して「消費」することに対して自己目的としての〈消費〉＝消尽（バタイユ）を、効用的・手段的な「情報」に対してより自由な〈情報〉への転回を主張している（同書、pp.169-171）。

　こうした使用価値視点からの理解は前述のトフラーなどと同様の問題点をかかえているが、未来社会論を展開した『社会学入門』（2006年）では、人間の歴史の5局面を提起している。すなわち、①原始社会（定常期）、②文明社会（過渡期）、③近代社会（爆発期）、④現代社会（過渡期）、⑤未来社会（定常期）である。それらは人間／自然関係としての産業革命としては①道具化、②農耕化、③工業化、④消費化に、人間／人間関係としての情報革命（コミュニケーション革命）としては①言語、②文字、③マス・メディア、④情報化に対応させられているが、それぞれ⑤は「名づけられない革命」だと言う。それは、「〈共存することの祝福〉ともいうべきものを基軸とする世界を切り開く未知の革命」だとされている[38]。「革命」といっても、「小さな変革を重ねて、気がついてみると社会の体質が変わってしまった、というかたちでの革命」である[39]。

---

(38) 見田宗介『社会学入門―人間と社会の未来―』岩波新書、2006、p.159、p.164、p.166。
(39) 見田宗介・大澤真幸『二千年紀の社会と思想』太田書店、2012、p.34、p.73、p.87。

社会モデルとしては「交響するコミューン・の・自由な連合」という社会構想を提起している[40]。理想的な社会のあり方を考える前提は、(1) 社会の2つの様式（関係の積極的な実質の創出と消極的な形式＝ルールの設定）、(2) 他者の両義性（生きる意味と歓び・感動の源泉であると同時に、不幸と制約の源泉）の理解である。これらをふまえて交響圏とルール圏から成る人類史をとおした社会の類型化がなされる。すなわち、「共同態─社会態」および「意思以前的─意思的」の2つの視点からなる4象限をつくり、①共同体 community（意思以前的な共同態）、②集列隊 seriality（意思以前的な社会態）、③連合体 association（意思的な社会態）、④交響体 symphonicity（意思的な共同態）の4つに区分する。これらのうちの④が自由な意思によるボランタリーな関係であり、人格的なゲマインシャフト的関係として位置付けられる。それは、いつの時代にも見られたものであるが、将来社会においては、それらの「肯定的なエッセンスというべきものを、純化し、自覚化し、全面化するもの」＝〈交響体・の・連合体〉として社会の中心になるものとされるのである。ここに、アソシエーション論の全体的位置付けと発展をみることができる。交響体は「対自的な共同態」とも呼ばれ、「個々人がその自由な意思において、人格的 personal に呼応し合うという仕方で存立する社会」とされている[41]。

ここで重要なことは、自己関係と他者関係を含む「人格論」の重要性が示されていることである。将来社会を見通すためには、現代的人格の基本的矛盾関係を克服しようとする多様な協同関係（見田の用語では共同・交響関係）がどのような実践をとおして生成していくかを解明していく必要がある。現実にはそれら協同関係は具体的な地域社会で展開されているから、地域のレベルでその展開構造を明らかにする必要がある。既述のように、また後述するように筆者は社会教育・生涯学習の視点から、社会的協同実践の具体的展開構造を「協同・共同・協働の響同関係」として捉える視点を提起している。そうした展開をとおして、異質な諸個人が相互に承認しあうような社会、それをどのような実践をとおして創造していくのかが問われなければならないであろう。それは、

---

(40)見田『社会学入門』前出、序章「コラム」及び「補」を参照。
(41)同上、p.20、p.188。

諸個人の自己実現と相互承認を、自由な意思にもとづいて意識的に追求していくという意味での主体形成過程にほかならない。それは同時に諸人格の「意識における自己疎外」（たとえば見田が問題とした、マテリアルな成長＝より多くの商品を幸福と考えるような意識）を克服していく学習・教育関係の展開を伴うことなしには現実のものとならない。教育学的視点が不可欠となってくる所以である。

マルクスの物象化＝疎外論をベースにした『現代社会の存立構造』（1977年）という著書をもつ見田（＝真木悠介）は、「情報と消費のコンセプトの結合が一気に切り開いてみせる世界」に期待しつつ、現状では、消費は「マテリアルな消費に依存する幸福のイメージ」に、情報は「効用的、手段的な『情報』のイメージ」に拘束されていると言っていた[42]。しかし、たとえば「消費化」の矛盾的展開構造について、物化・物象化・物神化を区別して具体化し、それらの実践的克服の方向を明らかにするというような志向性[43]は見られない。

J. ボードリアール『消費社会の神話と構造』（1970年）やD. ベル『資本主義の文化的矛盾』（1976年）にはじまり、資本主義的「消費社会化」の問題はしばしば取り上げられてきた。最近でもB. R. バーバーが、グローバル化する「消費社会化」を「幼稚エートス（安易、単純、ファスト）」の全面化、その結果としての市民の「私民化」＝精神分裂症化、アイデンティティのブランド化といった視点で批判し、その克服の方向を市民権の回復、とくに「グローバルな市民統治の新しい形態」の発見・創造に求めている[44]。本書**表2-1**で示した「地球市民」の形成である。課題は全面的な消費社会化の展開構造の解明であり、本書第4章第3節で自然エネルギー社会づくりにかかわって述べたように、同表の「消費者」からはじまって、市民形成・公民形成の全体にわたる実践的統

---

[42] 見田宗介『現代社会の理論―情報化・消費化社会の現在と未来―』岩波新書、1996、pp.170-1。
[43] この点、拙著『自己教育の論理―主体形成の時代に―』筑波書房、1992、第1章、拙編『排除型社会と生涯学習―日英韓の基礎構造分析―』北海道大学出版会、2011、第1章、など。
[44] B. R. バーバー『消費が社会を滅ぼす？！―幼稚化する人々と市民の運命―』竹井隆人訳、吉田書店、2015（原著2007）、pp.142、580など。

一をはかることを可能とするような理論の展開であろう。

3　定常型社会への「地域づくり教育」

さて、見田が提起した将来社会は「定常型社会」でもあった。それは経済成長を最優先する社会を乗り越えた「持続可能な社会」の提起でもある。持続可能な社会の追求は、当初は「持続可能な経済成長」論をも含むかたちで展開されたが、環境・資源問題の事態の緊急性や深刻性が理解されるにともない『経済成長なき社会発展は可能か？』（S. ラトゥーシュ、2004）が問われるようになった。そうした議論は必然的に、J. S. ミルが19世紀に提起していた「定常型社会」を見直し、そうした社会を展望するようになる。

そこで、ここでは今日の日本における「定常型社会」論の代表的な提唱者である広井良典を取り上げてみる。広井の論点は見田の見解と重なるところも多いが、定常型社会の3つの意味、すなわち①脱物質化（情報の消費、環境効率性の重視）、②脱量的拡大＝時間の消費、③根源的な時間の発見（変化しないものの価値）、を提起している[45]。その特徴は福祉とそれを支えるコミュニティのあり方を文明論的視点から捉えて定常型社会を提起しているところにある。彼にとって定常型社会とは、何よりも「持続可能な福祉社会」[46]なのであるが、それは人類史的・文明論的意義をもつものである。

広井は、今日の日本と世界は文明論的に、第3の定常型社会に入っていると言う。すなわち、採集狩猟社会後期と農業社会後期に続く産業（工業）社会後期の定常化時代である。それは、①地球という「有限性」の自覚（果てのある全体）、②地球上の各地域の風土や思想等の「多様性」の認識の上にたった定常型社会である。それゆえ、第3の定常化時代に求められているのは「地球倫理」であり、その価値は（1）個人を起点としつつ、その根底にあるコミュニティや自然の次元の回復、（2）超越性（ないし公共性）に向かうベクトルと内在性に向かうベクトルが循環的に融合するようなものとなるのではないか、と

---

[45] 広井良典『定常型社会―新しい「豊かさ」の構想―』岩波新書、2001、p.161。
[46] 広井良典『持続可能な福祉社会―「もうひとつの日本」の構想―』ちくま新書、2006。

言う。それは「自然―コミュニティ―個人」をめぐる価値の重層的な統合として提起されている。

そこには、個人という存在の根底にはコミュニティが、その根底には自然（生命）があり、今日では「存在と価値の融合」が求められているという基本理解がある。本書表終-1で示した「自然―人間関係」が意識されていると言える。福祉は、「個人や人間一人一人がそれぞれ固有の内在的あるいは潜在的な価値をもっており、それを引き出すこと、あるいはそれが実現されるべき支援や働きかけを行っていくこと」という、人間の創造性（可能性や創発性）を実現する「ポジティブ・ウェルフェア」として理解されなければならないと言うのである。そうした視点からは、これまでの格差や貧困への「事後的」対応としての福祉ではなく、個人を最初からコミュニティや自然につないでいくという「事前的」対応を重視したものに転換することが必要だとされる。ここには、将来社会＝定常型社会を実現するためには学習と教育が不可欠なものであるということが示されている。

広井が展望するのは「環境と福祉と経済を統一」した定常型社会である。それは「ポジティブな内的価値や生きる根拠への人々の渇望」から生まれる質的・文化的な「創造性」が展開する社会、"資本主義と社会主義とエコロジーの融合"した「創造的定常経済システム」という社会像をもつ「創造的福祉社会」である（広井『創造的福祉社会』ちくま新書、2011）。このような定常型社会の理解にたてば、定常型社会は『グローバル定常型社会』（岩波書店、2009）として考えられなければならない。広井は、最近では『ポスト資本主義―科学・人間・社会の未来―』（岩波新書、2015）を提起するようになってきている。「第３の拡大・成長と定常化のサイクルの全体が、（近代）資本主義／ポスト資本主義の展開と重なる」（同書、p.6）と考えるからである。

そうした広井の理解によれば、21世紀は「なお限りない『拡大・成長』を志向するベクトルと、成熟そして定常化を志向するベクトルとの、深いレベルでの対立ないし"せめぎ合い"の時代」（同書、p.244）であり、そうした中で「持続可能な福祉社会」への道こそが目指すべき方向であると主張している。ただし、上掲の"資本主義と社会主義とエコロジーの融合"とこの「せめぎあい」

の関係はあいまいで、それらを理解する上で不可欠な資本主義の内的矛盾の展開構造の立ち入った検討はない。それは福祉国家・福祉政策・福祉社会という政治的国家の側からのアプローチをとっていることの限界だと言えるかも知れない。

たしかに、たとえば『創造的福祉社会』(前出)では、現代の資本主義の矛盾の「根本的原因あるいは構造」を問題として、それを「過剰による貧困」＝生産過剰だと捉える視点が提示されている。しかし、それは多分に恐慌論にいう「過少消費説」的理解であり、それゆえ「過剰の抑制」と富の「再分配」という提起につながるだけで（pp.17-19)、「富と貧困の対立」としての資本蓄積論やその前提となる資本主義＝経済構造の分析はなされていない。たとえば、広井の議論の流れからすれば、現代の「相対的過剰人口」(K. マルクス)とその諸形態の検討は不可欠であり、そこに見られる貧困・社会的排除問題の分析を経て、はじめてリアルな社会政策や社会保障の議論が成り立つはずであるのに[47]、彼はそこに立ち入らない。

この結果、「将来社会論」については、広井は文明論的視点からアプローチすることになる。ポスト資本主義では、いわゆる「心のビッグバン」と「精神革命」(枢軸時代)を引き継ぐ第3の定常型社会＝「物質的生産の量的拡大から精神的・文化的発展へ」(『ポスト資本主義』前出、p.8)の方向が求められると言う。まさに、学習・文化活動が社会の中心的役割を果たすような時代である。そこから、定常型社会では人々の学習・文化活動を援助・組織化する実践＝社会教育実践が重要な役割を果たすということ、いや、そうした社会を実現するためにこそ社会教育実践が不可欠なものであるということが必然的に導かれることになるであろう。

---

(47) 支配ではなく搾取が『資本論』(資本主義理解)の基本テーマであり、とくに資本蓄積論において展開されている相対的過剰人口(産業予備軍)、したがって「失業」が『資本論』の中心であるという理解については、たとえば、F. ジェイムソン『21世紀に、資本論をいかによむべきか?』野尻英一訳、作品社、2015(原著2011)、p.5、pp.252-253。今日の失業・半失業問題と社会の排除問題、それに取り組む学習のあり方については、拙編『排除型社会と生涯学習』前出、第1章を参照されたい。

他方で広井は、定常型社会を具体的に提起するために、同上書第8章で「コミュニティ経済」を論じている。前提となるのは、「共」(互酬性)と「公」(再分配)と「私」(交換)の3つの原理と、ローカル―ナショナル―グローバルという3次元からなるマトリックスによる社会構造理解である。3つの原理はK.ポランニーの経済行為の基本形態論をふまえたもので、互酬性はコミュニティ(共同体)、再分配は政府、交換は市場に対応しているものとされている。そして、近代社会には国家が、現代(グローバリゼーション時代)には市場が中心的役割を果たしてきたが、ポスト資本主義時代には、(1) 各レベルにおける「公―共―私」の総合化、(2) ローカル・レベルからの出発、が重要だという。それは、現代社会におけるコミュニティや自然への志向(「時間の消費」)、さらには科学の基本コンセプトの「ポスト情報化」＝生命への移行に対応し、それらがローカルなコミュニティに根ざした内発的・創発的な性格をふまえた「内発的発展」の課題に通底するものと考えるからである。

　ここから広井は、問題解決の空間ないし舞台がローカルな領域にシフトするという「ローカライゼーションあるいは"地域への着陸"」、とくに地域内経済循環やまちづくりが進むコミュニティ経済に注目している。そして、地域福祉ないしケアに関する香取市「恋する豚研究所」、地域内経済循環がもっとも明確に現れやすい自然エネルギー関連の活動として「鎮守の森・自然エネルギーコミュニティ」づくり実践を紹介している。こうして「定常型社会」＝ポスト資本主義の社会という「将来社会」の提起は、本書で言う「持続可能で包容的な社会」に向けた地域での実践につながってきているのである。

　本書第7章第4節で述べた「グローカルな実践的時空間」が意識されてきていると言えるかも知れない。しかし広井は、そうした社会づくり・地域づくりにおいて学習実践とそれを援助・組織化する教育実践が不可欠であり、それらなしには定常型社会が実現できないし、存立できないことにはふれていない。それらの固有の理論と実践を提起することが、本書の主要課題のひとつであり、とくに「持続可能で包容的な地域づくり教育(ESIC)」の重要性を強調してきた。それが「将来社会への学び」を推進する地域教育実践であることは広井の定常型社会論によっても確認できるであろう。

学習活動は「活動を生産する活動」（Y. エンゲストローム）であり、逆に、活動とくに社会的協同実践こそ学習活動を産む根拠である。将来社会に向けては、補論Aでも述べたように、社会的協同実践による「協同・協働・共同の響同関係」の形成が重要な今日的実践課題となっている。

　筆者が「協同・協働・共同の響同関係」を提起したのは、長野県飯田市の実践展開に学んで、地域づくりを進めるためには地域で展開されている新旧の多様な協同関係を相互豊穣的に発展させることが必要だと考えたからである(48)。それはその後、多様な領域で展開している社会的協同実践を地域レベルで結びつけていく「地域響同 glocal symphony」を進めて行く際に重要な実践的課題となってきている。広井が挙げる実践例においても、たとえば「鎮守の森・自然エネルギーコミュニティ」づくりは、鎮守の森を基盤とする「共同」と自然エネルギー開発のための「協同」、そして持続可能な生活形成のための「協働」が相互豊穣的になるような「響同関係」があってはじめて実現できるものであろう。そしてそれらは今、東日本大震災からの復興においても求められていることでもある。

　たとえば被災地では、「移動し分散する避難民」の「帰属の複層化」が生まれ、第2章第4節でもふれた「二地域居住」を前提とした「居住福祉」も課題となっている。こうした中で、吉原直樹は福島県大熊町の仮設住宅から生まれたサロンを題材に、地縁的な共同やテーマコミュニティだけでなく、「アドホックな協働」や対話的コミュニティなど「流動的で多様なコミュニティ」が生まれてきていることを指摘している(49)。そして、小林秀樹は岩手県大槌町や陸前高田市の復興過程にかかわった経験をまとめて、「協同連携復興のコミュニティ・デザイン」を提起している。それはコミュニティ形成の連続性を確保する多主体協同連携であり、地縁型コミュニティ（の維持や再生）のみならず、テ

---

(48) 姉崎洋一・鈴木敏正編『公民館実践と「地域をつくる学び」』北樹出版、2002、終章を参照されたい。
(49) 吉原直樹「帰属としてのコミュニティ―原発被災コミュニティのひとつのかたち―」似田貝香門・吉原直樹編『震災と市民　1　連帯経済とコミュニティ再生』東京大学出版会、2015、p.214、p.219。

ーマ型で活動するNPO、各種サービスを提供する事業者コミュニティ、支援活動に参加するNGOや企業なども含めた「多様なコミュニティの形成とそれらの連携・協働関係のデザイン」である[50]。

　まさに「協同・協働・共同の響同関係」の形成が求められているのであり、それは現に、本書第3章第4節で紹介した飯舘村の事例などにおいて取り組まれている。それらにはそれぞれ当事者と支援者の学習・教育活動が不可欠である。そしてそうした実践は、大震災からの復興過程で求められているというだけでなく、将来社会づくりに繋がっていると言えるのである。

---

(50)小泉秀樹「復興とコミュニティ論再考―連携協働復興のコミュニティ・デザインに向けて―」同上書、p.179。

あ と が き

　私は、文部科学省が2015年6月の通達で示した国立大学の組織再編とくに廃止や転換を求めた「人文社会科学系」の学部・大学院で教育学、主として社会教育学・生涯学習論の研究に携わってきて、現在、私立大学の人文学部に所属している。文科省の通達に対しては、日本学術会議をはじめとする研究者組織や国大協だけでなく経団連などからも、安易な文系再編政策に反対することが表明されたので、文科省は「文系を廃止して自然科学系に転換」するものではなく、廃止の対象は少子化で需要が減る「教員養成系」であると説明した。しかし、交付金配分を背景にした文科省の方針に対して、すでに人文社会科学系や教育学部の転換・廃止が進められつつある。

　こうした動向の背景にあるのは人文社会科学、中でも「教育学」がもっている意義と役割に対する軽視がある。とりわけ、教育学の中でも周辺におかれている社会教育学・生涯学習論の位置付けは低く、「第2期教育振興基本計画」が「生涯学習社会」の構築を基本方針としているのにもかかわらず、教員養成系大学の「ゼロ免」コースをはじめ、大学全体の社会教育学・生涯学習論関係の教員ポストは削減され続けている。

　本書は、少なくとも21世紀の日本全体に大きな影響を与える歴史的転換点になると思われる東日本大震災の後の「社会教育としての生涯学習」＝「3.11後社会教育」を提起してその動向を紹介し、そのことをとおして「将来社会」に向けた教育学・社会教育学の重要性、新しい「実践の学」としての教育学の独自性と可能性を主張してきた。筆者の力不足で、その主張をどれだけ説得的に展開できたかについてはまったく心許ない。「実践の学」については、その前提としての「人間の社会科学」や「将来社会論」をはじめとして、残されている課題の方がずっと多い。しかし、上述のような教育学・社会教育学軽視の政策動向に対しては、ひとつの異議申し立てくらいにはなるであろう。

　論じ残しているテーマも舌足らずのことも多いのにもかかわらず本書の出版を考えたのは、何よりも2015年度が東日本大震災からの「集中的復興期間」最

終年年度で、マスコミや出版界でも「風化」が進んでおり、被災地・被災住民の現状とあまりにも格差が大きいと考えたからである。

　個人的には本書は、2013年から勤務させていただいている札幌国際大学への卒業論文のようなものでもある。前著『持続可能な発展の教育学』（東洋館出版社、2013）では栗山町で実施した調査実習で学んだことも書かせていただいたが、本書では、ゼミナールで学生諸君とともに地域課題を考え、『環境白書』を読み、東日本大震災のことを議論してきた成果も活かしている。しかしながら、この間に私ができたことはわずかであり、かえって身勝手な研究・教育活動で多くのみなさんにご迷惑をおかけしたことと思う。いちいちお名前をあげることはできないが、お世話になった大学内外のみなさんにあらためてお礼を申し上げたい。前著と本書は連続したものなので「あわせて一本」とお願いしたいところであるが、「論文審査」に合格するかどうかは読者諸氏のご判断による。今後の研鑽のためにも、ご批判・ご教示をいただけたら幸甚である。

　本書の出版は、筑波書房にお願いすることにした。筑波書房には、1992年、故山田定市先生との共編著『双書　地域生涯学習の計画化』（上巻『地域づくりと自己教育活動』、下巻『社会教育労働と住民自治』）、および私の最初の教育学関係の単著『自己教育の論理―主体形成の時代に―』を出版させていただいている。いわば私の教育学と社会教育・生涯学習研究の原点となるものである。95年には、モノグラフ的比較調査研究の成果である単著『平和への地域づくり教育―アルスター・ピープルズ・カレッジの挑戦―』も出版させていただいた。その後の私の研究活動のほとんどは、筑波書房によって公刊されたこれらの著書の展開であったとも言える。

　眺め返して見たら、『自己教育の論理』の「はしがき」の日付は「1992年6月3日『地球サミット』開幕の日に」となっていた。今月（2015年11月）末には、同時多発テロの後のパリで、地球温暖化「適応策」の共通目標を掲げ、「新しい枠組」の合意をめざすべく国連気候変動会議（COP21）が開催される。この間に苦闘し楽しんできたことを考えて「思えば遠くにきたもんだ」という感慨がある反面、上記双書の上巻で提起した「地域生涯学習の計画化」や「地域づくりの学習的編成」、そして現代的理性や住民的公共性形成の課題について

は本書でもふれざるを得ず、あまり発展がみられないことを再認識させられた。ポスト・グローバリゼーション時代、将来社会に向けての理論的・実践的課題が山積している今日、求められていることの多さと大きさを痛感したところである。出版事情がますます厳しくなってきている折であるにもかかわらず、こうした機会を与えていただいた筑波書房とくに鶴見治彦社長に深甚の謝意を表したい。

なお、本書には以下の共同研究による調査研究の成果が含まれている。科学研究費基盤（A）「先進国周辺の地域再生と生涯教育計画モデルの構築」（2008-11年度、研究代表者＝鈴木敏正）、科学研究費基盤（B）「原発被災当事者のエンパワメントのための地域社会教育システムに関する実践的研究」（2014～16年度、研究代表者＝千葉悦子）、北海学園大学開発研究所総合研究「北海道の社会経済を支える高等教育に関する学際的研究」（2012～14年度、研究代表者＝佐藤大輔）、同「北海道における発展方向の創出に関する基礎的研究」（2015～17年度、研究代表者＝佐藤信）。

既発表論文の初出は以下のとおりであるが、記録的意味もあると考えた第1章および第2章以外はかなり加筆・修正をした。下記以外はかきおろしないし未発表のものである。

　第1章　「『東日本大震災と社会教育』課題提起」日本社会教育学会特別シンポジウム『東日本大震災と社会教育』日本女子大学、2011年9月、配布・報告原稿、加筆して拙著『持続可能で包容的な社会のために―3.11後社会の「地域をつくる学び」―』北樹出版、2012、所収（終章）。

　第2章　「3.11の経験を社会教育はどう引き受けるか―特別企画「東日本大震災と社会教育」総括―」、日本社会教育学会特別企画『地域再建とともに歩む社会教育の未来への総括』福井大学、2014年9月、配布・報告原稿。

　第3章　「『社会教育としての生涯学習』とESD」日本社会教育学会編『社会教育としてのESD―持続可能な地域をつくる―』東洋館出版社、2015。

　第Ⅱ編　「持続可能で包容的な社会への地域社会教育実践―『北海道社会教育フォーラム2014』が提起するもの―」北海学園大学開発研究所『開発論集』第96号、2015

第Ⅲ編　「大学の地域社会貢献とESD/ESIC―ポスト・グローバリゼーション時代の高等教育のために―」北海学園大学開発研究所『開発論集』第94号、2014。

　補論A　「『持続可能な包摂型社会』への教育と労働と協同」「地域と教育」再生研究会調査研究報告書第１号『韓国忠清南道ホンドン地域における『プルム学校』発の地域づくり協同』北海道大学大学院教育学研究院社会教育研究室、2011。

　一昨日（11月21日）、市民活動プラザ星園（札幌市）で「北海道社会教育フォーラム2015」が開催された。昨年の基本テーマ「いっしょに考えよう『地域』のちから―つながるって、やっぱりいいよね―」は「いっしょにつくろう『地域』のちから」に、全体会テーマ「考えよう、『地域』の力―社会教育のみらい―」は「今、社会教育がおもしろい」に変わった。昨年の成果をふまえて、今年はより積極的・実践的になったことをうかがえるであろう。全体会パネル討論では、吉岡亜希子（さっぽろ子育てネットワーク）、牧野裕也（若手社会教育職員の会「社会教育どんぶり」）、真如智子（佐呂間町社会教育委員）の３氏からのライフヒストリーを含めた活動報告があった。それぞれの立場と経験は違え、人と人がつながるという人間本来の力を現実化させ、それを学びの力とし、それらをとおして自分とまわりの世界を変えていくプロセスに「社会教育のおもしろさ」があると考える点で共通し、100名を越える参加者の大きな共感を得たように思う。「誰もが安心して暮らし続けられる地域づくり」をめざすこれらの実践が響き合いつつ広がっていく先に「将来社会」が見えてくるのであろう。

　今年の「第９」（近代フランス革命の精神）はどのように唱おうかと考えつつ
札幌の自宅にて、著者

索引

"for" education ...... *60*、*181*
"with" education ...... *60*、*181*

あ行

アーメダバード宣言 *139*
RCE（ESD推進拠点）...... *167*
ICA（国際協同組合連盟）...... *203*、*204*
アクションリサーチ ...... *39*、*48*、*155*、*159*
アクティブラーニング ...... *2*、*48*、*122*
アソシエーション *210*
新しい学 ...... *vii*、*18*、*128*、*142*、*165*、*179-180*、*183*、*184*
新しい公共 ...... *37*、*205*
新しい社会づくり *102*
アベデュケーション *2*
アンティゴニッシュ運動 *200*
ESD推進センター *134*
ESDに関するグローバル・アクション・プログラム（GAP）...... *4*、*56*、*179*
飯田方式 *89*
意識化 ...... *40*、*48*、*65*、*144*、*157*、*160*
意識における自己疎外 *213*
居場所づくり *116*
意味への意思 *49*
うつくしまふくしま未来支援センター ...... *168*、*170*
エコ・エネルギー防災教室 *122*
HESDフォーラム *130*
エネルギー自立マウル *93*
エネルギーの地産地消 ...... *9*、*90*
エネルゴロジー *26*

エンパワーメント ...... *29*、*48*、*64*、*75*、*105*
エンプロイヤビリティ *165*
岡山コミットメント（約束）...... *64*、*103*
汚染マップづくり *51*
おだがいさま（お互い様）センター ...... *45*、*49*、*50*、*51*
オルターナティブ・スクール *11*

か行

かーちゃんの力プロジェクト ...... *50*、*52*、*70*、*168*、*172*
外部のない時代 ...... *22*、*129*
学習権 ...... *27*、*28*、*39*
学習権宣言 ...... *28*、*63*、*138*、*184*、*192*
学習構造化 *24*
学習の主体化 *34*
学習：秘められた宝 ...... *22*、*63*、*138*、*148*、*184*、*192*
核燃・だまっちゃおれん津軽の会 *174*
活動を生産する活動 ...... *48*、*218*
上関原発を建てさせない祝島島民の会 *174*
環境教育 ...... *25*、*63*、*86*、*98*、*103*、*122*、*131*、*137*、*157*、*167*、*181*
環境教育主体形成 ...... *87*、*125*
環境省北海道環境パートナーシップオフィス（EPO）...... *135*
環境創造教育 ...... *86*、*125*
環境的理性 *161*
環境未来都市 ...... *110*、*113*

環境モデル都市 …… 89、110、112、113、
　124、160、167、177
キー・コンピテンシー …… 165、166
絆 …… 25、28、30、31、44、172
教育実践の未来に向けた総括 …… 71、
　185、188
教育と労働と協同 …… 11、13、15、185、
　196、197、199、201、202、204
教育の公共性 …… 149
教育vs排除 …… 137
教育文化協同 …… 12、13、16
教育文化連盟 …… 202
共同学習 …… 24、27、30、48、62
協同・協働・共同の響同関係 …… 30、
　189、206、218、219
協同組合のアイデンティティ …… 205、
　206
空間論的転回 …… 142
グリーンエコノミー …… 60、83
グリーンファンド …… 115
グリーン復興 …… 53、54
グローカル・ネットワーク …… 182、183
グローカル公共圏 …… 167、182
グローカルな実践 …… vii、120、125、
　140、141、182、192
グローカルな実践知 …… 151
グローバリゼーション時代 …… iv、vii、
　22、61、62、87、129、141、146、147、
　151、165、210、217
グローバル国家 …… 3、191、195
グローバル人材 …… 2、165
計画的理性 …… 161
ケイパビリティ …… 150、166
減災文化 …… 32
現代的社会権 …… 28、30
現代的人格 …… 212

現代的人権（社会権）…… 42、45、57、
　87、149、190、191、194
現代の理性 …… 40、157、158、161、164、
　183
原発学習 …… 25
原発事故子ども・被災者支援法 …… 53
原発出前授業 …… 26、126
権利に基づく教育アプローチ …… 63
広域システム災害 …… 72
公害学習 …… 24、65
交響するコミューン …… 212
構造化する実践 …… 158
高等教育における持続可能性 …… 130、
　133
行動的調査 …… 39、40、155、157、159、
　171
公論の場 …… 38、50、65、69、88、112、
　159、160、161、170
国連・持続可能な発展のための教育の10
　年（DESD）…… 56、83
こころのケア …… 33
個人化 …… 27、61、141
個人的責任 …… 198
個性の相互承認 …… 59、73
固定価格買取制度（FIT）…… 82、123、
　126
困りごと …… 105、106
コミュニケーション的理性 …… 161
コミュニティ経済 …… 217
コモンズ（共有資産）…… 9、89、107、
　119、193
コンピテンス …… 150

さ行

再帰性 …… 27
再生可能エネルギー …… 7、82、91、92、
　111、126、163、209

再生可能性……58、59、144
サステ（イ）ナビリティ学……58、86、129、130、132、133、134、179、181
里山再生・災害復興プログラム……172
里山資本主義……14、145
参画型調査……40、41、48、157、171
3.11後社会教育……iv、6、18、19、21、55、57、80、185、221
支援者の支援……44
時空間性のマトリックス……142
自己意識化……40、48、49、51、65、144、157、160
自己教育活動……5、28、30、38、44、46、47、51、55、57、62、79、80、83、158、160、169、170、177、184
自己教育権……28、39、44
自己教育の論理……62
自己決定学習……83、184
自己責任論……23
自己調査……39、40、41、48、49、65、157、171
自主管理能力……202、203、204
自然エネルギー……6、10、16、37、74、81、82、84、85、89、115、189、217
自然エネルギー実践講座……81、115
自然エネルギー社会……vi、6、10、81、82、85、89、93、110、125、188、193
自然教育……86、157、181
持続可能性……iii、vi、58、73、79、85、92、93、123、130、145、208
持続可能で包容的な地域づくり教育（ESIC）……vii、11、17、49、65、69、112、127、140、159、164、182、190、192、217
持続可能な開発のための高等教育に関する名古屋宣言……131

持続可能な発展（開発）のための教育（ESD）……vii、4、17、19、56、83、113、122、129、180
実践的時空間……128、143、150、156、158
実践の学……vii、39、40、79、130、140、146、156、164、177、181、184、195
実体としての人格……202
自分史学習……24、31、62
自分自身からの排除……23
市民エネルギー協同組合……10
市民共同発電所全国フォーラム……87
市民の科学……176
地元学……155、160、177、178
社会教育研究全国集会……7、66、78、94、97、103
社会教育としての生涯学習……5、39、57、62、77、83、87、88、93、105、113、123、125、165、177、184、186、208
社会教育法……5、21、38、86
社会的協同……45、123、149、191、206
社会的協同実践……45、49、117、180、186、187、191、193、195、212、218
社会的陶冶過程……146、193
社会的排除問題……18、22、23、34、39、77、103、108、114、116、117、123、125、136、137、143、162、180、194、210、216
社会を生き抜く力……2、165
ジャパンレポート……4
集中的復興期間……65、67、72、221
自由な協同……202
住民的公共性……62、87、189
主体形成……28、29、104、144、208
主体形成の教育学……138、144、145
受容……22、29、44、104、137

循環型社会 …… 58、59、84、90、103、205
循環型まちづくり …… 8
生涯学習 …… iv、3、4、5、6、11、12、17、24、35、57、62、82、83、84、87、95、165、167、184、191
生涯学習社会 …… 1、3、5、21、26、152、185、209、221
生涯学習体系への移行 …… iv、62
生涯学習の教育学 …… iv、57、62、139、187
状態調査 …… 48、65、68、157、171
承認関係 …… 29、30、34、44、48、104、195
消費社会化 …… 210、213
情報化／消費化社会 …… 211
情報リテラシー …… 26
将来社会 …… 71、104、127、186、193、208、210、212、217
人格 …… 28、43、44、116、144、150、155、181、202、213
人格権 …… 28、43
人格主義的協同主義 …… 201
人権中の人権 …… 27、28、39、44、62、87
新自由主義＋新保守主義＝大国主義 …… 195
森林環境教育 …… 113
森林未来都市 …… 78、110、112、113、182
すでに始まっている未来 …… 195、208
住田式仮設住宅 …… 74
生活環境教育 …… 86、157、181
生活記録学習 …… 31、48、62
生活史学習 …… 24、31、48
生活世界 …… 31、161
生活全体をとおした学習 …… 63

生活保護特区 …… 23
生産＝消費者 …… 209、210
生存＝環境権 …… 45、191
生態域（バイオリージョン）…… 73、86、156、193
生態系サービス …… 191、193
生命誌研究館 …… 176
西暦2000年の協同組合 …… 204
世界科学会議 …… 148
世代間および世代内（世代間・世代内）の公正 …… 19、56、59、61、85、98、103、114、115、123、137、138、149、150、164
世代継承的公共性 …… 115、150
せんだい東部復興市民会議 …… 68
選択の自由 …… 166
専門家のパラドックス …… 34
総合農協 …… 206、207
創造的福祉社会 …… 109、215、216
創造的復興 …… 4、25、37、42、53、66、68、200
相対的過剰人口 …… 61、216
創年のたまり場「ほっこり」…… 107
相馬はらがま朝市クラブ …… 196
ソーシャル・イノベーション …… 123、124

た行

第2期教育振興基本計画 …… 1、3、5、122、165、185、187、195、221
対話的学習 …… 48
多元的・協同的・組織的調査研究 …… 39、40、41、173
多元的普遍性 …… 162、164
多声的な交響 …… 158
立場交換 …… 29、36、44、106
田野畑村婦人団体協議会 …… 175

たまり場 …… 27、34、105、107、108
多様性 …… 53、59、60、73、84、140、183、206、209、214
誰もが排除されない持続可能な社会 …… 64、103
地域ESD計画づくり …… 65、71、112、124、160、186、190
地域ESD実践 …… 64、117、128、155
地域学 …… 16、91、177、179
地域環境権 …… 91、92
地域環境創造教育 …… 157、179、181、182
地域響同 …… 45、191、192、218
地域研究・調査学習 …… 50、51、65、112
地域行動 …… 38、50、51、65、112、115、159、172、187
地域再生教育 …… 38、112、118、123、136、143
地域・社会行動 …… 88
地域社会発展計画づくり …… 40、50、52、89、112、187
地域集会 …… 38、74、88、170
地域住民とともにある教育 …… 40、157、158
地域主権 …… 189
地域主権者 …… 88、91、93、119
地域生涯学習計画づくり …… 62、71、89、188
地域生涯教育計画 …… 17、39、40、187、188、190
地域総合福祉拠点 …… 118
地域創造教育 …… 38、90
地域調査・地域研究 …… 88
地域づくり学習 …… 9、24、39、40、62
地域づくり基礎集団 …… 38、50、69、88、107、112、168、170

地域づくり協同 …… 13、50、52、65、88、91、112、113、172
地域づくり協同実践 …… 38、52、70、159、160、172、187、207
地域統治主体 …… 93
地域をつくる学び …… 40、73、80、87、88、90、103、107、112、113、125、157
地育力 …… 91、114
小さくても輝く自治体 …… 38、69
地球市民教育 …… 163、164
地球的環境問題 …… iv、22、24、83、116、138、162、163、182、193
中間的制度 …… 199
調査学習 …… 86、157、170、179
津波てんでんこ …… 32
提言東日本大震災地域の復興に向けて …… 24
定常型社会 …… 63、214、215、216
DESD後ESD …… 57
DESDの国際実施計画 …… 130
適正技術 …… 53、124
電力の地域独占 …… 125
当事者研究 …… 49、117、171
等身大の科学 …… 124
等身大の復興 …… 52
東和ふるさとづくり協議会 …… 50、52、168
ともに生きることを学ぶ …… 22、37、38、138、139、148、184、192
ともに世界をつくる学び …… 22、184

な行
内発的ESD …… 155、159
内発的地域づくり …… 38、63、69、99、113、124、169、179、182

なすことを学ぶ……36、37、139、148、192
21世紀型協同組合……205
人間的能力……139、166
人間の自己関係……22、79、130、150、154、180、181
人間の社会科学……191、195、221
人間の力……198
人間の復興……28、30、42、45、46、47、49、73、162、168、200
認識論的誤謬……106
ねっこぽっこのいえ……104、105
ネットワーキング……50、112
ネットワークサロン……105
農家の復興……67

は行
バイオマス・ヴィレッジ……169
バイオマスタウン……8
バイオリージョン（生態域）→生態域
バックキャスティング……59、151、208
反省的（省察的）実践……157、183
伴走型支援……35
「反貧困」運動……23
ハンブルク宣言……64、137、180、184
東日本大震災復旧・復興支援みやぎ県民センター……66、72、171
被災弱者……66、67
ビッグパレット……30、43、44、104
ヒューマントラスト運動……120、121
風評被害……26、171、172
ふくしま再生の会……70
福島復興公民館大学……177
双子の基本問題……19、22、56、63、87、95、120、129、136、148、162
物化・物象化・物神化……213
復興災害……34、66、67

復興まちづくり……53
物質的代謝過程……193
不定型教育……40、65、124、125、157、158、188
ブラック大学化……149、152
ブルントラント委員会……56、61、85、137
防災コミュニティ……32
報徳思想……196
包容……36
包容的社会……59、141
ポスト2015開発アジェンダ……163
ポスト産業（工業）社会……209
北海道環境教育等行動計画……135
北海道社会教育フォーラム2014……v、77、80、94、96
北海道自由が丘学園……114、120、121
北海道新エネルギー普及促進協会（NEPA）……vi、80、114
幌延深地層研究センター……126

ま行
前浜マリンセンター……74
までいな復興計画……50、52、54、69、170、172
みちくさ……107、108
3つの風……67、71
ミレニアム開発目標（MDGs）……7、163
民衆大学 People's College……128、176、177、179
メタ・メタ……39、157、183
メタ・メタ・メタ理論……183
木質バイオマスエネルギー……7

や行
谷中学……51、178、179
ユートピア……30、201、208

ゆうゆう……*104、105*
ユニバーサル化……*147*
ユネスコ教育原理……*191、192*
ユネスコスクール……*58、64、130、131、134、135*
ユネスコスクール支援大学間ネットワーク ASPUnivNet……*130*

ら・わ行

ライファイゼン協同組合……*10、197*
ラナーク州への報告……*197*
リスク社会……*6、27、129、140、209*
連帯経済……*116、123、124、189、190*
連帯権……*28、45、87、190、191*
労働＝協業権……*45、191*
労働者協同組合……*37、46、74、100、116、117*
労働の人間化……*204*
ローマクラブ……*208、209*
若い協同農場……*13、14*

著者略歴

鈴木　敏正（すずき　としまさ）
1947年静岡県生まれ

経歴

京都大学農学研究科博士課程修了（農学博士）、博士（教育学、北海道大学）島根大学農学部助手・助教授、北海道大学教育学部助教授・教授、同学部長・研究科長、教育学研究院教授を経て、現在は札幌国際大学教授（専門は教育学、生涯学習論）。元日本社会教育学会会長、北海道環境教育研究会代表、北海道大学名誉教授

主な著書

『自己教育の論理』（筑波書房、1992）、『平和への地域づくり教育』（筑波書房、1995）、『学校型教育を超えて』（北樹出版、1997）、『地域づくり教育の誕生』（北海道大学図書刊行会、1998）、『エンパワーメントの教育学』（北樹出版、1999）、『「地域をつくる学び」への道』（北樹出版、2000）、『主体形成の教育学』（御茶の水書房、2000）、『生涯学習の構造化』（北樹出版、2001）、『社会的排除と「協同の教育」』（御茶の水書房、2002、編著）、『地域づくり教育の新展開』（北樹出版、2004、編著）、『教育の公共化と社会的協同』（北樹出版、2006）、『現代教育計画論への道程』（大月書店、2008）、『新版　教育学をひらく』（青木書店、2009）、『排除型社会と生涯学習』（北海道大学出版会、2011、編著）、『持続可能で包容的な社会のために』（北樹出版、2012）、『持続可能な発展の教育学』（東洋館出版社、2013）、『増補改定版　生涯学習の教育学』（北樹出版、2014）

将来社会への学び

3.11後社会教育とESDと「実践の学」

2016年2月12日　第1版第1刷発行

著　者　鈴木敏正
発行者　鶴見治彦
発行所　筑波書房
東京都新宿区神楽坂2-19 銀鈴会館
〒162-0825
電話03（3267）8599
郵便振替00150-3-39715
http://www.tsukuba-shobo.co.jp

定価はカバーに表示してあります

印刷／製本　平河工業社
©Toshimasa Suzuki 2016 Printed in Japan
ISBN978-4-8119-0479-5 C3037